Parents' Education as Autism Therapists
Applied Behaviour Analysis in Context

自閉症児の親を療育者にする教育

応用行動分析学による英国の実践と成果

ミッキー・キーナン
ケン・P・カー
カローラ・ディレンバーガー
編

清水直治 監訳

二瓶社

Parents' Education as Autism Therapists
Applied Behaviour Analysis in Context
by Mickey Keenan, Ken P. Kerr and Karola Dillenburger
Copyright © 2000 by Jessica Kingsley Publishers Ltd., UK
Photographs copyright © 2000 by Mickey Keenan
Japanese translation rights arranged with Cathy Miller Foreign Rights Agency, London, England
through Japan UNI Agency, Inc., Tokyo.

日本語版のために

　清水教授が私たちに初めて連絡をくださって、このPEAT（Parents' Education as Autism Therapists：自閉症児の親を療育者にする教育）の日本語版を出版したいという話を聞いたとき、私たちはアイルランドから電話を入れ直したほど驚きました。日本の読者のために日本語版の序文を書くように依頼されたことを、言うまでもなく、とても光栄に思っております。清水教授から私への質問の中に、「コリンは現在どうしていますか？」というお尋ねがありました。本書をまだお読みになっていない方々のためにご説明をすれば、コリンというのは自閉症の少年の名前で、本書の第4章でケーススタディーとして詳しく紹介されています。コリンが自閉症という診断を受けたときには、その人生の多くの時間を施設に措置されて、療育されなくてもいいほど十分な発達進歩をすることは、ほとんど望むべくもありませんでした。しかしながら、コリンの母親であるローラは、私に支援を求めてきました。そこで、私は応用行動分析学の原理をローラに教え始めました。私は同僚であるカローラ・ディレンバーガー教授とともに、普通学校にコリンを就学させようと、指導計画を立て実践しました。

　望みどおりの学校で学んでいるコリンの最近の成績通知表には、次のように書かれています。

「とても温厚な少年で、クラスの友達といっしょに行う活動を楽しんでいる。サッカーをしたり、学校でクイズチームの一員になったことを、とても誇りに思っている。ユーモアのセンスに富んでいて……、自分の要求や意見をたやすく適切に表現できる、活発で熱心で親切な少年である。話しことばや書きことばによる情報の理解も、著しく進歩した。表出可能な語

彙も大幅に増加して、それらを自発言語の中で適切に使用できる。読みや思考の能力にも良好な発達が見られ、推理も優れている。……学校では、クラスで行われる話し合いや討論に、適切に参加できる。広範囲にわたる一般知識を持ち、つねに話をよく聞き、与えられた情報を理解できる」

コリンのケーススタディーをすでにお読みになった読者であれば、おそらくもっと関心を持っていただけるのは、私がコリンから受け取った手紙でしょう。

コリンに何が起こったのかをとても知りたがっている英国議会や、その他の人たちへの説明ができるように、手紙を書いてほしいと、私はコリンに頼んでいました。ここに、コリンが自らのことばで綴った手紙を掲載します。

こんにちは、ミッキー

ぼくがやってきたゲームや課題がいったい全体、何のためになるのか、その頃のぼくには、ほとんど分かりませんでした。しかし今では、それはぼくの発達を妨げていた自閉症の症状を克服する助けになっていたということが、分かるようになりました。ぼくは子どものときには、よく話せませんでしたし、周りの人たちが話していることが、よく聞き取れませんでした。ぼくはたえず動き回っていて、（食事のとき以外は）決して座っていることはありませんでした。

ぼくたちが取り組んできた活動は、このようなことを克服するのに役立ちました。ぼくは「にらめっこ」遊びが、周りにいる人たちを見る助けになったことを覚えています。これをすばらしいアイコンタクトと呼びました（それは誰かと目を合わせる、とてもいい練習になりました）。今ではぼくは、誰かと話をするのがほんとうに好きになりましたし、新聞を読んだり、テレビゲームをしたり、アクション映画を観たり、あるいはパパや一番下の妹と水泳をしたり散歩をすることが好きです。中学校で好きな科目は、科学技術、美術、歴史それに家庭科です。ぼくは自閉症であること

を、とても心地よく感じています（アスペルガー障害のことを、時々ハンバーガー障害と言って、ぼくはみんなを笑わせています）。ぼくが自閉症でよかったと思うのは、集中しようと思ったときに、ほんとうにしっかり集中でき、それで、何かを学習することがとても簡単になると分かったからです。もし応用行動分析学に出合わなかったら、ぼくはきょうだいたちが通っている中学校に通えたかどうか分かりません。応用行動分析学は、ぼくをおおいに支援してくれました。

コリンより　　　2003年9月27日　土曜日

　これが、改善の望みがほとんどないと多くの専門家たちから言われたところから現在のような状態に至る長い道程を旅した、コリンの幼い人生です。コリンの母親は、コリンには改善の余地がないと言われて以来、自閉症と診断された子どもたちのための学校を設立する支援をしてきました。自閉症の子どもを持つ親たちが、応用行動分析学による療育の助成金を受けられるように、熱心に活動を行ってきました。

　PEATグループは、政府機関からの積極的な支援をほとんど受けないままに、その後何年間も活動を続けてきました。現在では、自閉症の子どもを抱えて応用行動分析学による療育を行うこのグループには、北アイルランド全域から100家族以上が参加しています。しかし、PEATグループには常勤の療育担当者はわずか2名しかおらず、私たちが念願していた応用行動分析学による療育を行う学校は、いまだに設立されていません。それにもかかわらず、PEATで療育を受けた子どもたちは、子どもによってはその進歩はごくわずかかもしれませんが、全員に発達進歩が明らかに見られ、その有効性が実証されています。

　アイルランドの南部では、いくぶん事情が異なります。PEATが、応用行動分析学への関心の波を引き起こす助けとなり、その結果、応用行動分析学にもとづく療育を行う学校が5校以上も設立されようとしており、さらに何校かの建設が検討されています。ここ北アイルランドの政治的な風土の変

化にともなって、この波が北アイルランドにも押し寄せてくることを期待しています。それはすでに始まっているのです。最近、北アイルランドの首都ベルファストで開催された会議（アイルランド行動分析学会、2004年3月開催）には、アイルランド全土から300名以上が参加し、それ以外の各地から参加した50名余りは、収容人数を超えてしまって、参加を見合わさざるを得ませんでした。

　本書の出版は、親のための利用しやすいテキストの作成が第1の目的でした。また、人間行動の科学に関する正確な著書を書こうとも思いました。私たちのプロジェクトは、世界の数多くの地域で支援を求めている親たちに到達しました。それは今、日本に到着したのです。私たちは、あなた方が子どもたちをより有効に指導する方法を学習し始めるための、役に立つ出発点をお示しできればいいと考えています。

編著者
ミッキー・キーナン

目　次

日本語版のために　　iii
まえがき　　viii
はじめに　　xiii

第1章　応用行動分析学──親の立場からの見方　　1
　　　　ヒラリー・ジョンストン、バーバラ・ハンナ、ローラ・マッケイ、
　　　　メアリー・オカーン

第2章　応用行動分析学──最高の療育法　　27
　　　　ケン・P・カー

第3章　機能アセスメント、機能分析と問題行動　　47
　　　　イアン・テイラー

第4章　コリンのものがたり　　65
　　　　ローラ・マッケイ、ミッキー・キーナン、カローラ・ディレンバーガー

第5章　子どもに何を指導するか　　153
　　　　ケン・P・カー

第6章　結論と今後の方向　　181
　　　　ミッキー・キーナン、ケン・P・カー、カローラ・ディレンバーガー

　付録1　コリンの言語（療育を始めて4カ月後）　　192
　付録2　コリンの語彙　　195
　付録3　言語療法について　　201
　付録4　コリンの1日　　208
　参考文献　　219
　索　　引　　224
　あとがき　　228

まえがき

　私は、自分が通った大学の校章入りのトレーナーやジャケットを持っていません。それは、在籍したクイーンズ・カレッジが優れた大学ではないからというわけではなく、持とうという気持ちがなぜかあまり起きなかったからです。私が所有している唯一のそれは、北アイルランドのコールレーンにあるアルスター大学のものです。私にとってアルスター大学は、大学とはどうあるべきかを象徴するものとして、記憶にいつまでも残ることでしょう。すなわち大学とは、哲学的・実践的恩恵を求めて知識を追求し応用するところだということです。

　私がアルスター大学を訪問したのは、マイケル・キーナン博士（「ミッキー」と呼んでいます）から北アイルランドへ招待されて、1週間滞在したときが最初でした。ミッキーと私はインターネットを通じて知り合い、ワシントンD.C.での会議の折にもごく短い時間会いました。ミッキーは、応用行動分析学として知られる科学の研究者であり専門家でした。自分の国には協働する行動分析家がいないので、少々孤独を感じているというメッセージを、インターネットの掲示板にミッキーが書き込んだとき以来、私たちは会話（実際は、キーボードに打ち込んだと言うべきでしょうが）を始めました。私はミッキーに、国際行動分析学会のほとんどの会員がいるアメリカ合衆国においてさえ、行動分析家は孤立感を抱いていると言って元気づけました。応用行動分析学は確かに、あまり広い範囲にわたって研究が行われている分野ではありません。

　この分野に関するミッキーの知識と、それを誰かに伝えたいという熱望が、最初に私を驚かせました。自分が担当している学生を指導し激励するための新しい方法を、いつも模索していました。ミッキーは、学生が興味を持つよ

うな事例を何か持っていないかと、私に尋ねました。私はくすぐりあいを用いた古典的条件づけについて、実験心理学のクラスの学生たちと行ったごく簡単な実験の企画書と、同僚と共同執筆した論文の抜き刷りを送りました。ミッキーは、その実験手続きをコンピュータ・アニメーションでやってみせ、コンピュータの専門技術を披露してくれました。ミッキーが作成したコンピュータによるプログラム学習は、行動分析学の入門教材としてこれまでに見たこともないすばらしいものでした。

　私自身の仕事は、自閉症やそれに関連した障害があると診断された子どもたちに見られる多様な問題に、行動分析学を応用することが中心です。ミッキーの仕事に参加するようになってふたたび蘇ったのは、私がこうした仕事をしていたからでしょう。ご理解いただきたいのは、私が仕事を始めたばかりの頃は、応用行動分析学はまだそれほど注目されていなかったということです。実際に、人間行動に対するアプローチとしてはあまりにも単純過ぎるとして、しばしば相手にされませんでした。1970年代には、アメリカ合衆国のある州では、応用行動分析学による実践を禁止する法律さえ制定されていました。最も優れた行動分析家の1人であるリチャード・フォックスの研究成果を借用すれば、人々が行動分析学を中傷する度合いは、それを理解する程度が増すにつれて減っていくでしょう。行動分析学は一つの学問分野であって、もはや心理学の一分野ではないと言えるほど十分に成熟してきたと、私は思います。これに最も近い関係は、カイロプラクティックと整骨医のそれではないでしょうか。何やら同じことをやっているように見えるかもしれませんが、その方法とそれが科学に依拠しているかどうかという点で、議論の余地がほとんどないほど、この両者は異なっています。

　1987年に、イヴァール・O・ロヴァースとその共同研究者が行った研究が報告されました。この金字塔とも言える研究の中で、行動分析学が就学前の自閉症の子どもたちに集中的に適用されました。研究の終わりに成果を調べてみると、集中的に治療を受けた子どもの半数は、同年齢の普通の子どもたちとほとんど区別がつかない程度にまで、行動が改善していました。自閉症

と診断された痕跡はまったく見られませんでした。

　最も驚かされたのは、この研究の結果ではなく、この研究の受け入れられ方でした。ほとんどの人々は、この結果を論破しようとしました。もし改善したのなら、そもそもほんとうの自閉症ではなかったのだろうと言う人がいました。また別の人たちは、子どもたちが実験群と統制群にランダムに分けられておらず、実験の結果を調べる資格を持った人がいたかどうかが結果に影響を与えただろうと、異議を唱えました。これは、木を見て森を見ずという過ちの典型ですが、ほとんどの人たちは応用行動分析学に注意を向けることはありませんでした。

　応用行動分析学の将来への展望は、1990年代の初めに劇的に変化しました。『わが子よ、声を聞かせて』と題する書物が出版されたのです。その著者キャサリン・モーリスは、行動分析家でも科学者でもない1人の母親でした。応用行動分析学を用いることによって、自閉症であった自分の子どもたちが、どのようにして自閉症から脱することができたかを書き綴ったのです。水門が開かれました。突如として、誰も彼もが応用行動分析学のサービスを求め始めました。私はもとより、自閉症に応用行動分析学を適用していると知られている人たちの留守番電話は、私たちの仕事のことを聞きつけたり、電話帳で私たちの名前を見つけ出した人たちからのメッセージで、毎晩いっぱいになってしまいました。もし電話帳に私と同姓同名の人がいたら、受ける電話がすべて私を探す電話で、おそらくさぞかし私を呪わしく思うだろうと考えたことを覚えています。

　このような行動分析学の爆発的な人気は、ありがたいことばかりではありませんでした。一方で、確かにこれまで以上に数多くの人々が、質の高い行動介入が受けられるようになり、行動が改善されました。しかし他方では、決して十分ではない教育を受けただけでニーズに応えようとする行動分析家が現れました。何もせずに放っておくわけにもいかず、必要なところで不適切なステップを設けたり、行動分析学に関する教育を受けていない人が行動介入を行うようになってしまいました。

まえがき

　地球上のあらゆるところで、行動分析家としての資格試験が受けられ証明書が発行されるわけではないという意味で、行動分析学は規制されている分野ではありません。そうした過程は実現に向けて少しずつ進められています。近い将来、応用行動分析学によるサービスを希望する人たちは、口頭で立場を説明されることによってではなく、行動分析家としての資格を持つことを確認してから、依頼できるようにならなければなりません。「行動分析家」でも、学位を持っていない人たちが数多くいます。学位がない人たちは、せいぜい行動分析家の助手として働いた程度です。この領域では、残念ながら気づかないままに、相談に来た人たちを深く傷つけてしまうことがあるかもしれません。

　私が北アイルランドに行ったのは、こうした応用行動分析学に対する関心が爆発的に高まったためであり、アルスター大学での第1段階の一連の教育を行うためでもありました。自閉症児を持つ親や専門家、そしてこの本の著者たちが、応用行動分析学として知られるすばらしい分野に関する入門段階の一連の教育を提供してもらえないかと、私に問い合わせてきました。私は名誉に思い、お引き受けしました。

　応用行動分析学は今や流行の波に乗っています。それを唯一損ねる可能性があるのは、応用行動分析学の技術をあまりよく知らないのに行動分析家だと主張する人々が急増することです。教育を受けていない行動分析家が失敗をするたびに、行動分析学は何をしているのかが問われ、この分野の信頼は失墜に向かうことになります。私たちは、もっと多くの人たちに適切な教育を行い、応用行動分析学とは何であり他とどう違うかについての指導を行い、正式に教育を受けた人たちに対して資格証明書を授与する必要があります。本書は、まさにそのようなことを実行しようとする著者たちの努力を記述したものであり、その一翼を担えたことを、私は光栄に思います。

　私の最初の指導者の1人であるクレール・プルソン博士は、行動分析学は最もよく知られた治療法には決してならないだろうと、話したことがあります。行動分析学は、奇跡のような改善はもたらしませんでした。むしろ何年

にもわたる絶え間のない厳しい仕事が求められました。このような言い方は、『わが子よ、声を聞かせて』が書かれた以前の状態を現しています。行動分析家は今や、一定の場所においては最も人気を集める存在です。こうした評判を受けるだけの価値があるのです。その理由が分かるように、私があなたをご案内しましょう。

ボビー・ニューマン PhD、CBA
マンハッタン自閉症協会

はじめに

　1997年3月17日付の北アイルランドの地方新聞(『ベルファスト・テレグラフ』)に、アスペルガー障害と診断されていたコリン(仮名)についての記事が掲載されました。その記事は、コリンが住んでいた地域を担当していた医師が、コリンを行動分析家であるアルスター大学のミッキー・キーナン博士に紹介した後に、博士が行った療育によって、コリンの行動が改善したことを伝えていました。この記事の中で、自閉症の子どもたちを指導する際に用いる行動技法を親に教えるための集会が催されたと報じられたことが、人々の関心を呼びました。1997年6月には、キーナン博士の招聘によって、マンハッタン自閉症協会のニューマン教授が、自閉症に関心がある親や専門家に向けて、行動分析学についての1週間のワークショップを主催しました。このワークショップが行われた結果、親たちが「自閉症児の親を療育者にするための教育(Parents' Education as Autism Therapists; PEAT)」という会を組織し、その会はしだいに慈善団体として認められるようになりました。カー博士(PEATの指導部長)のコンサルテーションのもとで行われていたキーナン博士のボランティア活動とこの会のほかには、行動分析学の方法を使って自閉症児を持つ親たちに教育を行うための、法律によって承認された組織はひとつもありませんでした。実際、アイルランド全域において、自閉症の子どもたちの早期療育に適用する技法を訓練された行動分析家は、1人もいませんでした。こうした事態を変えたいという思いから、本書を執筆しようと考えました。PEATの親や行動分析家たちは、自閉症と診断された子どもを持つ親とその子どもたちに有効な教育を行ううえで貢献できる書物を作ろうと、力を合わせて執筆しました。

　本書は6章から成っています。第1章で、ヒラリー・ジョンストンとバー

バラ・ハンナ、ローラ・マッケイ、メアリー・オカーンは、応用行動分析学は自分や子どもたちにとってどんな意味があるかについて、親の立場から書いています。行動分析学によるプログラムを計画するときに用いる原理について述べ、自閉症の子どもに最もよく応用されるいくつかの手続きを取り上げています。

第2章で、ケン・P・カーは、親の見方を学問的な検討の中に持ち込んで論じています。行動分析学はこれまで、自閉症と診断された子どもたちに非常に長い間応用されてきており、文献にその有効性が報告されてきました。この章では、重要な知見について述べ、行動分析学による介入の効果の基準を明らかにするとともに、親や家族による介入が重要であることを概説し、そして一般の人々が行動分析学に対していだく誤りのいくつかを修正しようとしています。科学による証拠が、応用行動分析学こそ自閉症の子どもたちのために選択されるべき最上の療育法であることを、強く示しています。

第3章でイアン・テーラーは、機能アセスメントと機能分析という重要な領域を紹介し、自閉症の子どもによく見られる問題行動に関連させて述べています。子どものニーズに合わせた有効な介入を開発するために、そうした技法をどのように使うかについて書いています。

第4章では、コリンに対する1年目の療育について述べています。ローラ・マッケイ（コリンの母親）とミッキー・キーナン、カローラ・ディレンバーガーは、コリンの療育の最初の1年間に使われた数多くの手続きの概要を記述しました。コリンの母親が集めた一連のデータをあげています。行動分析学を正しく適用するうえで必要な働きかけの正確さと回数を明示するために、データの収集が行われました。そこで生起した関連する問題も、検討されました。

第5章でケン・P・カーは、応用行動分析学を適用したカリキュラムを概観して、そこで共通して指導している主な課題を示しながら、「私たちは自分の子どもに何を指導するか」という質問に答えています。彼は、PEATの親たちが開発した、応用行動分析学の洗練された手続きについて説明して

はじめに

います。

　第6章でミッキー・キーナンとケン・P・カー、そしてカローラ・ディレンバーガーは、行動分析学および自閉症児の療育者になるための親教育が有効であるという十分な証拠があるにもかかわらず、その成果がすべての専門家のグループにおいて認められているわけではないということを指摘して、この本を結んでいます。そして、科学的に実証された有効な療育を受ける権利が子どもたちにあることを強調するとともに、親が直面するかもしれない問題については、行動の科学という枠組みの中で教育を行うことを親が決めるべきであると指摘しています。

第1章　応用行動分析学──親の立場からの見方

ヒラリー・ジョンストン、バーバラ・ハンナ、
ローラ・マッケイ、メアリー・オカーン

　子どもがよく育つ子育ては、どんな親にとっても最も重要なスキルです。そうした子育てのスキルは、多くの人たちにとっては、普通は両親や社会から伝えられるものです。実質的には、上手な子育てとは、正式な教育に支援を求めることによってではなく、最善を尽くそうとする意志と常識とを主に基盤とするスキルによって、子どもを育てることを意味します。こうした方法は日常の生活においては、多くの場合うまくいきます。しかし、その方法では子どものスキルを発達させることが難しい局面になったとき、そうした意志よりももっと頼れるものが必要になります。応用行動分析学は、科学的に証明された行動原理を体系的に実践しており、応用行動分析学こそがまさにそれなのです。日常生活のスキルを促進したり、減少させたり、維持させるために使われるさまざまな方法や技術を備え持つ応用行動分析学は、子どもや子どもを養育する人たちが重要だと感じる方向に、人々の生活を高めることを目的としています。この章では、応用行動分析学の基礎について要点を述べます。具体的には、望ましい行動を発展させるプログラムを計画するうえで必要ないくつかの原理について検討し、自閉症の子どもたちに対して最も頻繁に利用されるいくつかの手続きについて述べます。
　著者たちは、自閉症と診断された自分たちの子どもの療育者になる教育を受けるために、これまで1年半以上、あるグループに所属していました。私たちは月に1度、正式な教育を受けた行動分析家に会って、応用行動分析学

について学習をしながら、その1カ月の間に子どもに実施した取り組みを披露しあい、次の1カ月にどう進めればいいかを検討して計画を立てました。自閉症の子どもの親として、私たちが応用行動分析学をどのように理解しそれを用いてきたかについて、この章ではその概要を書きます。この章では、筆者が途中で交替していることにお気づきになると思います。検討した応用行動分析学を例示する際には、私たちは自分の子どもに対して行った取り組みをあげました。そういうわけで、この章では4人の子どもが登場します。(著者の何人かは仮名ですし、ほとんどの子どもは実名ではありません)

応用行動分析学とは何か

　応用行動分析学は、行動分析学と呼ばれる科学を応用したものです。行動分析学の歴史は、20世紀の初頭にまでさかのぼります。行動分析家はそれ以来、行動の生起に影響を及ぼす自然の法則を見いだすことに力を尽くしています。それゆえに、応用行動分析学は、人々の集団や個人の生活の質を高めるために、こうした科学者によって得られた知識を応用しています。

　応用行動分析学が自閉症の子どもとその親にとって実際にどのような意味をもっているかは、辞書に書かれた定義を読むことによって理解できます。「応用」という用語にはさまざまな定義がありますが、この本の中では最もふさわしい定義は「実践」でしょう。応用行動分析学を積極的に取り入れている私たちにとっては「重労働」という定義の方がもっとふさわしいかもしれませんが。「分析」は「理解しようとすること」の一部と言えます。そして私たちの取り組みの結果を見て、そこから得られた情報をもとにどんな構図が描けるかを考えます。「行動」とは、人がするすべてのことです。ほとんどの場合、行動は観察しそれを記録することができます。遊びのスキルや会話のスキルなどがその例です。しかし、感情や思考といった人間の内側で起きる行動は、観察が困難です。それでも、感情や思考も同じように行動であって、それらを分析したり、必要であれば変化させることも可能です（こ

れについては、また後で述べます)。

行動分析学は自閉症をどのように見ているか

　私の子どもは、2歳のころに専門家たちから自閉症と診断されました。そして、子どもがなぜ自閉症になるのかはまだ分かっておらず、それは一生涯続く状態であること、親が子どもにできる最もよいことは、子どもの状態にうまく対処することを学び、子どもをあるがままに受け入れることだと聞かされました。要するに、私の子どもが自閉症を「持っている」と言われたのです。すなわち、専門家たちは私の子どもの状態を説明するのに「自閉症」ということばを使ったのです。専門家たちからは、子どもの特徴や独特な学習スタイルを受け入れ、子どもの自閉症のこころを理解するようにと助言されました。

　私が行動分析学を初めて学んでいたとき、ここでもまた、子どもがなぜ自閉症になるのかは分からないと言われました。しかし、「自閉症」という用語は何も説明していないと言われました。そして、子どもにどのような行動傾向があるかを要約する記述的名称が最もよいと言われました。つまり、時々何かをやりすぎ（行動の過剰）、時々何かをしなさすぎる（行動の不足）、といったことです。私は子どもの行動をそのようなことばで考え始め、子どもの行動の中には、例えば自己刺激行動のように、減少させたいと思う行動があることに、間もなく気がつきました。また、会話をするというような、もっと頻繁にもっと持続的に起きてほしいと思う行動もありました。子どもを受け入れる最もよい方法は、ある行動はもっと頻繁にするように、そして別の行動はもっと控えるように指導することによって、子どもがこの均衡を保てるように支援することだと聞かされました。そうすることによって、子どもが持てる力を十分に高めるように支援することが可能となります。要するに、何年にもわたって行動分析家たちによって発見されてきた普遍的な一連の行動原理を、他の人たちの支援に適用してきたのと同じように、私の息

子を助けるために利用するということです。

行動分析学は何を目指しているのか

　伝統的な心理学と応用行動分析学の主要な違いの1つは、ほとんどの伝統的心理学者は人間の行動を分析するのに集団の平均値を使うということです。そうすると、個人の行動を分析するのに必要な、そして一人ひとりに合わせて仕立てる学習環境の整備に必要な、きめ細かな感触が失われてしまいます。それに対して応用行動分析学は、行動の個人差を測定するのに適した方法を開発しました。この方法によって、行動分析家は一人ひとりに合わせた介入プログラムを仕立てる専門家になったのです。ここで重要なのは、「一人ひとりに合わせて仕立てる」という言い方です。どんな布地の背広であっても、最もぴったり合うのは、着る人に合わせて特別に仕立てた背広なのです。

　どんな子どもでも学習が可能ですが、ある子どもたちにとっては、その学習を最大限にするために特別な努力が必要です。行動分析学はそのような子どもたちを養育するために、この「特別な努力」の枠組みを提供しています。そのような子どもたちの個別の学習環境を一人ひとりのニーズに合わせて、学習が進むにつれて変化するような柔軟なやり方で、どのように仕立てればいいのかを、この枠組みは示しています。

　行動の変化が求められるようなとき（例えば、療育）には、個人に最も良好な結果がもたらされることが重視されます。もし個人に最も良好な結果がもたらされるような努力をしなければ、その個人は何を達成でき限界はどこにあるかがあたたには理解できないでしょう。このことが、応用行動分析学が自閉症の人たちを受け入れていないということを意味するのではありません。むしろ反対に、そのような子どもたちの学習環境を整備する過程で重要なことは、その子どもが置かれている状況をいつでも受け入れること、すなわち、何ができて何ができないのかを知ることなのです。受け入れることは、それ以上の発展を望まないということではなく、子どもが置かれた学習環境

が子どもの今のスキル水準に合っているとしたら、その子どもは何が達成可能であるかを調べることなのです。

なぜ私は自分の子どもに応用行動分析学を使用したのか

私の息子、ジャックの学習能力を引き出し、ナイフとフォークを適切に使うという新しい行動を教え、何か欲しい物を手に入れようとして金切り声を上げる問題行動に対処するスキルと知識を、応用行動分析学は親である私に与えてくれます。行動分析学は、可能な限り多くのことをジャックに教え、問題行動に対処して、それを制御するための実践的な手段を私に与えてくれます。私は今や、孤独を感じることも、ジャックに対処するための日々の悪戦苦闘に圧倒されることもなくなり、生じてくる事態を今までよりもうまく制御できると感じられるようになりました。これまでは、数多くの場面で最終的には、ジャックのやりたいようにさせていました。これは短期的にはいいのですが、長期的には何もいいことがありませんでした。それはまったく問題の解決にはなりませんでした。

私にとっての応用行動分析学の主な目標は、社会の中で当然と思われている他者を見ること（アイコンタクト）のような単純な反応から、自発的なコミュニケーションや社会的なやりとりのような複雑な行動まで、さまざまな新しいスキルを、ジャックが学習するのを支援することでした。ジャックの行動を分析する力を私が身につけることで、学習の過程が双方にとって楽しく興味深いものとなり、ジャックに適切行動と不適切行動の違いを教えることが可能になります。

行動分析学をどのように利用するのか

行動を定義する

応用行動分析学は、特定のスキルを教えるための広い範囲に及ぶ方法を発

展させてきました。この章の終わりのほうで、自閉症の子どもに最も頻繁に使われる方法のいくつかを説明します。ジャックの新しい学習環境をどのように整備するかを決める前に、私が最初にするのは、何を学習させたいのかを決定することです。これを「目標行動」の特定と言います。目標行動とは、ジャックのために準備した経験をすべて完了した後に、ジャックに起こっていてほしい行動です（ところで科学者は、新しい学習環境の整備を独特の用語で言います。それは「介入」の計画です）。

　もとより、正しい目標行動を選ぶことはとても重要です。目標行動は必ず、あなたの子どもの生活をより充実させるものでなければなりません。目標行動は子ども一人ひとりによって、また家族ごとに明らかに異なります。年長の子どもが、自分が何を学習したいかを決めるときには、時々手助けが必要ですが、もっと年少の子どもの場合は、親が子どもの代わりに、何を学習すべきかを決めなければならないでしょう。行動分析家は、意思決定の過程を支援することができます。例えば、私はジャックが時折起こす問題行動に取り組むことを決めました。ジャックは学校から家に帰ってきて、コーラが用意されていないと金切り声を上げ始めます。この金切り声は、30分から1時間近くも続くことがあります。このような場面に対処することは次第に困難になっていき、ジャックもそれを楽しんでいるわけではありませんでした。私がこの行動に取り組むことを決めたら、私がすべきまず初めのステップは、その金切り声とは何かを定義することでした。

　あなたは、金切り声は間違いなく金切り声だ、だからいちいち定義などする必要はない、と思っているかもしれません。しかしもっと詳細に調べてみると、目で見るよりも多くのことが進行していることに気づくでしょう。例えば、私を悩ませる金切り声の強さはどの程度か、金切り声の回数はどのくらいか、1日に何回くらいか、金切り声の継続時間はどれくらいか、いったい全体どうして金切り声をあげるのかなどを、私は自分に問いかけなければなりませんでした。ひとたび金切り声を正確に定義しさえすれば、それを測定することが可能となり、金切り声をもっと適切な行動に置き換えるように

計画された新しい学習環境の効果を監視することができるようになります（第5章を参照してください）。

行動を測定する

目標行動として金切り声を定義したら、次のステップは、ABCチャートを用いて金切り声を上げる行動をおよそ10日間記録し続けることでした。これは行動分析学の最も重要な側面の１つです。ある期間ABCチャートを使って記録を取り続ける意味について説明してみます。まず、行動を測定できるという事実を考えてみましょう。行動を測定しようとすることが驚きであるかもしれません。なぜ行動を測定しようと思うのでしょうか？　どのようにするのでしょうか？　定規とか紐とか、あるいははかりを使うのでしょうか？　ほんとうに行動は測定できるのでしょうか？　もちろんできますし、科学者以外の人たちもやっています。みんなやっているけれども、科学者だけがより正確に行っているのです。例えば、家族の中で一番よく食器を洗う人、一番よく紅茶を入れる人、夏に一番よく芝を刈る人が誰であるかを、私たちは知っています。あなたの子どもたちの中でどの子が朝一番早く起きるか、他の子どもよりも睡眠が必要な子は誰かなど、聞かれればあなたは答えることができるでしょう。これらの例のいずれにも、始めと終わりがある行動や行動の連鎖が含まれています。いつなんどきでも起きる行動を特定する力を付けることが、その行動を測定する第１ステップです。そこからは、測定した行動を数量化するという比較的簡単なステップです。私たちは、誰かが何かをするだろうというとき、それを１日に１回するとか、１日２回とか、週に３回などと言えます。このことは、ある特定の次元に沿って行動を数量化する方法を見つけたことを意味します。別の言い方をすれば、私たちはその行動がどれくらい頻繁に起きるかを言うことができます。これが、行動を測定するということです。

行動分析家は、行動を正確に測定する方法を私たちに示す科学を発展させました。実際、行動を測定できる方法はかなりたくさんあります。問題とな

っている行動をひとたび定義したら、次の2つの測度が最も頻繁に利用され、記録されます。一定時間にその行動が何回起こったか（頻度）と、その行動が続いた時間の長さ（持続時間）です（Grant and Evans, 1994参照）。

　行動の記録は、行動分析において非常に重要です（この本全体に、そのことが書かれています）。介入の前にジャックの行動を10日間記録することによって、プログラムを始める前の情報（ベースラインのデータ）を得ました。その後私は、ベースラインのデータと介入のときのデータを比較することができ、それによってその介入が正しい方向に進んでいるかどうかを判断することができました。

記録をつける

　介入の期間中に継続して記録をとることは、あなたの子どもの進歩を監視するうえで、きわめて重要なことです。たいへんなことのように聞こえるかもしれませんが、それは簡単な表に「正しい」ときには○印を、「正しくない」ときには×印を書き込む程度の簡単なものであったりします。複数の行動に取り組むときには、詳細を忘れてしまいがちなので、日時や手続きをセッションごとに書き留めておく必要があります。課題を指導した後で、正しく遂行できた行動の回数を記録します（例えば、10回中6回正しく遂行できれば、60％の正反応率となります）。指導中の同じスキルについての他の遂行を毎日記録している簡単なグラフに、あなたは例えば60％という値を記入します。このグラフは、一種のデータ日記として利用できるでしょう。

　私はジャックの発する金切り声の持続時間を記録することにして、ジャックが学校から帰ってきたときに、（コーラを欲しがって）金切り声をどれくらいの時間上げているかを記録しました（行動分析学にもとづくセッション中は、いつも紙と鉛筆を持っていました）。そして次に私は、結果を簡単なグラフ（第5章を見てください）に書き写しました。このグラフによって問題の程度がはっきりと分かり、後には、プログラムが有効に働いているかどうかを見るのにこのグラフを使いました。

また別の機会に、私はジャックに形の違う図形を弁別することを教えました。まず初めは、四角形に切ったカードだけを使いました。そしてその四角形のカードを見せて、「しかく」と言わせようとしました。3回の指導セッションを通して、少なくとも80％の正反応率に到達すれば、そのスキルは習得されたと言えるでしょう。ここで集められた結果は、介入の発展におけるさらなる段階への道しるべになりました。したがって例えば、ジャックがあるスキルをいつも習得できずに失敗ばかりしていたならば（各セッションで記録された得点が、一貫して低いことが示されたら）、私はその手続きを再検討しなければなりません。これが、行動分析家が「データにもとづく意思決定」と呼ぶものです。介入についてのあなたの決定は、最新の流行やファッションあるいは勘などによるものではなく、あなたが持つデータをよりどころとします。もし介入が有効に働いていないことをあなたのデータが示していたら、その介入を変更しましょう。ジャックの場合には、学習すべき行動をより小さな扱いやすいステップに分解したり、私が使用していた強化子（後で説明します）を再検討しました。これには、十分に教育を受けた行動分析家の助言が非常に重要です。後戻りは失敗ではありません。「がっかりさせる」データを再検討することによって、問題についていろいろと考えれば、あなたは他の場面に応用できる新しいスキルを獲得しようとしているのです。問題を誰かの「失敗」と考えるよりも、それを分析されるべき課題と考えれば、あなたとあなたの子どもはプレッシャーからも解放されるでしょう。

ABC分析を学ぶ

　先ほど、ジャックが金切り声を上げる行動の定義の正確さについて述べたときに、その全体像の完成に必要な別の2つのことについての説明を省いてしまいました。これら2つのことはジャックの行動と合わさって、行動分析家が「行動分析学のABC」と呼ぶものになります。行動（Behaviour、Bと略記）を分析するとき、あなたが最初にすることは、行動が生起する前にそ

こにある環境を特定することです。行動が起こる機会となる環境を専門用語で「先行刺激 Antecedent」といい、Aと略記します。ひとたび行動が起きると、それに後続して何か、つまり「結果事象 Consequence」が起こります。これをCと略記します。行動分析家はどんな行動を見るときにも、何がAで何がBで何がCかを特定するために、ABC分析を行います。行動分析学におけるABCの関係は、「三項随伴性」とも呼ばれます。これはもうひとつの専門用語ですが、これまでに説明したこととまったく同じ意味です。つまり、もしAが環境の中にあればBが生起し、もしBが起きればそれに後続してCが生起するということです。この考え方に慣れれば、行動に対処する方法を見いだすうえで助けになるので、これが行動を理解するための実に適切な方法だということに気づくでしょう。例えば、私がジャックに図形の形の違いを教えようとしたとき、「『しかく』と言ってごらん」という私のことばと、実際に見せていた四角形が、共に先行刺激となりました。この先行刺激が提示されているのに適切な行動が起きない、ということがジャックの問題でした。ここで私が目指した目標は、ジャックに確実に正しい反応を起こさせることです。ジャックが「しかく」とことばで言う反応が適切な行動であり、ジャックが「しかく」と言ったときに、私が「ジャック、よくでき

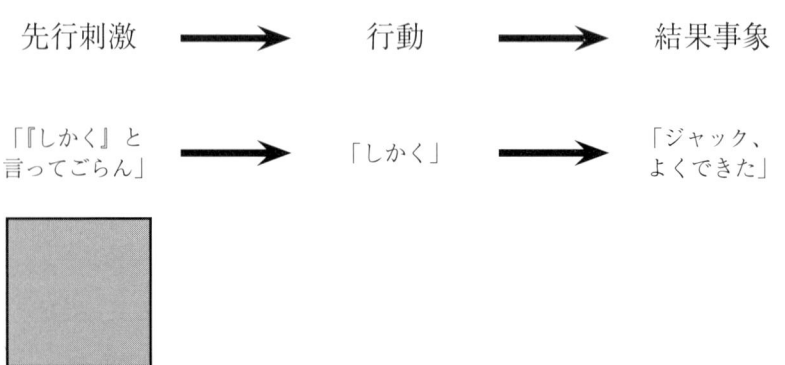

図1.1

た」と褒めることが結果事象となります。練習をしてもジャックの行動が目標行動として定義したとおりに生起しなかったら、先行刺激か結果事象あるいはその両方を変更した方がいいかどうかを、見直さなければならないでしょう。私の目標は、ジャックがそれぞれの新しい学習場面で適切に反応できるようにすることでした。ジャックが適切に反応できないときには、私が設定したジャックの学習環境を考え直さなければなりませんでした。三項随伴性は、応用行動分析学において重要な考え方の1つです。この三項随伴性については、この章や第2章以降でもさらに述べましょう。

結果事象

ある場合の介入は行動の先行刺激を変えることによって行いますが、この章で取り上げた介入のほとんどは、行動の結果事象を変えることによって行っています。「それはどういう意味ですか？」とお聞きになりたいかもしれません。行動分析家は、行動に後続するある結果事象（これを強化子と呼びます）はその同じ行動を再び起こしやすくさせる、ということを見いだしました。また、別の結果事象（これを罰子と呼びます）はその直前にきた行動をその後起こしにくくさせる、ということも発見しました。ここではいくつかの理由から、強化子を中心に話を進めます。それはまず、強化子は用いてとても楽しいということ、それから、子どもがほとんどいつも適切な行動をするようになるということは、とりもなおさず、子どもの不適切な行動をたびたび止める必要がなくなるということだからです。そういう理由で、私たちは子どもたちに応用行動分析学を適用するときには、強化を最も頻繁に用います。

辞書で「強化する reinforce」の項を見ると、「より強くより明白にさせるために、付加的な援助や道具、支援によって強めること」と書かれています。これは、行動分析家の「強化」の定義とだいたい同じ説明です。子どもの行動にある結果事象を提示し、それによってそれ以降その行動が起こりやすくなったとしたら、行動分析家はその結果事象を強化子と呼ぶでしょう。し

がって、行動分析学を応用する場合に、望ましい行動を今後増やしたいときには強化子を用います。もちろん強化される行動は子どもにとって重要な行動であって、社会性や情緒あるいは知的な発達を促し、より幸福になることを助ける行動であることが大切です。

強化のタイプ

強化には2つのタイプがあります。正の強化と負の強化です。いずれのタイプの強化も行動を増加させるので、少しとまどうかもしれません。この両者の違いは、次のようなことです。正の強化を使いたいときには、あなたは何かを提示します（＋）。その何かは普通、褒めたり抱きしめたりといった、子どもが好きな何かです。行動が負の強化を受ければ、その行動が起こった後で何かが除去されています（－）。普通その何かは、「宿題をしなさい」と言われるなど、あまりうれしくないことです。負の強化は心地よくない何かを取り去ることを基本としているので、しばしば回避学習とか逃避学習とも呼ばれます（Grant and Evans, 1994）。

応用行動分析学を利用するときには、私たちは普通は正の強化をもっぱら使います。しかしながら、負の強化への理解は大事です。なぜならば、あまりにも頻繁に子どもが表出する望ましくない行動（行動過剰）は、知らず知らずのうちに負の強化によって強められていることが多くあるからです。言い換えれば、例えば、部屋をかたづけるように言われたときにかんしゃくを起こすなど、子どもは、ある方法で行動することで、言い付けに従わないことを学習しているのです。親がこのような場面に直面すると、無理やりさせるほどのことでもないと思い、部屋をかたづけるという要求を簡単に引っ込めてしまいがちです。そうすると子どもは、普通は静かになります。しかし子どもは、部屋のかたづけをしたくなかったら、ただかんしゃくを起こせばいいと学習してしまうでしょう。私たちはしばしば子どものかんしゃくに対処しなければならない場面に出くわすので、負の強化について理解することは大事です。しかしここでは、正の強化に話を戻しましょう。

どんなタイプの強化であれ、それを効果的に使うには、望ましい行動のすぐ後に正確なタイミングで提示する必要があります。子どもはあなたが何について褒めているのかを、正確に知る必要があります。強化子を提示するタイミングが悪かったり遅過ぎると、混乱のもとになります。つまり、誤った行動を強化することになってしまうかもしれません。例をあげれば、あなたの子どもがことばを話さないので、ことばを教えることに取り組んだとしましょう。あなたが指導プログラムを開始したら、子どもは適切な発声ができるようになるとともに、発声の直後に手をひらひらさせるようになってしまいました。このときにあなたは、発声するという目標行動ではなく手をひらひらさせるという不適切な行動を強化しないように、しっかりと正しいタイミングで強化子を与える必要があります。

　褒めことばを強化子として使うときには、何を強化しているのかが分かるように、初めに具体的にそれを言うようにしてください。例えば、アイコンタクト（目を合わせること）を強化しようとするときには、「いい子だね。よくできました」というのではなく、「よく見ているね」と言ってください。前者のような曖昧な言い方では、子どもに伝わらない可能性が大きく、何が「よくできた」のかをきちんととらえられないおそれがあるからです。子どもの学習が進むにつれて、フィードバックをだんだん自然な形にしていきます。

強化子のタイプ

　強化に2つのタイプ（正と負）があるように、強化子にも2つのタイプがあります。それは、一次性強化子と二次性強化子といわれるものです。一次性強化子とは、食べ物や飲み物のような「物的な」強化子です。これらにはもともと強化する力が備わっており、生物として生きていくうえで重要なものです。第2のタイプは二次性強化子です。二次性強化子は、褒めことばや抱きしめるなどもっと抽象的なもので、一次性強化子と共に提示されることによって、強化する力をもつようになったものです。例えば、粒チョコ（一

次性強化子）を褒めことばと一緒にあなたの子どもに与えているとします。褒めことばが二次性強化子としての力をもつようになれば、今度はその褒めことばだけを使えるようになります。これは、あなたの子どもが現在褒めことばに反応しているかどうかを知る、とくに重要な点です。なぜならば、褒めことばに適切に反応するように教えることができるからです。子どもたちに指導している私たちの多くは、褒めことばや抱きしめ、くすぐりが強化子としてとてもよく使えることを知りました。実際、これらの強化子は実に自然でどこにでもあって便利です（いつでも持ち歩けますから）。

強化子の内容について

　実際には、強化子として使われるべき唯一のものはあるのでしょうか。この質問に答えるのは難しいので、ここで私たちがジェームズに用いて成功した強化子の例をご紹介しましょう。一人ひとりの子どもは、好き嫌いをもつ個人だからです。したがって、ある子どもにうまく「働く」強化子が、別の子どもにもうまく「働く」とは限りません。

　しかし、典型的な強化子は、菓子類や食べ物、ビデオ、好きなおもちゃなど気に入った品物や活動です。食べられる強化子を使うときは、簡単に食べ終わるように、なるべく小さくして与えてください。そうすれば、課題の流れを乱したり中断させずにすみます。さらに、お菓子を強化子として使うときには健康、とりわけ子どもの虫歯に注意してください。目標は、子どもに、自然で社会的な強化子に反応するのを教えることです。

　強化子は、ときとしてかなり変わったものかもしれませんし、また「好きでたまらないもの」を使うことによって、それがご褒美になり、子どもの行動や学習をおおいに促すことがあります。息子のジェームズに強化子としてうまく「働いた」珍しい例をお話ししましょう。ジェームズが簡単な発声の模倣ができ始めたばかりのときでした。私たちは当然、繰り返し繰り返し褒めたり抱きしめたりして、ジェームズの発声をすべて強化しました。ことばや抱きしめること（そうされることすべてを、ジェームズは喜びました。で

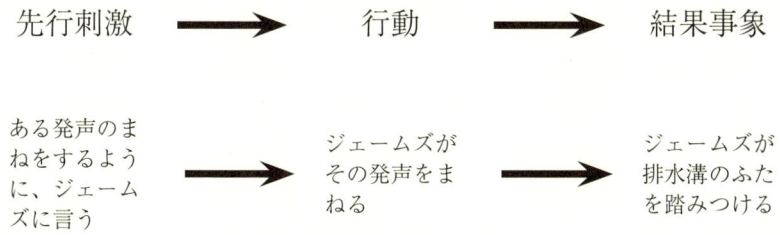

図1.2

も、あなたのお子さんはそうでないかもしれません）で、それを強化しました。ある日、散歩しているとき、ジェームズが私の手を引っぱって歩道の脇にある排水溝のふたのところに行き、それを足で踏みつけました。私はすぐに気がつきました。そうすることが、ジェームズにとってとても楽しいことなのだと。そして強化子（排水溝のふたを踏みつける）を与える前に、ある行動（発声を模倣する）をするように求めました。すなわち、図1.2に示すように、ABCの関係を意図的に調整しました。

別の状況で以前に行ったさまざまなやり方のどれよりも多く、この短い散歩の間に、私はジェームズに発声の模倣をさせることができましたし、ジェームズ自身もそれを楽しんでいました。この例を紹介したのは、子どもの欲求や要求（それは時々、風変わりに見えるかもしれません）には敏感にならなければならないということ、そして強化子を探す際には創造性を発揮してほしいということを示したかったからです。

強化子の選び方・見つけ方

それでは、あなたの子どもにどれを強化子として使うかを、どうやって決めたらいいのでしょうか。強化子を見つけるのは、とても時間がかかります。実際に私は、子どもたちの興味を引くような、新しくて刺激的で珍しいおもちゃや物をいつも探しています。

強化子になりそうなものを選ぶ最もいい方法の1つは、あなたの子どもをよく観察することです。あなたの子どもが一番好きな遊びの種類を記録しましょう。一番時間をかけて行っていることには、おそらく最も強化する力があります。このやりかたはあまり正確な手続きとは言えないかもしれませんが、強化子を選ぶ助けにはなるはずです。子どもの世話（学校や遊び仲間などのさまざまな状況で）をしてくれる人たちと話し合ってみましょう。2つの品物を子どもに見せて、どちらを選ぶかを見てみましょう。子どもが選択した方が、より有効な強化子となるでしょう。

　ある日には強化する力があったものが、次の日にはもうその力がなくなってしまうこともある、ということも覚えておきましょう。強化子のアセスメントは、少なくとも1週間に1度、できればもっと頻繁に行う必要があります。選択それ自体が、強力な強化子となるでしょう。学習を計画する1つの方法は、子どもに課題と強化子の両方を選ばせることです。強化子の効力を高める別の方法は、課題を行うとき以外には子どもにその強化子を与えないでおくことです。例えば、ジェームズに対しては、私たちはしばらくの間チョコレートを与えず、課題を行うときの強化子として取っておきました。ある特別なおもちゃで遊べる時間を強化子として使うのであれば、そのおもちゃを自由には取り出せない箱に入れておきましょう。以前と同じように、そのおもちゃで子どもがいつも遊べるのであれば、そのおもちゃには強化子としての力はなくなってしまうでしょう。

日常生活の中での強化：事例

　しばらく前には、ドライブのたびにジェームズは車の中で靴と靴下を脱ぐことにこだわっていました。どこかに車を止めるたびに、靴と靴下を脱いでしまっているジェームズが、後部座席からいなくなってくれればいいと思ったほどです。私はうかつにも、靴や靴下を脱ぐことを、（いつも冗談をまじりに）とがめたり、ときには足裏をくすぐったりさえして、強化していたのです。もちろんジェームズはそうされることを楽しんでいて、それで靴と靴

下を脱ぐ行動は続いていました。私の反応がジェームズの「問題行動」を強化しているということが分かって、私は対応を変えました。靴下を脱ぐことをとがめたり笑いかけたりせず、くすぐりも止め、落ち着いて靴と靴下をもう一度履かせ、ジェームズを車の外に連れ出すようにしました。「問題行動」はおよそ8日間で、まったく起こらなくなりました。

　私はいつもこのように反応すべきでした。靴や靴下を脱ぐのを注意することやくすぐりについて思い返してみると、それらは私たちがすでに学んだ間欠強化と呼ばれるものでした。間欠強化は連続強化よりも強力であり、間欠強化を与えられた行動は、変化に対する抵抗がいっそう強くなります。強化子が次にも与えられるかどうかが分からないとき、子どもは「念のために」と行動を続ける傾向があります。これは、ジュースの自動販売機（連続強化：お金を入れるたびに必ずジュースが出てきます）とスロットマシン（当たりのときだけコインが出てきます）に対する行動の違いに似ています。スロットマシンがいかに追い立てられるような常習性をもたらすかは、誰でも知っています。

　強化についてのこの節のまとめとして、古い格言を引用します。「強化子はそれが強化する限りにおいて強化子である」。このことを、よく考えてみてください。

介入計画

　あなたが最初に行動分析学を学び始めるときは、介入には終わりがないのではないかと思うかもしれません。ある介入の仕方を理解できたと思うたびに、いっしょに取り組んでいる行動分析家は別な介入の可能性を提案してくるでしょう。ここで大切なのは、すべてを学び尽くそうとすることではなく、心を開いて学び続け、想像力を働かせるということです。結局、どんな介入でも、子どもに変化をもたらすものこそがよい介入であると言えます。

　あなたが教えたい行動は、ほとんどの場合、さらにいくつかの小さなステップに細分されます。次に、それぞれのステップを子どもが容易に行えるよ

うになるまで、指導します。新しい課題を指導するときには、しばしばプロンプトが必要です。例えば、ジャックが鉛筆の使い方を学習するときには、わずかに身体誘導をするというプロンプトを用いました。私の手のひらでジャックの手の甲を覆い、ジャックの手を誘導しながら鉛筆を使う自信をつけさせました。それから、ジャックの手に加える力を少しずつ減らしていき、ジャックがひとりで鉛筆を動かせるようにしていきました。この手続きを「フェイディング」と呼びます。応用行動分析学は数多くの手続きを開発しました。それらのすべてに別々の名前がついていて、なかなか覚えるのが困難です。しかし、いったんその手続きをうまく使えるようになれば、専門用語を容易に思い起こすことができるようになるでしょう。あなたが例えばほかの親に手続きを説明しようとするときなど、専門用語を使うことの効用が分かるかもしれません。

学習環境の整備

　課題を始める前に、子どもを指導しようとする環境をどのように調整すればいいかを考えなければなりません。すでに見てきたように、行動分析学はどんな場面にも応用できます。例えば、ジェームズは散歩をしながらことばの練習を行い、自動車の中では靴を脱がずにいることを学びました。また後の章では、ジャックが台所で飲み物を適切に要求することを学び、コリンが居間で上手なアイコンタクトを学習した話をします。

　しかし、親たちの多くは、行動分析学を適用した指導を、おそらくもっと整えられた環境で開始します。指導の初めの段階では、あなたやあなたの子どもが課題に集中できるように、静かな部屋にテーブルと椅子を用意するのが最もいいやり方でしょう。このような場面では、指導しようとするスキルをさらに小さないくつかのスモールステップに分けることができ、1対1の個別指導を通して、あなたと子どもの間で目標とされる行動を、必要な回数だけ練習できます。この指導法は「断続試行」と呼ばれていて、私がコリンに応用行動分析学にもとづくプログラムを始めたときに、最初に使った方法

でした。この断続試行は私たちのほとんどが、子どもに適用している強力に広められた唯一の方法です。例えば、九九やつづりを教えるときには、子どもが課題をよく理解できるように、正しい反応を何回も「繰り返して練習」します。

　あなたがどの行動を教えるかを決めたら、それぞれの「ステップ」は、「試行」と呼ばれる一連の練習の流れの中で一貫して指導され記録されます。この構造化された指導法は、簡単な注目スキルから言語の概念形成まで、行動の訓練に幅広く用いられます。これはなかなかたいへんな仕事ですが、できる限り楽しく行うといいでしょう。親たちの多くは、ゲームや歌を試行に取り入れています。

課題の開始

　私はコリンがアイコンタクトをほとんどしないことに気づいていて、教育を受けた行動分析家と取り組んだ初期のプログラムの目標行動として、アイコンタクトを選びました（第4章で、コリンに指導した課題を詳しく書いたので、参照してください）。目標行動は、細心の注意を払って定義しなければなりません。つまり、「アイコンタクト」ならば、横目でちらっと見る行動からまばたきせずにじっと見つめる行動まで、さまざまに変化する可能性があります。例えば、2秒間アイコンタクトをするというように、できるだけ私たちの目的にそって正確に定義することが大事です。あなたの教示もできるだけ短く、可能な限りいつも同じことばを使うことが大切です。「こっち見て」という教示は、「いい？　こっちを見てね。こっちよ。お母さんを見て」と言うより、いい言い方です。「こっち見て」という教示にコリンが適切に反応するようになったら、教示をわずかずつ柔軟に変えていきます。お菓子のような一次性強化子を、できるだけ早く二次性の強化子に移すことも、とてもいい考えです。断続試行において、ストレスの多い堅苦しい場面で、反応を引き出すために強化子のチョコレート菓子を無理やり食べさせられている子どもを、時々見ます。こうしたことは、行動分析学を適切に応用

していれば、どんな場面でも決して起こりません。楽しく学習することは、行動分析学の適切な応用の一部です。つまり、もし「課題」が正の強化と結びついていれば、子どもがそれを行うときに問題を引き起こすことはありません。

　それでは、断続試行は実際にどのように行うのでしょうか。最初の「試行」では、コリンがよく知っている静かな部屋で、コリンの前に座って「こっち見て」（先行刺激）と言います。コリンが私を見る（行動）たびに、コリンはチョコレート菓子と褒めことば（結果事象）など、コリンにふさわしい強化子がもらえます。もし私を見なければ、私と目を合わせやすくするように、コリンの顔をやさしく私の方に向けながら、「これが『こっち見て』です」と言います。これをプロンプトと呼びます。しだいにコリンは、こうした身体的プロンプトがなくても私を見るようになりました。私はこの単純な ABC の系列を何度も繰り返して、毎回それが正しい反応だったか、プロンプトされた反応だったかを記録しました。私は正反応率の計算が簡単になるように、1回のセッションで5回あるいは10回の教示を行いました。

シェイピング

　シェイピングは、ほとんどあらゆるプログラムにおいて使用する手続きです。行動分析学の専門用語では、目標行動がその子どもに出現するまで、目標行動に漸次接近する分化強化を言います。私はシェイピングを、もっと日常的な言い方で理解しています。つまり「シェイピング」とは、子どもの今の生活あるいは今後の生活に役に立つやり方で、しだいにスキルを獲得していけるように、子どもの成長を支援することです。シェイピングの一般的な手続きは、複雑な課題をより小さな単位に分け、細分されたそれぞれの単位をうまく達成できるように強化をすることです。1つの単位を学習し終えたら、次の単位を加え、こうして最終的には子どもがすべての単位を正しい順序で遂行できるようになるまで、試行を行います。

　親たちが子育てと呼び、教師が教育と呼ぶ過程の中で、大人は子どもの行

動を、毎日形成しているのです。あらゆる親や教師が子どもの学習を最大限にするように子どもたちを「形成する」わけではなく、また優れた親や教師でさえ、つねにそうできるとは限らないということを心に留めておいてください。しかし愛情豊かな親や教師たちは、ほとんどの時間を使って、できる限り効果があるように、程度の差はあれシェイピングを行っているのです。

　私の11歳の息子エオインは、アスペルガー障害で言語に中程度の障害があります。抽象的なことばや算数が苦手です。実際、お金の概念を理解するのが、かなり困難でした。私たちが指導を始める前、エオインはお金を数えたり管理することができなかったので、私が書いたメモをエオインに持たせて店に行かせ、店員にそれを渡して、正しい金額を支払う手伝いをしてもらわなければ、買い物ができませんでした。私はエオインに、硬貨の種類を区別することから教え始めました。それぞれの硬貨の名前が正しく言えるようになったら、次は、1ペンス、2ペンス、5ペンス、10ペンス、20ペンス、50ペンス、1ポンドというように、硬貨を小さい金額から大きい金額へと順に並べる課題を行いました。これを習得したら、次に硬貨の金額を足し合わせる課題を始めました。エオインは学校ですでに2桁や3桁の足し算を学習していましたが、硬貨の金額をそれぞれの下に正確に書けなかったので、硬貨の金額を足し合わせることができませんでした。私たちはそのときまで無罫の白い紙を使っていました（何としたことでしょう！）。行動分析家から、横の罫線の入った紙を使って数字を大きく書けるようにして、垂直な線を引いて、1ペンス硬貨の下に1ペンス硬貨を置き、10ペンス硬貨の下に10ペンス硬貨を置くようにした方がよい、というアドバイスを受けました。これはとても効果的でした。私たちはまず、2ペンス＋5ペンスというような簡単な足し算から始めました。それができるようになったら、2ペンス＋5ペンス＋5ペンスといった計算に進みました。こうしてとうとうエオインは、自分の貯金箱の中身すべて28ポンド73ペンスを、難なく数えることができるようになりました。

　この例は、何かができない状態にある子どもをとてもよくできる状態に変

化させるために、シェイピングをどのように使用できるかを示しています。指導を始めた当初は、エオインは硬貨の種類の区別さえできませんでした。シェイピングの過程を通して、エオインは1種類の硬貨をいくつか数えることから、すべての種類の硬貨を合わせても計算できるようになりました。

消　　去

　行動の消去は、問題行動を減らす必要があるときに利用できる現象です。消去とは、それまで強化され続けていた行動が、もはや強化を受けなくなるために、しだいに起きなくなることです。言い換えれば、誰かがある行動から、たとえ時折であったとしても利益を得ていたとすれば、その行動からもはやまったく利益が得られなくなるまで、その人はその行動をしつづけるでしょう。例えば、エオインがよちよち歩きだったころ、私たちはよく私の両親と一緒にブレイという街に滞在しました。何回もそこを訪れるうち、エオインは街を繋ぐDART（ダブリン特急）が好きになりました。あなたがエオインに何がしたいかと聞けば、きっと「電車が見たい」と言ったでしょう。それが短い間だけならいいのですが、夏のあいだ中ずっと続いたらたいへんです。1日の半分もの時間をブレイの駅を電車が出ていくのを待って過ごしながら、これをまさに1日中というのだと知りました。そうでなければエオインは、かんしゃくを起こし、浜辺や遊園地などに連れて行くとあたりかまわずに蹴飛ばしたり泣き叫んだりしました。

　私たちは1カ月間そこに滞在することにしたのですが、誰も近くに外出をする計画が立てられなかったので（私たちは1日の多くの時間を駅で過ごしていました）、エオインのその行動を消去することに決めました。その行動の少なくとも、誰もが悲惨になってしまうような、強迫的で執拗な面を消去しようとしました。私は朝の外出を計画して、エオインに、朝食と昼食の直後と夜寝るときに電車を見に連れて行くことを伝えました。朝食が終わってエオインを駅に連れて行き、電車が発車するのを見た後で連れ戻そうとするまでは、すべてがうまくいっていました。エオインはかんしゃくを起こしま

したが、私たちはこの計画を決行しました。そして昼食の後も同じことを繰り返しました。エオインは、その日時々やはりかんしゃくを起こしました（特に退屈したときに）。しかし、1日目が過ぎてから、かんしゃくがかなり減ったのは注目すべきです。

　消去の普通のやり方は、新しい場面に子どもが完全に慣れるまで待つこと（だと私は思うの）ですが、私たちにはそんなことはできないと感じました（こんなことが休暇中ずっと続くことをおそれていたのです）。1日に3回駅に行くようにしてから数日後のある日、私たちはエオインを駅へ連れて行くのを朝と夜だけにしました。するとまたかんしゃくが起きましたが、その持続時間も強度も翌週には減少し、エオインもその状況を受け入れたようでした。この時点で、私たちはもうこれ以上変化させようとは考えませんでした。つまり、エオインにとって電車を見ることは大きな楽しみであり、1日に2回駅に連れて行くことは私たちにとっても楽しいことだったからです。この例では、行動を完全には消去しませんでした。その必要がなかったからですが、みんなの休暇をだいなしにしてしまうという側面は改善されました。

　消去のもう1つの例は、ジャックが学校から帰ってきたときにコーラをほしがって金切り声を上げるという行動に対する取り組みです。ジャックの金切り声をやめさせるために用いた介入は、次のとおりです。ジャックにコーラがないことを伝え（その日、家にはコーラは1本もありませんでした。コーラを家に置かないのは、私にとってそれほど難しいことではありませんでした）、ジャックが金切り声を上げ始めたらそれを完全に無視しました。つまり、いつもそうすればもらえていたコーラを、あげなかったのです。初日には15分間金切り声を上げ続けました。ジャックが泣きやんだ後で、おばあちゃんから瓶に3センチほど入ったコーラを渡してもらいました。そうすることで、ジャックは大好きな飲み物をまったく取り上げられるのではなく、少しだけ飲むことができました。翌日は、ジャックの金切り声は30分間続きました。行動分析家はこれを「バースト（爆裂）」と呼び、行動がきちんと消去されようとしているときに起こるパターンの1つであることが分かって

います。つまり、改善される前に一時的に悪化するのです。ジャックの行動がこの予測されたパターンをたどり、正しい方向に進行していることが分かりました。その翌日、学校から帰ったジャックは、わずか5分間金切り声を上げただけでした。最後には、ジャックの金切り声は完全になくなりました。金切り声を消去するプログラムの最中に、私たちはジャックに、何かがほしいときにはどのように頼むかも教えました。それゆえ、不適切な行動が適切な行動に置き換わったのです。

般　　化

　プログラムを行っている間は、日常のさまざまな生活場面で新しいスキルを生起させるようにすることが大切です。これを、「般化」を準備するといいます。多くの自閉症の子どもたちが、般化の問題を抱えています。ある場面で獲得された行動は、別の場所では起こらないかもしれません。例えば、家庭で図形を分類する課題ができるようになった子どもでも、心理学者が検査をするとできないかもしれません。般化のスキルは、すべての個別教育プログラムに組み込まれる必要があります。あるスキルを教えたら、それをさまざまな場面（異なる時間、異なる部屋あるいは場所で、できるだけ数多くの人たちに対して）で遂行できるように、教える必要があります。例えば、ジャックがコーラを適切に要求することを学習してから、私はあらゆる種類の品物をくださいと適切に頼むことを、1日中指導しました。般化のもう1つの例は、ジャックが異なる図形の弁別を学習していたときのことです。四角形とは何かを学習しはじめたジャックは、四角形にほとんど正しく反応できるようになり、私が機会があるたびに四角形を指さすと、「この箱は四角」「あの四角い窓を見て」などと言って楽しむようになりました。

　子どもに赤と青の違いを教える場合、何度も繰り返す試行の中で、あなたは初めは積木や色紙を使うでしょう。これは大事なスキルですが、このような方法を使うのは最初だけです。次いで、絵の中から赤や青を見つけ出させたり、日常生活に使う物の中から、家族や友達も加えて赤や青を見つけるよ

う促したりします。これが子どもの般化を促すあらゆる方法であって、般化は「試行」でも、日常の生活場面でも、その場その場で偶然の学習の機会を通して指導できます。例えば、散歩しているときに赤や青の自動車を指さしてその色を子どもに聞くとか、子どもがジュースをほしがったときに青か赤のコップを選ばせるなど、あなたは大いに工夫をすることができるでしょう。私たちの多くは、こういうことを年齢が低い子どもに対してごく普通に行っていますが、とくに自閉症の子どもたちには、あらゆる指導の機会が重要です。あなたは、子どもが新しいスキルをさまざまな場面で積極的に練習する機会を設ける必要があります。学習の過程は、子どもに任せるようにしましょう。つまり、プログラムは子ども主導であるほどよいのです。

　アイコンタクトは、さまざまな試行のなかで「教える」ことができますが、普通の日常生活を利用するのが最も自然です。子どもが話しかけてきたときや、飲み物やビスケットがほしいと言ってくるときに、的確なアイコンタクトを教えることは、そのスキルの練習でとても大切な方法です。子どものアイコンタクトが、あなたからの注目や飲み物とかお菓子によって強化されれば、それはますます増えていくでしょう。台所やスーパーマーケットや休日やバスの中での偶然の機会を捉えた学習は、あなたが一所懸命に子どもに身に付けさせたスキルを、子どもが適切に使うことを助ける重要な部分なのです。

まとめ

　「ABA」といえばスウェーデンのポップグループしか頭に浮かばなかったのに、数週間で、さまざまな指導における一次性強化子の効果を考えるまでに成長した人間として、最初のうちはうまくいかなかったとしても、くじけずに行動分析学を適用した指導を継続することをお勧めします。応用行動分析学は、私たちを毎日困らせていた行動に対処する助けになることによって、子どもたちと家族全員に大きな変化をもたらしました。また、応用行動分析

学を適用することで、学習と教育についての考え方が変わりました。そして、日々の出来事が子どもの視野を広げる機会となることも知りました。

第2章 応用行動分析学——最高の療育法

ケン・P・カー

　第1章では、PEATのメンバーである親たち自身の経験をもとに、応用行動分析学の特徴に焦点を当てました。この章では、自閉症の領域で、国際的な行動分析家によって行われた研究に関連する鍵となる争点をご紹介します。この章の目的は、学術的な文献によって明らかにされた知見を、明確に分かりやすく提供することです。この章を読めば、自閉症の子どもを持つ親や自閉症の療育に関心のある人たちは、応用行動分析学がほんとうに最適な療育の方法であることが分かるでしょう。応用行動分析学の療育のパラダイムでは、専門的な教育を受けた親や家族が指導を行うことが重視されます。この第2章の全体を通して、有効な療育法に関する研究やその基準について、数多くの鍵となる争点を親たちに紹介することを目的にしています。

自閉症とは

　自閉性障害とその周辺の障害は自閉性スペクトル障害（Autistic Spectrum Disorder; ASD）と呼ばれ、DSM-IV（American Psychiatric Association, 1994）に記載されているように、広汎性発達障害であるとされています。この障害は、普通は広範囲にわたって子どもの行動を直接に観察するとともに、親や家族との面接を通して診断されます。しかし、この障害はいまだに診断が困難なことがあります（Jordan, Jones and Murray, 1998）。一般的には、3歳以前に行動の過剰や不足が数多くあることが明らかになれ

ば、自閉性スペクトル障害と診断されます。こうした行動の過剰や不足は、子どもによって異なりますが、たいていは社会的なやりとりや言語・社会的コミュニケーション、象徴遊びあるいは見たて遊び、そして常同行動や固執行動（ステレオタイプな行動）などにおいて見られます。はっきりとした原因は分かっていませんが、その障害は、起源は特定されていないものの生物学的なところ、すなわち脳の発達が障害されているために起こると広く考えられています。その症状は、女児に比べて男児に3倍から4倍ほど多く見られ、また地理的、文化的、社会的な背景にかかわらず発生します。

　自閉性スペクトル障害は診断が難しいので、その正確な人数を推定することはとても困難です。多くの研究者の間で、推定発生率が一致していないことが知られています（Jordan, Jones and Murray, 1998を参照してください）。例えば、アメリカ合衆国ではモーリスとグリーン、ルース Maurice, Green and Luce (1996) が、発生率を1万人当たり5～15人と報告していますが、英国自閉症協会（National Autistic Society, 1997）では、英国における発生率は1万人当たり91人と推定しています。英国自閉症協会の推定は、これまでの50年間におよぶ研究をまとめて、自閉症のみではなく、自閉性障害スペクトル全体の人数について算出しており、注目すべきものです。

自閉症の研究から何が分かるか

　この節では、早期からの集中行動療育が、自閉症の子どもたちに望ましい結果をもたらしてきたことを示す主な研究を振り返ります。自閉性スペクトル障害は、生物学的原因があるかもしれませんが、だからといって、何も手の施しようがないと考えるのは間違っていると論じられています（Cambridge Centre for Behavioural Studies, 1999を参照してください）。応用行動分析学から望ましい結果を得る予測要因として、年齢が低いことが重視されていますが、年齢が高い子どもたちにおいてもはっきりと望ましい結果がもたらされることを実証した研究もありますので、それらの研究も概観

してみましょう。

カリフォルニア大学ロサンゼルス校の幼児自閉症プロジェクト（Lovaas, 1987）は、自閉症の子どもたちを対象に、早期からの集中行動療育アプローチを行いました。ロヴァースらは、日常の生活環境に対処する子どもたちの能力をアセスメントしながら、知的機能および適応機能を測定しました。子どもたち（ことばを話さないのであれば月齢40カ月未満、ことばを話すのであれば月齢46カ月未満）全員に、ことばがあるか、大人を拒否するか、排泄訓練が終わっているか、注意の転導性が高いか、かんしゃくを起こすか、おもちゃを使って遊べるか、自己刺激行動をするか、友達との仲間遊びをするかという項目などの変数について、療育を始める前に広範囲にわたり検査を行いました。この研究の信頼性を検討するために、この研究に加わらなかった専門家によって、自閉症の診断とその後の進歩の状況が評価されました。

19人の子どもで構成された1つ目のグループには、2年間、早期からの行動介入プログラムを行いました。このグループの子どもたちは、1週間に40時間の個別の集中した行動介入を受けました。もう1つの19人の子どもで構成されたグループ（統制群1）は、1週間に10時間、従来のプログラム（すなわち、特殊教育が行われているクラスと同様のプログラム）と同時に、最小限の行動療育を受けました。21人の子どもたちで構成される3つ目のグループ（統制群2）は、早期からの行動介入を行っているスタッフ以外の人たちによって行われた複合的な療育プログラムを受けました。

この研究の結果は、集中した行動介入を受けた群の子どもの発達は、2つの統制群と比較するとはっきりとした違いがあることを示しています。2つの統制群では2.5％の子どもたちしか、教育的・知的機能が健常の子どもと同じレベルに達しなかったのに対して、集中した行動介入を受けた群では、その47％（9人）が教育的・知的機能が健常の子どものレベルに達していました。個別の集中した行動介入を受けた子どもたちは、IQの値が平均20ポイント上昇していました。統制群には、同じような上昇は見られませんでした。集中した行動介入を受けた群の中で、健常な機能のレベルにまで達しな

かった42％の子どもにおいても、明確な進歩が示されました。残りの11％の子どもにおいては、得られた進歩はごく限られたものでした。

　その後に行われた追跡研究では、集中した行動介入を受けた群と、2つの統制群のうちの1つの群の子どもたちに対して、平均年齢11.5歳の時点でのアセスメントが実施されました（McEachin, Smith and Lovaas, 1993）。この研究は、自閉症の人たちやその家族におけるQOLの改善が広く行き渡っているか、また、IQや適応機能の変化が確実なものであるかどうかを確認するために計画されました（子どもたちが明らかな進歩を維持し続けていることに関するこれ以上の議論については、Perry, Cohen and DeCarlo, 1995を参照してください）。1987年の研究で行動療育を受けて健常のレベルに達したと分類された群の9人の子どもたちに対して、広い範囲に及ぶ複数の検査が行われました。それらの検査によって、次のような領域で障害が見られるかどうかが測定されました。

・特異な思考パターン、独特な行動様式、興味
・家族や友人との親密な関係の欠如
・対人関係の困難さ
・抽象的な推論など特定の認知機能の領域における相対的な弱さ
・学校で能力が発揮できない
・感情の単調さ
・ユーモアのセンスの特異性あるいは欠如
　（McEachin et al., 1993, p.360）

　これらの検査ではまた、次のような長所があるかどうかについても測定しました。

・健常な水準の知的機能
・家族との良好な関係
・自立能力
・余暇の有効な過ごし方
・仲間との適切な社会的関係

(McEachin et al., 1993, p.360）

9人の子どものうち8人（早期からの行動療育を受けた群にいた19人の42％に当たる）が健常な範囲の教育的・知的機能を示し、「……知能検査や適応行動検査からは、平均の子どもたちと区別ができない（McEachin et al., 1993, p.359)」ということが分かりました。このうち7人の成長ぶりは、彼らが青年期になった時点でまた調べられています（London Early Autism Project, 1999を参照してください）。

「彼らの自立機能に関しては、4人が大学へ進学し、1人が高校を卒業し、別の1人は高校を卒業しませんでした。3人が常勤の職に就いており、1人は自営業を営み、1人はまだ大学に在籍していて、もう1人は無職でした……。親友がいると、全員が言っています。仲間との関係に関しては、2人が自分の気質に問題があると感じていて、1人が内気であることが問題だと思っており、3人はまったく問題を感じていませんでした。恋愛や結婚に関しては、1人が結婚しており、3人には現在ガールフレンドやボーイフレンドがいます。また1人は過去にガールフレンドやボーイフレンドがいて、2人は現在ガールフレンドやボーイフレンドがいません。そして、全員が結婚したいと思っていました」(p.7)

これらの結果は、自閉症の子どもたちに対する行動プログラムが、長期的に効果があることを実証しています。さらに数多くの研究が、自閉症と診断された子どもたちに応用行動分析学が最適な結果をもたらすということを支持しています。例えば、アンダーソンとキャンベル、キャノン Anderson, Campbell and Cannon (1994) は、就学前の自閉症の幼児に対して、クリニック（健常な子どもたちとの統合クラスの環境）を中心とするサービスと家庭を中心とするサービスを提供しました。これらに1年以上参加した26人の子どもたちのうち、14人（54％）が通常の幼稚園教育（その何人かにはクラスでアシスタントが付きました）に進み、2人（8％）がリソースルームに残

り、10人（38％）は障害のある子どもを特別に分けて分離教育を行う私立の学校に入学しました。

　バーンブラウとリーチ Birnbrauer and Leach (1993) の研究も、集中した行動介入の有効性を支持しています。彼らは、9人の自閉症の子どもたちに早期からの集中した行動介入を行いました。2年間に及ぶ療育プログラムが終了した後で、9人のうち4人に、知能検査と言語検査と適応行動検査において、かなりの進歩が見られました。集中行動療育を受けなかった統制群の5人のうち1人は、適応行動と言語でかなりの進歩を見せましたが、知的機能が改善された子どもは統制群には1人もいませんでした。

　ニュージャージー州にあるラトガーズ大学のダグラス発達障害センターでは、障害のある子どもとない子どもの統合環境で、行動療育が行われています。研究者たちはそこで、就学前の自閉症の子ども9人に対して、プログラムの開始時とその1年後に知的能力と言語能力を検査しました。これらの子どもたちは、その1年間でIQの値が19ポイント、言語運用能力の値が8ポイント増加しました（Harris and Handlemann, 1994）。

　早期からの集中行動療育を利用した研究は広範囲に及びますが、それらのほとんどは、共通した基本的な鍵となる要因にもとづいて行われています。ここでそれらに目を向けてみましょう。

有効な行動療育の基準

　療育が成功するための重要な要因は、行動療育を受ける時期（例えば、子どもの年齢）、療育の濃密度（例えば、1対1の個別療育や1週間当たりの指導時間）、サービス提供者における一貫性のある対応、親参加などで、それらは多くの研究者に共通して理解されています（Harris and Weiss, 1998；Lovaas, 1993a, 1996；Simeonnson, Olley and Rosenthal, 1987；Smith, 1993）。

行動療育を受ける時期

　プリンストン子ども発達研究所の研究者たちは、生後60カ月より前に行動療育を受けた9人の子どもと、同じ行動療育を生後60カ月より後に受けた9人の子どもの療育の成果を比較しました（Fenske, Zalenski, Krantz and McClannahan, 1985）。そして、子どもの年齢と望ましい結果には関連があることが分かりました。すなわち、生後60カ月より前に行動療育を受けた子どもたちでは、6人（67％）に望ましい結果（家庭で生活して公立学校に入学）が見られたのに対して、生後60カ月より後に行動療育を受けた子どもでは、1人（11％）に望ましい結果が見られたに過ぎませんでした。

　対象とした子どもの数は少なかったものの、こうした結果は、早期からの行動介入が有効であるという見解をある程度支持するものでした。しかし、このことは、年齢の高い子どもは行動プログラムから効果が得られないということを意味するものではありません。アイケセスとヤール、エルドヴィック Eikeseth, Jahr and Eldevik (1997) による予備的な研究は、4歳から7歳の子どもたちにおける行動療育の効果を評価しています。この研究はまだ継続中ですが、行動分析学にもとづく療育を開始する年齢は低いほど効果が高いものの、4歳から7歳の子どもでも密度の濃い療育によって十分に利益があげられる、という結果が示されています。

療育の濃密度

　療育の密度に関しては、さらにいっそうの研究が必要ですが、1週間に10時間程度の療育では、療育をまったく行わないのとほとんど変わらないようです。20時間以上であればわずかに成果が見られ（Anderson et al., 1987）、週40時間に及ぶと大きな改善が見られるようになります（Lovaas, 1987；さらなる考察については Smith, 1993を参照してください）。しかし、療育の結果を決定的に左右する要因は時間ばかりではないことを、親は理解しなければなりません。指導の質や指導回数もまた、結果に影響を及ぼします。近年、精密指導法を利用して行われた研究からは、自閉症の子どもたちの学習を促

進できるということが実証されています（精密指導法の概説については Lindsley, 1992を参照してください）。学習する機会が数多くなれば、子どもはある水準の速度と正確さで、反応できるまでに学習します。したがって、精密指導法を通して、ある行動を練習し特定のスキルが上手になる機会が増えることは、応用行動分析学によるプログラムの成果を決定するうえで重要な役割を果たすでしょう。

１対１の個別指導

応用行動分析学のプログラムは、初めは１対１の個別指導が基本です。これは、その後の学習に必要とされる基本的な準備技能を確実に身につけさせるためです。さらに後の段階になると、先生と生徒の割合は、観察学習やグループ学習をする典型的な学級場面を想定しながら変えていきます。このように指導の形態を変えることで、集団で指導を行う環境が作られますが、教育計画はあくまでもその個人に確実に合わせることが求められます。子どもの発達進歩を査定する特別なアセスメントは、その教育の形態がその子どものニーズに合っているかどうかを確かめるために不可欠です。

サービス提供者間の対応の一貫性

行動プログラムは、それだけが単独で行われるわけではありません。家庭で応用行動分析学による療育を受けながら、子どもは学校に通っているかもしれませんし、言語療法や、また別のサービスや療育を受けているかもしれません。こうしたサービスを実施する機関すべての間で一貫した継続性のあるサービスを提供していくことが、たいへん重要です。行動プログラムには、単純な強化を用いた方法（第１章参照）から機能分析（第３章参照）のようなもっと複雑な方法まで、科学によって裏付けられたさまざまな方法があります。このような手続きは普通、成果をはっきりと記録に残し、集められたデータにもとづいて今後の方針を決めるように、計画されています。しかしながら、子どもが受けている学校やそれ以外からのサービスは、必ずしも同

様の科学的な方法で組み立てられているわけではないので、複数のプログラムの間で一貫性を保つのは難しいことがあります。

　行動分析家は、一貫性が重要であることを理解しています。例えば、子どもの就学の準備については、行動分析家は、注目ややりとり、適切な遊び、言語、前教科スキルなどの、就学に向けた準備行動ができるように焦点を合わせます。自閉症のたいていの子どもには、学校生活に参加したり効果的な対人関係がもてるようにするために、これらのスキルをきちんと教える必要があります。応用行動分析学にもとづく指導カリキュラムではたいてい、指示に従うこと、理解言語、模倣、前教科スキルを教えることから始め、子どもが「学び方を学習する」（第5章参照）まで、しだいに高度な学習方法を教えていきます。応用行動分析学はまた、睡眠障害、母親との分離困難、さまざまなタイプの行動退行、情緒障害など、学校での統合教育を妨害しそうな広範囲の困難な問題も扱います。これは、普通の学校教育システムへのこうした子どもたちの統合が解決済みだということではなく、これ以外の方法では普通の学校への通学など考えられない子どもたちにも、通常の学校が手の届くところにあるということです。子どもが実際に通っている学校がどんなところであれ、家庭中心プログラムから学校教育プログラムへと円滑に移行するには、応用行動分析学の正式な教育を受けた学習支援アシスタントを、移行の当初から学級に配置する必要があります。

親の参加

　子どもの教師、代弁者、療育者として親が重要であることを、行動分析家はずっと認めてきました（Berkowitz and Graziano, 1972）。親が子どもの療育のすべての過程に参加する必要があるという証拠は、臨床場面で実施された自閉症の子どもに対する早期からの行動療育からもたらされました。療育が終了した後、子どもたちが、以前にいた施設に戻ったとき、療育で獲得した行動のほとんどをしなくなりました（Lovaas, Koegel, Simmons and Long, 1973）。しかし、親のいる家庭に戻った子どもたちは、獲得した行動を維持

し改善し続けました。この研究の結果は、親が行動療育を行うと、その成果が大いに高まることを示しました（Lovaas, 1993b）。

今日、応用行動分析学にもとづくほとんどのプログラムは、親を共同療育者として教育して、親が子どもの療育を行います（Lovaas, 1987）。このアプローチには賛否両論があり、親の参加や親への教育は、親に過剰なストレスや集中を強いるのでよくないという主張もあります。しかし、この分野の研究者の大多数は、親が子どもの療育の過程に完全に参加すれば、サービスの一貫性や療育で得られた結果の般化を促進することを見いだしました（Kerr, 2000）。ペイネ Peine (1969) は、「自分の子どもをコントロールすることを経験し、障害がある自分の子どもの成長や発達を支援できると分かることが、親にとって最もよいストレス軽減法となりうる」(p.626) ことを明らかにしました。実際に、行動分析家たちは、親にスキルを身につけてもらうことは道徳的に正しいと主張しています。「……自分の子どもを育てるための道徳的、倫理的、法律的義務を果たしやすくするために、親を直接的に支援するのが臨床家の仕事である」（Graziano, 1969, p.365）。北アイルランドの児童に関する通達（Children (NI) Order 1995）や英国の児童法（Children Act 1989）では、親の参加を呼びかけ、関連諸機関と親との連携協力の必要性を明らかにすることによって、こうした行動分析家の主張に応えています。

次の問題は、子どもの療育に親を参加させたいという抱負をどのように実践に移すかということです。

親教育：応用行動分析学は利用しやすい

行動分析学による親教育プログラムは、問題を複雑にしてしまうことなく、不適切行動に対処するスキルを親や他の家族に教えるだけでなく、望ましい行動を特定してその生起を促すスキルをも教えます。行動分析学による親教育プログラムは、予防を重視する健康管理サービスのモデル（Holmes, 1998）に従って、子どもを育てる責任を負った人たちが、療育のなかで積極

的な役割が引き受けられるように力をつけます。どのようにして、それがなされるのでしょうか。コーリアスCallias (1994) は次のように、親や家族が獲得するスキルに焦点を当てています。

「子どもとの間で経験している問題を明確な行動の用語で定義し、それを正確に観察し、ベースラインとしてまた進歩を測定するために簡単な記録をとり、機能分析を行い、有効な変化を引き起こす一連の技術や原理を適用することを、親は普通教えられます」(p.921)

PEATは、正式な教育を受けた行動分析家が、親や養育を行う人たちに行動分析学の基本的な原理を教えようとする組織です。親や養育を行う人たちは、目標とする行動を明確に定義することが重要であると教えられ、集められたデータをもとに意思決定を行うスキルを身につけます。そうした教育の課程に参加する人たちは、その課程で学んだことと実際に応用した行動原理が一致しているかどうかについて、1カ月に1回評価を受けます。そしてさらに、正式な教育を受けた行動分析家がそれぞれのプログラムを行っている場所を訪問して、月に1回開催されるチームミーティングに出席します。このようにして、有効な指導からのみ利益がもたらされるので、チームのメンバーたち（例えば、親、専門家、養育にかかわる人たち）は、効果があった指導の事例を説明するように言われます。

親が行動論にもとづく親教育の支持者になることが、行動療育プログラムを確実に継続させる重要な要因であると言われています（Smith, 1993）。フォックスFoxx (1996) は行動分析家たちに、自分を行動の大使だと考えるように求めました。この大使という呼び方は、行動分析学を学ぶ親教育のプログラムに参加している親たちにも当てはまるでしょう。行動分析学に関する正式な教育を受けている親たちは、行動分析学の知識を上手に言い換える方法や、家庭でそれを応用する方法を学びます。また、指導のパートナーとして役割をうまく果たす経験をした親は、応用行動分析学のプログラムの有効

性に関する適切な生の情報を他の親たちに提供できるという意味で、行動分析学の外交使節となります。しかし、この新しいタイプの協力関係は、専門家の役割を奪い取ることを意図するものではありません（親 – 専門家のコンサルテーションモデルについては Mullen and Frea, 1996 を参照してください）。応用行動分析学にもとづくプログラムの品質を保証できるのは、正式な教育を受けた行動分析家だけです。

正しく理解しましょう

　ドメイヤーとヒントン、ジャクソン DeMyer, Hingtgen and Jackson (1981) は、自閉症の子どもについての文献を概観して、「……圧倒的な数の証拠によれば、自閉症の子どもに最大限の利益をもたらす最適な療育法は、系統的（集中して行われる）な行動的／教育的アプローチである」(p.388) ということを見いだしました。そしてさらに、「……行動療育プログラムの有効性には感動すら覚える。限りない潜在能力をもった自閉症の子どもたちに最大限の機会を提供し、潜在能力がごく限られている自閉症の子どもたちにも、さまざまに重要な行動スキルを習得する機会を提供している」(p.435) と述べています。このような知見は、応用行動分析学の学術雑誌にしばしば掲載されます。行動分析学を学ぶ構造化された親教育によって、親たちが応用行動分析学を利用しやすくなることは、すでにこれまで見てきたとおりです。それではなぜ、応用行動分析学や行動論にもとづく親教育は、自閉症と診断された子どもたちの最適な療育法として広く一般に使われてこなかったのでしょうか。

　英国とアイルランドにおいて、応用行動分析学がなぜ最近まで親たちから支持されなかったのかについては、いくつかの理由が考えられます。理由のほとんどは、応用行動分析学についての知識がなかったことに由来します。生兵法は大けがのもとというように、限られた知識は危険なもので、親や専門家たちは時々不正確な情報を与えられることがあります。これは英国やア

イルランドに限ったことではありません。次に、そういった間違った情報を訂正したいと思います。

間違った情報
応用行動分析学は自閉症を治せる（Knott, 1995）。

正しい情報
　行動分析学では、自閉症をひとまとまりの行動レパートリーの過剰や不足と考えています。自閉症の原因は分かっていないので、自閉症を治せると主張することは無理だと考えます。したがって、行動分析家は自閉症が治るというようなことは言いません。行動分析学についてのこのような誤解は、行動原理への理解の不足から生じるものです。行動は治せません。しかしその代わり、行動を変化させたり調整することはできます。そうした変化の量は、治ったのか治っていないのかといった分類ができません。応用行動分析学によるプログラムの成功は、それを始めた当初と比べてのものであり、それは行動の変化を示すデータによって明らかになります。行動に意義ある変化をもたらすことは可能です。自閉症の子どもたちに典型的な行動は、子どもによっては、同年齢の子どもたちと社会的にも教育的にも区別できないほどに変化させることができる、ということを研究論文が示しています。

間違った情報
応用行動分析学は一時の流行にすぎない。

正しい情報
　行動分析家は、自閉症の領域で30年以上も働いてきました。応用行動分析学の効果は、この間のあらゆる時期に実証され続けてきました。行動分析学は何年もかけて大いに洗練されてきたので、その出発点である1960年代の行動変容の時代に比べると変化しています（Walsh, 1997）。科学的知識の昨今

の大発見や発展によって、現代の行動分析学は、自閉症と診断された子どもたちに対して、最もよく研究され永続する療育の選択肢の1つを提供するに至っています。

間違った情報

現在の教育的対応は「適切」である。

正しい情報

多くの国々で、政府の関連する省庁が、自閉症の子どもたちに何らかのかたちでサービスを行う責任（資金やそれ以外の）を表明しています。いったんある学校教育システムが作られると、それ以外の方法が有効だという証拠があっても、その方法を永遠のものだと考えてしまうようです。同じ分野の研究者たちが国際的な学術雑誌で一貫して示したように、応用行動分析学は実践によって検証された教育方法を提供するがゆえに、「適切」なのです。データにもとづいて決定された手続きを採用することにより、説明責任を果たすことができ、それによって応用行動分析学が最も「適切」、すなわち最適な教育の形態であると保証できます。したがって、応用行動分析学を取り入れていない現在の教育的対応は不適切なのです。

間違った情報

行動論による指導は、誰かに依存するような学習スタイルを生み出す (Knott, 1995)。

正しい情報

ジョーダンら Jordan et al. (1998) は、TEACCH システム（自閉的なコミュニケーション障害のある子どもたちの治療と教育）というよく知られている教育サービスについて検討する中で、「TEACCH は直接に自閉症を扱っているわけではないが、自閉症の人たちに対して『補助環境（prosthetic environment)』[1]とも呼べる環境を提供している」(p.81) と述べています。補助環境が取り除かれたらどうなるのでしょうか。北アイルランドで開催された学習障害についての最近の会議において、専門家から得られた答えは、「目の見えない人から盲導犬を取りあげてしまったらどうなるでしょうか」というものでした[2]。最大限に発達を促す可能性のある機会を子どもに与えようとしている親たちは、TEACCHのようなシステムとの違いを検討する必要があります。TEACCHは、自閉症を生涯の障害としてこのシステムに受け入れ、子どもの行動レパートリーにおける過剰や不足といった不均衡の是正を支援するように計画を立てます。

　行動論にもとづく教育サービスは、誰にも依存しない学習スタイルを教えようとしています。応用行動分析学によるプログラムの目標は、自己管理や自立性、自発性、創造性を獲得することです。これらのスキルを上達させることによって、子どもたちは、自分の可能性を最大限に実現させながら生きられるようになります。キャサリン・モーリスは、集中した応用行動分析学のプログラムから得た、自分の娘の性格や自立性の発達を、次のように述べています。

「アン・マリーは友好的で思いやりがあります。友達とよくつきあい、深いきずなを結んでいます。……アン・マリーは先生たちとも親しく、彼女の考えを先生たちはよく分かっています。……アン・マリーは協力的で、グループの中で自らの役割を果たすことができます」(Maurice et al.,

---

[1] The Concise Oxford Dictionary は "prosthetic" を "不足を補うための人工物" と定義しています。
[2] この考え方が TEACCH を使用している専門家をどれほど代表しているかは明らかではありません。また、北アイルランドの TEACCH プログラムが、アメリカ合衆国北カロライナ州で行われているものとどれほど類似しているかも明らかではありません。なお、TEACCH の一部をヨーロッパに導入することに関するポール・トレヒン Paul Trehin のコメントは、下記のウェブサイトで読むことができます (http://www.unc.edu/depts/teacch/teacchn.htm#Section_0.1)。

1996, p.286）

　自分の子どものスキルが上達し自立性が発達したと親たちが報告することによって、応用行動分析学が誰かに依存する学習スタイルを生み出すという誤った考えは払拭されます。

間違った情報
　応用行動分析学は、嫌悪的な方法を使う。

正しい情報
　応用行動分析学の教育プログラムでは、普通は嫌悪的な方法を使いません。それどころか、応用行動分析学による指導は、強化の原理を用いて温かい養育環境を用意することによって、大いにやる気のある子どもを育てることに焦点を当てます（La Vigna and Donnellan, 1986）。行動の先行刺激を調整し、好ましい結果事象をもたらすことで、教育プログラムの楽しみ方を教えることができます。
　行動分析家と親たちは、このような誤った情報に非常によく遭遇します。これらの間違った見方を信じている人たちに共通するのは、行動分析学の正式な教育をほとんどあるいはまったく受けていないということです。行動の原理について学ぶ研修会に一度出席しただけでは、応用行動分析学を実際に使えるようにはなれませんし、その効果について大ざっぱに述べることもできません。このような誤った考えは、応用行動分析学によるプログラムの成功を危うくし、さらに重要なことには、最適な教育形態を否定することで、子どもの発達に好ましくない影響を与えます。誤った考えに反論するために、子どもへの最も有効な教育的対応の選択に関して、情報にもとづく意思決定に使える情報を親が入手できるようにしています。

情報にもとづく意思決定をするために

　親として私たちは、意思決定をして選択をしなければなりません。その選択は子どもの生活に影響を与えます。これはどんな親にとっても変わりがありません。自閉症と診断された子どもの親たちは、子どもの療育についてさらに意思決定や選択をしなければなりません。この章では、応用行動分析学は現在利用できる最も有効な療育だということが実証されてきたので、選択される療育法になるべきだということを述べてきました。この考えは親の見方にも反映されていて、PEATグループに参加している親たちも同じように考えています。

　「『レベッカのためにこの道（応用行動分析学）を選択し実行していなかったら、娘や私たちはどうなっていただろう』と考えるのはとても恐ろしいことです。今となっては、レベッカにとって利益になるようにできるかぎり努力を続け、レベッカをそしてお互いを支えあい、励ましあい、かばいあうだけです」(Harrington, 1996, p.371)

　また別の親のコメントによれば、応用行動分析学は発達について数多くの道を開き、親と子どもの愛情のこもった関係を育みます。次は、自信に満ちた個人に成長するための助けとなるスキルを発見した少年の話です。

　「ブランドンがとても競争が好きだということも分かりました。……ブランドンは注目されることが好きで、彼ら（ブランドンと弟）はプログラムを楽しんでいました。これはどんな子どもにとっても自信をつけるやり方です。……ブランドンは体操と水泳が好きで、自転車やかけっこも好きでした。彼はとても協力的でした。……再び、私たちはこのような機会をできるだけ多く与えようとしました。また誰でもそうであるように、ブランドンは上手にできることを楽しみます。それらの活動は彼にとって大きな

強化子であり、自由時間のおもしろくて適切な活動でした。……ブランドンはとても幸せで生産的な若者です。私たちは皆、彼を誇りに思っています」(Kleinfeld-Hayes, 1996, p.376)。

早期からの集中行動療育プログラムを注意深く計画し実行することによって、自閉症と診断された子どもたちがうまく発達するように、環境を設定することができます。行動論にもとづくプログラムを行うにはある程度の構造が求められますが、養育にあたる人たちは、個別プログラムの作成に必要な柔軟性やスキルを習得できるでしょう。したがって、うまくいって正の強化子が提示されるような環境を、親と専門家は率先して設定しようとします。体系化されている課題は他の課題と変えることもでき、大人と子どもの間に強い情緒的な絆をつくります。専門家と親には、委ねられているその個人の生活の質を改善するために、有効な手続きを実施する社会的・倫理的な責任があります。

まとめ

自閉症と診断された子どもたちの最適な療育法として応用行動分析学を用いた研究は、応用行動分析学が子どもの教育や生活スキルを身につけるのに最もよい結果を示すことを実証し続けてきました。その結果は、かつて考えられていたよりも明らかに数多くの子どもたちが、いっそう充実した生活を送れることを示しています。もっと詳細な研究データを探そうとしている方は、500以上の論文を引用しているマトソンら Matson et al. (1996) を読むといいでしょう。これらの500以上の論文は、逸脱行動、社会的言語、遊びのスキル、社会的相互交渉、社会参加、音声言語など、自閉症の子どもを持つ親がしばしば経験する広範囲に及ぶ行動に焦点を当てています。訓練を受けた行動分析家と協働することによって、親はこれらの研究の成果をもとに療育を進めることができ、また子どもたちの利益になるように、応用行動分析

学にもとづく療育プログラムを体系化したり、その療育プログラムに参加するうえでの重要な資源とすることができます。

第3章　機能アセスメント、機能分析と問題行動

イアン・テイラー

　応用行動分析学における主要なテーマは、学習が困難な子どもたちの問題行動（例えば、攻撃行動，自傷行動）に対応するための有効な方法を見いだすことです。今日では、親が利用できる有効な療育法が数多くあります。しかし残念ながら、最も適切な介入をそれぞれの子どもたちに選ぶためには、複雑で多くの場合、困難な過程が続きます。特別なニーズを考慮すれば、とくに自閉症の子どもには、このことが当てはまります。機能アセスメントや機能分析の技法の発展によって、このような課題は親にとって非常に簡単になりました。これらの技法を適用する第1の目的は、行動とその先行刺激（きっかけ）およびその結果事象（報酬）を特定することです。どんな行動を説明するときにも、その行動の先行刺激と結果事象の特定に、最終的には焦点を当てます（第1章参照）。専門的に言えば、行動とは「これらの先行刺激または結果事象の機能」です。別な言い方をすれば、行動が生起する「理由」は、これらの先行刺激や結果事象が提示されるからだと言えます。

　ABCを特定することによって、問題行動の機能を判定することが可能になります。つまり、なぜ行動が生起するのかについて、情報にもとづく決定をすることができます。それによって、問題行動の機能を明確に考慮した介入が展開できるようになります。この章のねらいは、機能アセスメントと機能分析の技法を述べることであり、一人ひとりの子どものニーズに応じた有効な療育を展開するために、そのような技法をどのように使用することができるかを、分かりやすく解説することです。

応用行動分析学

　慎重に構成されたいくつかの研究によって、応用行動分析学の方法を用いた早期からの集中指導が、自閉症の子どもに劇的な改善をもたらしたという結果が示されています（第2章参照；Lovaas, 1987; Lovaas and Smith, 1988, 1989）。例えば、行動論にもとづく指導技法が、社会的相互交渉（Gaylord-Ross, Haring, Breen and Pitts-Conway, 1984）や自立した地域生活を営む技能（Haring, Kennedy, Adams and Pitts-Conway, 1987）の発達を促進することを示してきました。同じように、自己刺激行動（Durand and Crimmins, 1988）や自傷行動（Taylor, O'Reilly and Lancioni, 1996）のような問題行動が軽減するなど、重要かつ有効な行動変化が生起しました。

行動変容を持続する必要性

　応用行動分析学には重要な利点があるにもかかわらず、多くの専門家や教育者は、行動療育を完全に成功するものとは考えていません。行動変化は指導場面や教育場面では成し遂げられますが、それは指導場面以外ではしばしば持続しない（すなわち、般化しないあるいは維持しない）という見方があります（Whitman, 1990）。これは、変化に非常に抵抗を示す攻撃行動や自傷行動のような問題行動において、とくに当てはまります（Iwata, Dorsey, Slifer, Bauman and Richiman, 1994）。

行動変化はなぜ持続できないのか

　指導場面以外で般化や維持が起こらない理由の1つは、行動の機能を配慮することなく、行動変化の方針（すなわち、問題行動の軽減）に介入の焦点を当てる傾向が最近まであったからでしょう（Lennox and Miltenberger, 1989）[1]。例えば、一定の周期で金切り声を上げる幼児を考えてみましょう。

その幼児の母親と父親は、ことばによる叱責で子どもの行動をほとんど「罰」しようとするかもしれません。ここで「罰」とは、行動の頻度を低減するという意味の専門用語として用いています。しかし、親の多くが知っているように、そうした罰による管理を一貫して行うのは難しいことです。その幼児は、両親が部屋にいないときには金切り声を上げても罰を受けないことを、またたく間に学習するでしょう。金切り声を上げる理由（それが何であれ）が残っていると、金切り声を罰するためのことばによる叱責を用いたいかなる変化も、長続きしないでしょう。加えて、ことばによる叱責が有効であるときも、両親がいないときには、他の家族は金切り声を我慢しなければならないでしょう。というのも、罰の効果は子どもの両親以外には般化しにくいからです。

介入を行う前に問題行動の機能を特定する

上記のシナリオ（介入計画の大筋）の代わりは、両親が行動の機能を判断すること、行動の機能を説明できる介入を展開することです。例えば、上記の両親が、金切り声を上げた後に子どもが何か（例えば、お菓子、食べ物、飲み物）を入手できることを知っていたらどうでしょうか。その子どもの両親は、子どもが適切に飲み物を求めたとき（例えば、両手を差し出して「ちょうだい」と言う）にだけ、飲み物を手に入れる（すなわち、この結果事象を得る）ことができると教えるかもしれません。同時に両親は、金切り声を上げていては飲み物を手に入れられないことを教えるでしょう（すなわち、不適切な行動に対しては、この結果事象を与えずにおく）。このシナリオによれば、金切り声を上げる行動は低減します（最初は増えるかもしれません。これは、消去バースト（爆裂）としてすでに述べました。第1章を参照して

---

[1] そのようなアプローチは、行動を主としてその機能の点から説明する行動分析学の基本的な前提と矛盾します（Skinner, 1957）。

ください)。また、指導場面以外でも金切り声を上げる行動はなくなり、それは維持されるでしょう。この変化が持続するのは、問題行動が低減したというだけでなく、その子どもが自分の要求を満たす代わりとなる好ましい方法を教えられているからです。つまり、問題行動の代わりとなるこの新しい方法は、問題行動が起こる機会を少なくするので、より有効な方法となります。

問題行動が起きる理由

　自閉症の子どもあるいはそうでない子どもでも、容認されない問題行動をするのには、いくつかの理由があります（表3.1参照；O'Reilly, 1997参照）。例えば、ある子どもは好きなもの（例えば、食べ物や特定のおもちゃ）を手に入れようとかんしゃくを起こすかもしれません。あるいは、親に注目してほしくて問題行動を起こしているのかもしれません。いずれにしても、そのかんしゃくは正の強化によって維持されていそうです。すなわち、両親はかんしゃくをやめさせようとして、子どもが望むものや注目を与えることによって、問題行動を不用意にも強化しているのかもしれません。

　問題行動が生起するもう1つの理由は、問題行動を起こすことが、結果としてある嫌悪事態からの回避または逃避になっているということです。そのようなシナリオでは、問題行動は負の強化によって維持されます。例えば、子どもがあまりしたくない何かをするように親が求めたとします。子どもがもしかんしゃくを起こせば、親はことばで叱るかもしれません。それでもま

表3.1　問題行動の機能

（1）物的強化子の入手（例　おもちゃ、食べ物、飲み物；正の強化）
（2）社会的強化子の入手（例　注目；正の強化）
（3）嫌悪刺激からの回避（例　指示にしたがわない；負の強化）
（4）身体への刺激（例　自傷；自動的な強化）

だかんしゃくが続けば、それを止めさせるために親は要求を引っ込めてしまうでしょう。かんしゃくはその場で静まりますが、長期的な結果としては、その後その子どもの嫌がる何かをさせようとするたびに、かんしゃくが再発しやすくなります。

　問題行動が現れる別の理由は、それが自己刺激の機能を持つことに由来します（Repp, Singh, Olinger and Olson, 1990）。いくつかの行動は、自動的な強化（Skinner, 1982）の特性をもつと思われます。これは、手をひらひらさせたり「自己刺激的な」行動を頻繁に行う自閉症の子どもの多くに、とくに顕著です。刺激を得るための別な行動が見つからなければ、この自己刺激行動によって強化するということが、将来の「自己刺激的な」行動にもずっと続くでしょう。しかし、自己刺激を問題行動の1つと説明する前に、前述した別な可能性（注目、物の要求、回避など）がないことをまず確認しなければなりません。幸いこれらは、この後の行動療育を受け入れやすいことが多いのです（Kennedy and Souza, 1995）。

　このように考えると、問題行動が生起する理由が分かりやすくなるでしょう。このような理解なしには、問題行動を制御しようとする際に起きる多様な問題を扱えるようにはなれません。例えば、形態的（物理的）に似た行動が、異なる理由で起こることがあります。つまり、似たように見える（同じように説明されるという意味で）行動が、実は異なる方法で強化され維持されていることが示されています（Lennox and Miltenberger, 1989参照）。例えば、頭を壁に打ちつけることは、誰かの注目を得るあるいは課題を行うことを回避する、という機能を果たすことができます。こうした知見は、問題行動の形態をただ記述するだけではなく、問題行動の機能を確かめることが重要であることを証明しています。この問題をさらに複雑にしているのは、問題行動の機能が時間が経つと変化したり、問題行動はある一定の時間の中でも、複数の機能を持つことがあるかもしれないということです（Iwata, et al., 1994）。このように複雑なので、一人ひとりの子どものニーズに合わせた個別療育計画を作成すべきである、と考えられています（O'Reilly, 1997）。

問題行動が起きる理由を確かめる前の介入の危険性

　行動の機能についての知識を持たずに、問題行動に対する介入を行うと、子どもを多くの危険な目に遭わせてしまうかもしれません（Lennox and Mitenberger, 1989）。まず、不必要な嫌悪手続きや制限された手続きに子どもがさらされる危険があります。例えば、叱りとばしたり寝室に閉じ込めることで、容認できない子どもの行動を罰するかもしれません。次に考えられるのは、子どもがまったく効果のない介入にさらされるということでしょう。それゆえに、有効な療育の適用が遅れてしまいます。父親からの注目を得ようとして自傷行動を示す女児について、考えてみましょう。一般的に、父親は子どもを叱責したり制止することで、その行動をやめさせようとするでしょう。これは罰のように見えるかもしれませんが、もし自傷行動が父親の注目（すなわち、その女児に向けられた父親の注目行動という機能）によって維持されていれば、父親は不注意から、よりいっそうその自傷行動を強化していることになります。つまり、自傷行動を増加させる（減少させるのではなく）ように、この女児の父親は介入しているのです。

行動の先行刺激と結果事象を特定する利点

　先行刺激と結果事象に関する知識は、さまざまな点で有効な療育手続きを計画する助けとなります（Lennox and Miltenberger, 1989）。まず、問題行動を強化している結果事象を特定することによって、問題行動をどう除去するか、どう予防するかという示唆が得られるでしょう。つまり、強化している結果事象を除去または変更することによって、問題行動を予防できるかもしれません。次に、そのような介入前のアセスメントによって、問題行動がもたらす結果事象に似た結果事象を子どもに与える、より有効で社会的に適切な行動を、親が特定できるかもしれません（Carr and Durand, 1985; Durand and Carr, 1987）。この可能性を説明するために、自傷行動をしている

男児の例を考えてみましょう。いくつかの場面において、この子どもはおもちゃや食べ物を手に入れようとして(すなわち、物的強化子の入手)、頭を打ちつけたり頭を叩く自傷行動を行います。別の場面では、親の要求にしたがうのを避けるために、その同じ自傷行動を行います。自傷行動が起きる理由を確かめるための分析をせずに、この両方の場面で、親は概してことばによる叱責で自傷行動をやめさせようとするでしょう。多くの親たちがしばしばとる行動に代わるものは、問題行動が起きる理由にもとづいた介入を計画することです。最初の場面で、子どもに飲み物を与えずに、自傷行動をやめて飲み物をきちんと要求する(例えば、手を差し出して「ください」と言う)まで飲み物をもらえないことを、その子どもに説明するのが適切でしょう。第2の場面における適切な介入は、指示にしたがいたくない気持ちを表すより無難なやり方(例えば、首を横に振って「いや」と言う)を、その子どもに教えることでしょう。

機能アセスメントと機能分析の方法

行動療育には数多くの方法がありますが(Repp and Singh, 1990)、最も有効な介入の選択は、複雑でしばしば難しい問題となります(Lovaas and Favel, 1987)。とくに難しいのは、問題行動を引き起こす先行刺激と維持させている結果事象を特定することです。綿密な機能アセスメントと機能分析は、この過程の最初の部分です。

機能アセスメントという用語は、行動(問題行動を含む)を引き起こす先行刺激と維持している結果事象を決めるための、多様な体系的手続きを記述するために使われてきました(O'Reilly, 1997)。機能アセスメントには、典型的には、行動に関するインタビューが含まれています(以下を参照)。行動に関するインタビューは、その子どもに関係する重要な人たち(例えば、母親や父親、教師)への面接によって、問題行動を最初に決定しそれを定義する過程です。さらに、先行刺激や結果事象になっているかもしれない刺激

を、面接を受ける人が提示します。行動に関するインタビューの後には、その問題行動が自然な環境（つまり、問題行動が起きるとされた場所；以下を参照）で起こるのを観察します。仮定された（つまり、提示された）先行刺激と結果事象の系統的操作には、実際にそれが問題行動を引き起こし維持させるかどうかを確認するために、アセスメント手続きも導入されるかもしれません。このアセスメントは、普通は機能分析と呼ばれます（O'Reilly, O'Kane and Taylor, 1994）。

機能アセスメント

行動に関するインタビュー

行動に関するインタビューは、たいてい行動分析学の専門家が実施します。しかし、もしここにあげた質問（表3.2参照）に答えられるならば、あなたは子どもの行動の評価を自分で始めることができます。

表3.2　行動に関するインタビューにおける適切な質問

（1）問題行動は何ですか。
（2）その行動が起きる場所はどこですか。
（3）その行動はいつ起こりますか。
（4）その行動はどのくらい頻繁に起こりますか。
（5）その行動は誰がいるときに起きますか。
（6）その行動の前（きっかけ）に何が起きましたか。
（7）その行動の直後に何が起きましたか。
（8）その子どもの母親はどのように反応しましたか。
（9）その子どもの父親はどのように反応しましたか。
（10）その子どものきょうだいはどのように反応しましたか。
（11）周囲の人たちはどのように反応しましたか。
（12）その子どもはどんな強化子を手に入れることができましたか。
（13）子どもは何を避けましたか。

機能アセスメント

　これらの質問は、問題行動を引き起こす先行刺激と維持させる結果事象を、特定するのに役立ちます。しかし、行動に関するインタビューは、出発点としては優れていますが、その有効性には限界があります。行動に関するインタビューの重大な制約は、子どもとその問題行動を直接に評価していないことでしょう。問題行動は不完全な記憶から思い起こされます。親は、行動が実際よりも頻繁に起こっていると思っていたり、重要なきっかけを無関係だと思い込んでいるかもしれません。最終的な結論は、問題行動の先行刺激と結果事象に関する不正確なデータ（「情報」）かもしれません（O'Reilly et al., 1994）。こうした制約を考慮に入れると、行動に関するインタビューに引き続いて、自然な環境（問題行動がいつも起きる場所、例えば、家庭）の中で、問題行動を直接観察すべきです。

直接観察

　直接観察を行う方法（例えば、ABCチャート、スキャタープロット、行動記録フォーマット）は数多くあり、それらは、問題行動とその先行刺激および結果事象についてのデータの記録に使用されます。このそれぞれの詳説は本章の範囲を超えており、ここでは述べません（詳しくは、O'Reilly, 1997 ; Maurice, Green and Luce, 1996を参照）。最も簡単で最も頻繁に使われている観察の方法は、ABCチャートです（図3.1参照）。このチャートには、問題行動が起こった日付と時間、ABCについて書き込む欄が設けられています。「B」の欄は、問題行動を簡単に記述する（例えば、「マークは壁に頭を打ちつけた」）ために使います。「A」の欄には、問題行動の先行刺激（例えば、「母親がマークに、おもちゃを片づけるように言った」）を書き入れます。「C」の欄には、問題行動の結果事象（例えば、「母親はおもちゃを片づけるように言うのをやめた」）を書きます。普通は子どもを自然な場面で、2日間から5日間くらい観察をします。1日中ずっと観察している必要はありません。30分ほどの観察セッションを何回か繰り返すといいでしょう。行動に関するインタビューから得られたデータは、問題行動が起こりやすい時

間を示唆しているでしょうし、いつどのくらい頻繁に観察すればいいかを決めるのに役立つでしょう。

日付	時間	A（先行刺激）	B（行動）	C（結果事象）
1997年5月2日	午前10時	母親がマークに、おもちゃを片づけるように言った	マークは壁に頭を打ちつけた	母親はおもちゃを片づけるように言うのをやめた
1997年5月2日	午前11時15分	母親がマークに、靴を片づけるように言った	マークは戸棚に頭を打ちつけた	母親はマークの靴を片づけた
1997年5月2日	正午	…………	…………	…………

図3.1　ABCチャートの記録例

　自然な場面で観察をする主な利点は、子どもと問題行動を直接に評価できることです。そのうえ直接観察では、多種多様な変数やインタビューでは見逃しやすい行動に関する重要なデータが得られます（O'Neill, Horner, Albin, Storey and Sprague, 1990）。ほとんどのデータ収集の技法がそうであるように、自然な場面における直接観察にもいくつかの欠点があります（Lerman and Iwata, 1993参照）。そうしたなかで、おそらく最も重要な不利な点は、直接観察は時間がかかること、そしていつ観察可能な場面になるかが前もって分からないことでしょう（例えば、親が重要な情報をすぐには記録できないような活動に従事しているかもしれません）。さらに別な不利な点は、その環境にいるその子どもや他の人たちが、観察されていることに気づいてしまうと、ふだんと違う行動をするかもしれないということです。子どもが置かれた環境が変化（すなわち、子どもやその周りの人たちが示す行動の点から）すると、問題行動の機能は現さないまでも、自然な環境を覆い隠したり抑制したり歪曲する結果をもたらすかもしれません。これは反動性と呼ばれます（Kazdin, 1980）。最後にあげる不利な点は、行動に関するインタビューと直接観察のセッションから得られたデータは、相関関係しか表していな

いということです。相関関係とは、2つ以上のものごとの間に関連があるかもしれないが、因果関係はないかもしれないという意味です（すなわち、あることが別のことの原因かどうかは、分からないのです）。例えば、親が子どもにおもちゃを片づけるように求めたとき、子どもがかんしゃくを起こしたとします。親の要求は、かんしゃく行動の生起に何らかの関係はしているのでしょうが、他の何か（例えば、おもちゃの片づけを要求されたときに、兄がいたこと）がかんしゃくの原因になった可能性もあります。環境の系統的あるいは実験的な操作をしなければ、親の要求とかんしゃく行動に因果関係があるかどうかを、最終的に結論づけることはできません（Lerman and Iwata, 1993）。

機能分析

機能分析法は、自傷行動（Day, Rea, Schussler, Larsen and Johnson, 1988）や常同行動（Durand and Crimmins, 1988）、攻撃行動（Slifer, Ivanic, Parrish, Page and Burgio, 1986）などの、さまざまな問題行動を評価し対処するために使用されてきました。行動の機能分析は、問題行動のアセスメントを行う最終的な手段です。この分析法の、他と最も区別される特徴は、行動を引き起こす可能性のある先行刺激と維持させる可能性のある結果事象を、直接的かつ系統的に操作するところにあります。系統的な操作は、行動とその先行刺激および結果事象との因果関係の確認を助けます。機能分析の原理は非常に簡単です。もしあなたがある行動の先行刺激と結果事象を特定したと思えば、次に、これらの先行刺激もしくは結果事象を確実に存在させることによって、その行動の生起に影響を及ぼすことができなければなりません。言い換えれば、行動の生起と因果関係がある先行刺激と結果事象（すなわち、行動が起こる理由）は、その個人に対してさまざまな先行刺激や結果事象を導入したり除去したりする際に生じる行動の変化を記録することによって、特定できます（Lennox and Miltenberger, 1989）。残念ながら、そのような

分析を自然な環境の中で行おうとすると多大な困難がともないます。普通は、分析が可能なように、場面が特別に調整されています（すなわち、類似環境は自然な場面に似せて設定されています。La Vigna and Donnellan, 1986参照）。行動を制御する条件がいったん特定されたら、次いで、その先行刺激と結果事象は自然な環境の中で操作されます。

　実験的な統制が用いられる機能分析の手続きは、いくつかあります。そのすべての場合において、取り上げたい変数（例えば、親の要求）が存在する条件（実験条件）と、その変数が存在しないもう1つの条件（統制条件）が、少なくとも設定されます（Iwata et al., 1994）。もしあなたが、手を噛むという自傷行動の機能を分析しようとしているならば、次のような機能分析が役に立つでしょう。子どもに対して一般的に用いられるような一連の課題を、テーブルで行っている母親と子どもを考えてみましょう。例えば、箱に物を入れるとか、絵の中からある物を見つける（例えば、「入れて」とか「どこ」などの指示を使用）ような課題です。**条件1**（介入なし）では、母親は普通に指示を出し、手を噛んでも無視します。父親は一定時間子どもを観察し、手を噛んだ回数を記録します。**条件2**（負の強化）では、母親は普通に指示を与えますが、手を噛んだら子どもの前から課題を5秒間取り去ります。5秒経過したら、再び課題を始めます。父親は子どもを観察して、手を噛んだ回数を記録します。**条件3**（注目）では、母親は子どもが手を噛むたびに注目を与えます（例えば、「やめなさい」と言う）。父親は子どもを観察して、手を噛んだ回数を記録します。以上の条件のもとで得られたデータを分析すると、手を噛む頻度は条件3（すなわち、母親が注目を与える）で最も多く生じ、条件1（手を噛むのを無視する）で最も少ないことが分かります。これらのデータは、手を噛む行動を無視することが、この場合の最も優れた介入の仕方であることを示しています。

　もっと複雑な機能分析が、イワタとドージー、スリファー、バウマン、リッチマン Iwata, Dorsey, Slifer, Bauman and Richiman (1994) によって行われました。そこで彼らは、問題行動の正確な機能を決定するために、いくつ

かの変数（つまり、問題行動が起こる理由）を比較しています。9人の自閉症の子どもたちが示す自傷行動の機能を評価するために、4つの条件を設けました。

1. 条件1では、結果事象として注目が与えられたときに、自傷行動が起こるかどうかを突き止めようとしました。言い換えれば、正の強化条件を設けました。子どもから3メートル離れて、大人が部屋にいます。部屋には本やおもちゃが置かれていますが、課題や活動はとくに行いません。大人は子どもの自傷行動と攻撃行動に注目を与え、それ以外はすべて無視します。注目は約10秒間のことばによる叱責です。

2. 条件2は、要求からの回避が結果事象と認められるときに、自傷行動が起こるかどうかを立証しようとしました。言い換えれば、負の強化条件を設けました。子どもに、困難な課題を提示します。子どもが自傷行動や攻撃行動を起こさないかぎり、その課題を提示し続けます。もし自傷行動が起これば、10秒間あるいは子どもが問題行動をやめるまで課題を取り除きます。そして問題行動がやむとすぐに、課題をまた導入します。子どもと大人との相互のやりとりは制限し、プロンプトしないようにします（すなわち、偶然のやりとりはまったくせず、正しい反応に対しても褒めません）。

3. 条件3は、自傷行動をすること自体が強化となっているかどうかを確かめるためのものです。言い換えれば、自動的な強化条件を設けました。子どもはセラピールームに、おもちゃも大人からの注目も得られず1人で置かれます。

4. 条件4は、統制条件として用いられます。子どもの自傷行動に注目を与えず、要求もせず、自傷行動がないときだけ遊び道具と注目を与えま

す（すなわち、自傷行動が起こらないときに注目を与えます）。この条件は、子どものすぐ近くに大人がいて行動にかかわらず10秒ごとにことばによるやりとりをするという点を除けば、注目条件と同じです。

イワタらの研究の結果は、9人のうち6人において、特定の条件のもとでは自傷行動の生起する頻度がより高いことを示しました。言い換えれば、子どもが自傷行動を行う条件と行わない条件の特定が可能となったのです。専門的に言えば、ほとんどの子どもたちの問題行動の機能が特定されたと言えるでしょう。さらに詳しく事例を見てみましょう。

事　例

ビルは自閉症の特徴をもつ6歳の男児です。ビルは攻撃行動やかんしゃくなど、いくつかの問題行動をします。両親がとくに困っているのは、1日中頻繁に金切り声を上げることでした。ビルに行ったアセスメントと介入を見てみましょう。

フェイズ1――アセスメント

行動に関するインタビュー

　半構造化面接（表3.2の質問にもとづいています）を母親と父親に対して行い、ビルが金切り声を上げる行動は、1日を通して断続的に起こることが分かりました。金切り声を上げる行動は、ビルが何かをするよう要求されたとき最も起こりやすいことを、インタビューから得られたデータが示していました。

直接観察

　行動に関するインタビューの後、ビルの両親は、金切り声を上げる行動を

日常場面で直接観察するセッションを行いました。この観察セッションは1日3回（朝、昼、夕方）行われました。各セッションはそれぞれ20分間でした。金切り声を上げる行動の生起と、その先行刺激と結果事象を記録するために、ABCチャート（図3.1参照）が各セッションで使用されました。

機能アセスメントの結果と仮説の設定

行動に関するインタビューと観察から得られたデータを見ると、金切り声を上げる行動は1日を通して起きていますが、朝と夕方に起きやすいことが分かりました。それに、金切り声を上げる行動は、ビルが何かを要求された（例えば、「ご飯を食べなさい」）ときに最もよく起きていました。こうしたデータをもとに、要求にしたがうのを避けるために金切り声を上げているのではないか、という仮説を立てました。また、ビルの問題行動は、負の強化によって維持されていることが示唆されました。

機能分析

この仮説を確かめるために、機能分析を行いました。ビルが金切り声を上げる行動の機能またはそれが起こる理由を検証するために、一連の3つの条件を用いました。各条件は、3分間のセッションを5回行うことで評価されました。各条件の内容は次のとおりです。

・**条件1（注目）** 母親は、ビルから約2メートル離れたところにいました。ビルは本やおもちゃで遊ぶことができました。母親はビルが金切り声を上げたときだけ、それに随伴して注目を与えますが、それ以外は無視します（すなわち何も要求しない）。注目は、ことばで叱ることでした。
・**条件2（要求）** この条件では、ビルはいくつかの課題（つまり、おもちゃの片づけや服をたたむこと）の遂行を求められました。この条件下ではつねに課題遂行への要求が存在しました。金切り声を上げる行動が起きたら、要求を中断して母親はビルから遠ざかりました。ビルが落ち着

いたら、即座に要求が再開されました。
・**条件3（余暇）** この条件は、条件1と条件2の統制条件です。余暇条件は、母親がビルのすぐ近くにいて、金切り声の有無にかかわらず、10秒ごとにことばによるかかわりをもつことを除けば、注目条件と同じです。

機能分析の結果

金切り声を上げる行動は、要求条件（つまり、母親が何かをするよう求めたとき）で最も頻発することが、データから分かりました。私たちは、金切り声を上げる行動の最大の理由（すなわち、基本的な機能）は、要求にしたがうことを回避するためだという仮説を立てました。先行刺激と結果事象の系統的な操作によって、私たちはこれが事実だと分かりました。今では、私たちは、診断とそれにもとづく適切な介入計画の作成に、大きな自信を持っています。

フェイズ2——介入

機能アセスメントと機能分析から得られたデータをもとに、私たちは、適切な介入を行うには、ビルへの要求の仕方を調整する必要があると考えました（Taylor et al., 1996）。両親は、ビルが金切り声を上げたときには要求をやめるように指示されました。ビルが落ち着いたら、要求にしたがいたくないと伝えるもっと好ましい方法（例えば、首を横に振って「いや」と言う）を教えました。その方法を、モデリング（つまり、両親がビルの見ている前で適切な行動をやってみせました）や言語教示によって指導しました。どうしてもビルがしたがわなければならない要求に関しては、次のような方略が適切であるとして使われました（Taylor et al., 1996参照）。

（1）選択（ビルに選択肢を示した）
（2）ペース作り（両親は行動の各ステップを明確に説明をして、利用できそうな強化子を与えた）

（3）前課題要求（ビルがしたがえそうにない要求をするのに先立って、両親は、ビルがしたがえそうな要求を2つか3つ示した）

ビルのための介入の選択

　ビルが金切り声を上げる行動の主要な機能を明らかにしてきました。しかし、機能アセスメントと機能分析の結果、金切り声を上げる行動の機能が、（1）注目の要求、（2）強化子の要求、（3）身体の感覚刺激、であると分かったならば、それぞれ別々の介入を行わなければなりません。例えば、次のような介入のうちの1つを使うかもしれません。

（1）もし、金切り声を上げる行動が注目を求める機能をもつならば、両親には金切り声を無視するように、さらには金切り声を上げてもまったく注目が得られないようにするために、部屋にビルを1人で残したままにするようにとアドバイスをします。

（2）もし、金切り声を上げる行動が強化子を手に入れようとする機能をもつのであれば、両親にはビルが欲しがるものを与えないようにアドバイスをします。ビルが落ち着いているならば、金切り声を上げず、適切に要求する（例えば、両手を出して「ちょうだい」と言う）までほしいものは手に入らないことを説明するように、と両親に言います。

（3）もし、金切り声を上げる行動に身体の感覚刺激を得るという機能があるならば、1時間当たりの金切り声の発生回数が少なければ（例えば、1時間に3回以内という基準を設定する）、そのことを強化するように両親にアドバイスをします。設定した基準に達したら両親はビルに強化を与え、なぜ報酬がもらえるのかを説明します。それに加えて、身体への刺激をともなう適切な活動を数多くさせることで、ビルが適切な行動を継続して行うようにします。

結　論

　問題行動は、自閉症の子どもを持つ親にとって、大きな心配となります。こうした問題行動はしばしば伝統的な子育てを実践する妨げになり、問題行動をする自閉症の子どもたちは、嫌悪手続きや制限的手続き（例えば、タイムアウトやその他の罰手続き）に不必要にさらされてしまうかもしれません。今日の行動分析家は、嫌悪的な罰手続きの使用は一般に避けています。それはとくに、嫌悪的な罰手続きを使うと、かんしゃくや逃避行動、回避行動などさらに別の妨害行動が引き起こされたり（Luce and Dyer, 1996）、子どもを決まって深刻な孤立に追いやるなど、問題を複雑にしてしまうからです。この章で紹介した機能アセスメントや機能分析法などは、より肯定的なアプローチであると認められています。機能アセスメントや機能分析を行うことによって、行動の機能に応じた介入が可能となり、それゆえに有効な行動の変化がもたらされます（O'Neill, et al., 1990）。

　機能アセスメントや機能分析を行うことは、複雑な作業に思えるかもしれません。基本的な行動分析学による介入プログラムでさえ、それを実行しようとするときには、膨大な量の新しい知識を習得しなければならないので、この種の作業は親たちだけではうまくいかないこともあると思います。適切で完璧な機能分析を行うためには、あなたは行動分析家をうまく活用しなければなりません。しかし、あなたが子どもに関して直面するかもしれない、さらに困難な行動のいくつかに変化をもたらすために必要な分析の深さをお知らせするのは重要なことだと思います。この章の重要なメッセージは、たとえそれを実行するためにはかなりの指導を受けることが必要だとしても、行動分析学は最も困難な行動に対処するための方法と技法を発展させてきたということです。

第4章　コリンのものがたり

ローラ・マッケイ、ミッキー・キーナン、
カローラ・ディレンバーガー

　この章では、コリンに対して最初の1年間に行った介入手続きを詳細に説明します[1]。私たちは、各標的行動に用いた手続きを、用いた順番に概説します。この順を追った記述によって、あなたは自分の子どもに行動分析学を正確に適用する際にすべきことの全体像がつかめるでしょう。どの介入についても、結果の報告だけではなく、注意すべき点を検討しました。そして最後に、1年間に浮かび上がってきた非常に重要ないくつかの点を、全体的に考察しています。これは本書の中で最も長い章であり、介入を記述する部分には、その順番に沿って各ページの下に目印を入れました。介入には1から17の番号をふり、それぞれの番号の上に正方形をつけました。介入が1つ述べられるごとに、白い正方形が1つずつ黒く塗られています。

療育を始めるまでのコリン

　1歳の誕生日を迎えるまで、コリンが問題をもつようになることを示す徴候は何も見られませんでした。コリンは満期産の正常分娩で、5人きょうだいの末っ子として生まれました。生まれた時の体重は3,317グラム、健康で動きが敏捷な赤ちゃんでした。12カ月までには「ママ」や「パパ」と言え、

---

[1] プライバシー保護のために、名前はすべて匿名です。

家具を伝って歩きました。コリンの両親には何ら思い当たる出来事がなかったにもかかわらず、20カ月までには、コリンのどこかが変わっているということがはっきりしてきました。遅めの18カ月健診で、巡回保健師がコリンには心配なことがいくつかあると言いました。コリンは同じ年齢の子どもに比べて小さくて体重も軽く、とても未熟に見える、つまり実際よりも6カ月は小さく思われるというのです。聴力検査に反応せず、検査するために部屋に留めておくことも困難でした。巡回保健師は、聴覚障害や脳障害の可能性、そして発達遅滞に言及しました。

　生後1歳8カ月から3歳9カ月までの間に、コリンは何十人もの専門家に会いました。それは、この地域の担当医師や聴覚検査技師、耳鼻咽喉科医師、言語療法士、心理士、小児科医師、作業療法士、理学療法士、巡回保健師（表4.1を参照）などです。コリンはますます変化を嫌うようになり、ことばは非常に基本的な要求や、物の名前を言うことなどに限られていました。外出や買い物に連れて行かれるのを嫌がるコリンの激しい抵抗があり、家族の生活はひどく混乱していました。専門家たちはコリンに中程度の学習障害があるとして、養護学校や特殊学級への通学を話題にするようになりました。また、自閉症スペクトラムの可能性があると言われ、特別な教育的ニーズがあるという認定書を取得する必要があると考えられました。このすぐ後に、精神科医はアスペルガー障害および注意欠陥／多動性障害と診断しました。コリンはとにかく激しく動き回りました。手をつかんだり抱きかかえたり子ども用ハーネスを使うなどしてその動きを抑えようとすると、コリンは激しく抵抗して、家族全員にとってはなはだしく不快な場面になってしまいました。コリンはルーティンに依存しており、例えば、母親のローラが保育園に通う道順を変えたりいつもと違う場所に駐車しただけでも、混乱しました。保育園では本の読み聞かせの時間や決められた活動に参加するのを拒み、1人でおもちゃの自動車や水や砂を使って、何度も何度も同じ遊びを繰り返しました。けれども、登園や休み時間、帰宅などの際に行われるルーティンには、すぐに慣れました。家ではじっとしていることがほとんどなく、窓やド

アに鍵をかけなければならないほどでした。コリンは自分の名前を呼ばれても、反応をしませんでした。あまり眠らずに何度も起きてしまい、再び寝かしつけるのにとても苦労をしました。言われたことにしたがわず、あらゆることが戦いのようでした。コリンの困った特徴を延々と書きましたが、よいところもあります。コリンはとても気立てのいい子どもですし、またとても上手に数を数えることができました。

表4.1　専門家によるアセスメント

アセスメント時のコリンの年齢

1歳8カ月	巡回保健師から、言語療法を受けるように言われた。
2歳	言語療法士から、コミュニケーションの発達に重度の障害があると評価された。言語の理解と表出に重度の障害があった。自己破壊的な行動やエコラリアが見られた。
2歳2カ月	地域担当の医師に、心理学的な支援サービスに照会された。
2歳6カ月	コリンは言語療法を受け始めた。職員不足による短期間の中断はあったものの、支援プログラムが実施された。
3歳	発達クリニックでアセスメントを受け、「……コリンには著しい注意欠陥があって、どんな発達検査も実施不可能」（教育心理士の報告）と言われた。この時点で、コリンの両親が受けた支援は、どんな問題行動であっても一貫した方法で対応するように、という助言だけだった。
3歳2カ月	両親が同席して、家庭でコリンのアセスメントが行われた。教育心理士の報告は以下のとおり。「個別検査を用いた公式アセスメントは、（コリンが）落ち着こうとしないので、また適切に行うことができなかった。発達が気がかりな主な領域は、注意、自己統制、聴解力の水準が低いことである。この注意を集中する能力の欠如が、コリンの表出言語の発達を妨げている」
	地域の遊びグループへの継続的な参加が奨められた。仲間とのやりとりが、コミュニケーションスキルの獲得を促すと思われたからである。机上で行う課題に関連した課題に取り組んでいる時間を延ばすために、コリンは言語療法と就学前サービスの指導を受けた。しかし当初、コリンは孤立して単独で活動をしたので、教師の訪問は実を結ばなかった。

3歳2カ月	地域担当の医師の報告は次のとおり。「コリンは広範囲にわたって発達が遅滞しており、それは言語の表出や理解の領域において最も顕著である。（コリンは）注意の持続時間がきわめて短い。（コリンは）ひとりで遊ぶことが多く、他の子どもたちとうまく遊べない。（コリンは）決まったルーティンにしたがって起こることには、とても安心していられる」
	教育サービスにおいては、就学前教育の教師を受け入れ、微細運動スキルの成長が見られたことが指摘された。コリンはいくつかの単語の模倣ができ、基本的な物の名前をいくつか言えたが、それはいつも可能なわけではなかった。コリンは20までの数唱と、10までの数字と物との照合ができた。興味がわけば、15分くらいまでは継続して課題に取り組んだ。相互交渉の時間や内容は、コリンが指示されるのを嫌がったので、コリンの思い通りだった。
	就学前教育の訪問教師の報告は次のとおり。「（コリンは）ひとりで食べられ、コップから飲める。靴や衣服の着脱は可能であるが、留め具の開閉には援助が必要である。話すことばのほとんどは、『飲む』『ビスケット』などのように、要求を伝えようとするものである。表出することばは、そのほとんどにエコラリアが含まれている……。概して、（コリンとの）相互交渉は、コリンの思い通りに行われる」
3歳3カ月	巡回保健師は、「（コリンの）養育で必要なのは、排泄に関することだけであって、トイレに頻繁に連れて行く必要がある」と報告した。
3歳4カ月	就学前教育の訪問教師は、「物の名前を言うことに意欲と関心が見られる」と述べた。教育心理士は、「排泄をだんだん自覚するようになっている」と報告した。
	地域担当の医師は、「（コリンの）身体の健康状態は良好。（コリンの）障害の原因を調べるために、さまざまな医学的検査を行ったが、すべて異常がなかった」と報告した。
3歳8カ月	コリンの表出言語と理解言語は多少進歩したが、依然として「……エコラリアや反復表現が頻繁に見られ、友達との機能的な相互交渉はない」（教育心理士の報告）。
3歳9カ月	集団遊びに参加できた。これは多動性が減少したためであるが、一人遊びや次から次へと遊びを変える傾向は依然として続いていた。

3歳9カ月	教室での4場面の観察から、社会性が著しく欠けていることが示された。教育心理士は、次のように報告した。「(コリンは) グループやクラスでの活動に、あまり関心をもたないかあるいは無視をしている。コリンはしばしば、クラスで行われている活動には気づかずに、教室の中を歩き回っている。すぐ近くに友達がいても、(コリンは) 社会的なかかわりを持とうとせず、おもちゃの自動車で夢中になってひとりで遊んでいる」
3歳10カ月	CARS尺度による検査を行った。教育心理士によれば、「言語の発達遅滞、社会的な孤立、強迫傾向、変化に対する適応の弱さ、過剰な活動性および注意集中の統制の弱さが、検査の結果からとくに指摘される」。この時点で、特別な教育的ニーズがあることを証明する認定書の申請を奨められた。

コリンと行動分析学の出会い

コリンは3歳10カ月までに、継続してではありませんが言語療法を受け、ここ何カ月間かは週1時間の就学前指導に参加してきました。また地域の遊びグループにも参加しました。数多くのアセスメントから指摘された問題を減少させるための特別な療育を、コリンは受けていませんでした。専門家たちがコリンにどう対処すればいいと考えていたかは、こんな言い方でまとめられます。「発達を促すような機会が与えられるべきである」。しかし、これをどのようにして実現するかに関する詳しい計画は、両親に示されませんでした。

結局、コリンのために作られた特別な教育的ニーズの認定書に、コリンの障害は次のように記載されています。

（1）情緒と行動の障害
（2）重篤なコミュニケーションの障害
（3）注意の集中度が低く、容易に気が散る
（4）大人や仲間との良好な人間関係の確立および維持が困難

専門家たちは全員、特別なニーズをもつ子どもたちの学級に措置して、そこで教育的な手だてが工夫されるべきだと考えていました。コリンの両親は当惑しました。特別な学級に入れることなど、考えていなかったからです。再びローラは、助言と援助を求めて地域の担当医師を訪ねました。この医師は以前、3歳半のコリンへの排泄の指導のときに、助言をしたり資料を見せてくれて、助けてくれたことがありました。そのときローラは、コリンがトイレで排泄ができるようになるとは思っていなかったので、勧められた方法が有効だったことをとても喜びました。また助けてくれるだろうと期待していました。その医師は、コルレーンにあるアルスター大学の心理学部に行動分析家の友人がいるので話してみるように、と勧めてくれました。その行動分析家は、コリンと両親のために無償で支援を引き受けました。両親をコリンの療育者にするための養成プログラムが計画されました。

行動分析学による親指導

応用行動分析学による親指導は、主に母親のローラに対して行いました。初めのうちは、コリンも一緒にいて、行動分析家の家で週に1回行われました。ときには別の行動分析家も参加しました。その後、親指導は段階的に回数を減らし、2週間に1回、それから月1回となりました。そしておよそ1年後にこの親指導は終了し、その後に、ローラの希望で事後のセッションが行われました。この1年間にコリンに行った実際の指導を後に詳細に紹介します。

親指導は、行動分析学の基礎（Keenan and Dillenburger, 印刷中）をローラに教えることが中心でした。それには、標的行動の特定（第1章で説明）、標的行動の機能分析（第3章で説明）、療育手続きの計画とデータにもとづく決定（本章で説明）が含まれます。ローラは1週間分のデータを集め、話し合いと情報にもとづく決定をするために、これを毎回行動分析家に見せました。ローラによってもたらされた進歩を確かめるために、コリンは行動分析家の訪問のたびに観察されました。それにもとづいて、その後の療育計画が進め

られました。

　ローラが指導を受けている間、コリンは使用を許されたおもちゃで自由に遊んでいました。コリンの行動は観察されていて、そのとき取り組む必要のある問題を説明するために使われました。例えば、正の強化について話し合っているときに、コリンと遊んでいたもう１人の行動分析家が、ある特定のおもちゃのトラックが、コリンの遊び行動において強化子として機能していることを発見しました。この発見は、正の強化子の威力と、強化をその機能にもとづいて定義することの重要性をローラに説明するために使われました。まとめれば、ローラは行動分析学の基礎課程と、コリンの行動の変容のさせ方を学びました。

コリンの指導場面

　コリンの家は北アイルランドの田園地域にあります。ほとんどの指導は、このコリンの家庭で行いました。コリンは両親と、３人の姉そして１人の兄と一緒に暮らしています。ほとんどの指導は、ユーティリティ・ルームで行いました。コリンはたいてい、テーブルについて座りました。テレビや訪問者などコリンの気を散らすものは、できるだけその部屋に入れませんでした。般化の指導は、台所やコリンの寝室など別の部屋で行いました。ローラはたいてい、コリンと対面して座りました。主な療育者はローラで、般化のための指導は、父親や姉や友達が担当しました。

行動アセスメント

　初回アセスメントでローラに与えられた最初の課題の１つは、コリンの行動問題のリストを作ることでした。それはローラにとって、行動分析家の指導にやみくもにしたがう部分と、手に負えないと思えた行動を克服する自信を与えてくれる道を探そうとする部分との、バランスを崩す助けになりまし

た。それは長い道のりを進むことであって、ローラがその道を歩み続けるのであれば、初期の成功によって強化される必要がありました。

次のような行動に介入が必要であると、ローラは気づきました。

（1）コリンは、外界からの手がかりが捉えられないようでした。例えば、人とほとんど目を合わせませんでした。ことばも身振りもごくわずかで、社会性のスキルを持っていませんでした。コリンは、二語文で話し、質問にはエコラリアで応えました（つまり、その質問に答えるのではなく、質問を繰り返しました）。親しい大人や子どもと会話を始めたり維持したりすることができませんでしたし、めったに会わない人たち（例えば、コンサルタント）に対してはなおさら、「これ何」といった質問をしたことがありませんでした。

（2）ある活動に集中しているときには、気を散らすことはありませんでした。例えば、ある部屋から隣の部屋に移るときに、床に何かがあっても、それを避けずにまたいで行き、それが人であれば押しのけました。また、コリンが何かをしているとき、例えば、ある特定のおもちゃで遊んでいるときには、ローラが別のおもちゃや食べ物あるいは飲み物を差し出しても、そのおもちゃを離しませんでした。

（3）コリンはルーティンにこだわりました。例えば、食事のときにはいつもまったく同じ食器やスプーンでなければ気がすまず、活動のパターンが妨害されると取り乱しました。ある活動をあるやり方で一度経験すると、次からは、それが不適切な場面でも、まったく同じやり方でなければ気がすみませんでした。例えば、言語療法のときに戸棚を片づけ、この地域の担当医師のコンピューターが決まったように置かれているかどうかにこだわりました。コリンはまた、最初に拒否した課題は決してしようとはしませんでした（例えば、一度色塗りを拒否したら、後になってもそれを決してやろうとしないでしょう）。

（4）目の前にあるおもちゃや物を取り去ると、もうそれには興味をなくしてしまいました。例えば、おもちゃで遊んでいて、誰かがそれを取り

上げても、取り戻そうとはしません。たいていの物は、一度取り上げられると興味をなくしてしまうようでしたが、必ずというわけではありません。おもちゃの自動車やトラクターのような物に対しては、長く興味を持ち続けました。一度興味をなくしたおもちゃでも、誰かがそれで遊び始めると興味を取り戻すことが時々ありました。例えば、おもちゃの財布で遊んでいて、それを取り上げられても取り戻そうとしませんが、誰かがその財布を開け閉めしたり、他の何らかの方法で「おもしろく」すると、新たな「興味」を示しました。

上記のリストは、有効な出発点を用意してくれます。これは、私たちが取り組むべきいくつかの標的行動を特定するのに役立ちました。とはいえ、標的行動を決めるプロセスは、簡単なものでもあらかじめ方向づけられるものでもありません。コリンにどんな行動をいつ指導すべきかを見つけるために、私たちはいろいろな方法を使いました。つまり、親指導のセッションの間にコリンの行動を観察し、コリンの兄や姉の発達のようすをローラから聴き取り、また保育園の先生にはコリンと同級生たちとの行動の違いをあげてもらいました。そして教育心理士には、コリンが普通学校に在籍するとしたら、そこでどんな行動が必要かを報告してもらいました。

標的行動を特定するこうした過程は、1年間行われ、応用行動分析学は生活の一部になりました。本章では、私たちが行った数多くの介入の中から、17の介入を紹介します。表4.2には、標的行動を介入の順番にあげました。

コリンと応用行動分析学

1．標的行動

コリンが3歳10カ月の時に、行動分析学による療育が始まりました。初め

■ □ □ □ □ □ □ □ □ □ □ □ □ □ □ □ □
1　2　3　4　5　6　7　8　9　10　11　12　13　14　15　16　17

表4.2 標的行動

介入	実施期間	標的行動
介入1	1995年12月2日〜11日	アイコンタクト（反応潜時）
介入2	1995年12月29日	身辺自立スキル（ステレオタイプ行動）
介入3	1996年1月1日〜5日	遊びスキル（いろいろなおもちゃで遊ぶ）
介入4	1996年2月1日〜4日	言語行動（表出言語）
介入5	1996年3月3日〜6日	言語行動（エコラリア、反応頻度）
介入6	1996年3月3日	アイコンタクト（般化）
介入7	1996年3月6日〜19日	言語行動（流暢に話す）
介入8	1996年3月	物の永続性（隠されたおもちゃを探す）
介入9	1996年3月16日〜7月4日	言語行動（エコラリア）
介入10	1996年5月14日〜6月3日	コミュニケーション（ジグソーパズルを使って）
介入11	1996年5月29日〜6月4日	アイコンタクト（遊びに夢中なときに）
介入12	1996年6月8日〜27日	アイコンタクト（「にらめっこ」遊び）
介入13	1996年6月23日〜7月10日	アイコンタクト（持続時間）
介入14	1996年8月17日〜9月15日	遊びスキル（リラクセーション）
介入15	1996年8月17日〜9月17日	遊びスキル（友だちと遊ぶ）
介入16	1996年8月20日〜9月4日	遊びスキル（ロールプレイ）
介入17	1996年10月1日〜26日	教科学習の課題（机の上での活動）

に標的とした行動は、相手に視線を合わせること（アイコンタクト）でした。誰かに話しかけられても、何かが欲しいときも、コリンはアイコンタクトをしようとしませんでした。アイコンタクトは最も基本的な社会性のスキルの1つで、母親を含む他者からの指示を受けたり学習をするうえで不可欠なので、最初の標的行動として選びました。ローラが何を達成すべきか、という明確な定義が必要でした。ローラとの合意により、標的行動の最初の定義は、「コリンが他者の目を直接チラッと見ること、もしくはじっと見つめるこ

■ □ □ □ □ □ □ □ □ □ □ □ □ □ □ □ □
1 2 3 4 5 6 7 8 9 10 11 12 13 14 15 16 17

と」としました。しかし、たとえごく短時間、他者と視線が合ったとしても、偶然であれば、アイコンタクトとは考えないことにしました。これは適切な定義といえるでしょうが、いささか複雑でした。コリンは名前を呼ばれても、その方を向きません。そこで、行動のこの問題に最初に取り組むことにしました。

　ある刺激（例えば、名前を呼ぶ）が提示されてからある行動（例えば、アイコンタクト）が生起するまでの時間を、行動分析学の用語で「反応潜時」といいます。したがって、最初の目標は、コリンがこちらを見るようにと指示されてから、つまり言語プロンプトを受けてからアイコンタクトをするまでの反応潜時を、短くすることでした。初めに選ばれた言語プロンプトは、「コリン、こっち見て」や「こっち見て」でした。後の介入（手続き2）では、ローラが自分の方を見てほしいときには、単純にただ「コリン」という言語プロンプトを与えました。この時点ではまだ、コリンがどれだけ長くローラを見るかは問題ではなく、見ることだけを重視しました。

手続き1

　この介入では、コリンはテーブルの前に座って、比較的難しいジグソーパズルや、コリンがよく知っているテレビ番組のキャラクターのカードで遊ぶように言われました。姉の何人かも一緒でした。コリンが姉たちと遊んでいるときや、自分でカードの家を作っているときに、ローラは自分を見るように呼びかけ、それからコリンの反応をタイマーで計り、その結果をノートに記録しました。

　初めの20回（すなわち、専門用語では「20試行」）、ローラは自分を見るようにと言うだけでした。この20試行の中で集められたデータが、「ベースライン」となります。ベースラインのデータを取ることによって、変化させようとしている行動を、より明確に知ることができます。それはまた、ローラの介入の成功を測る物差しの役割をします。もし介入がうまくいっていなけ

れば、このベースライン期に得られたデータと介入したときに得られたデータに、ほとんど違いが現れないからです。短い休憩の間、コリンは席を離れるのを許され、その後に引き続きベースラインが測定されました。

アイコンタクト

　休憩が終わってテーブルに戻ってきたコリンは、ジグソーパズルやキャラクターカードの遊びを続けるように言われました。ローラは再び、「コリン、こっち見て」とか「こっち見て」と言って、アイコンタクトをするように促しました。今回は、目が合ったらすばやく強化を行いました。決められた定義に合う行動が出現した直後には、抱きしめたりことばで褒めたりといった

■ □ □ □ □ □ □ □ □ □ □ □ □ □ □ □ □
1　2　3　4　5　6　7　8　9　10　11　12　13　14　15　16　17

社会的強化子はもとより、粒チョコレートなどの食べられる強化子も使いました。初回の介入は18試行行いました。3日後に、台所で8試行繰り返しました。

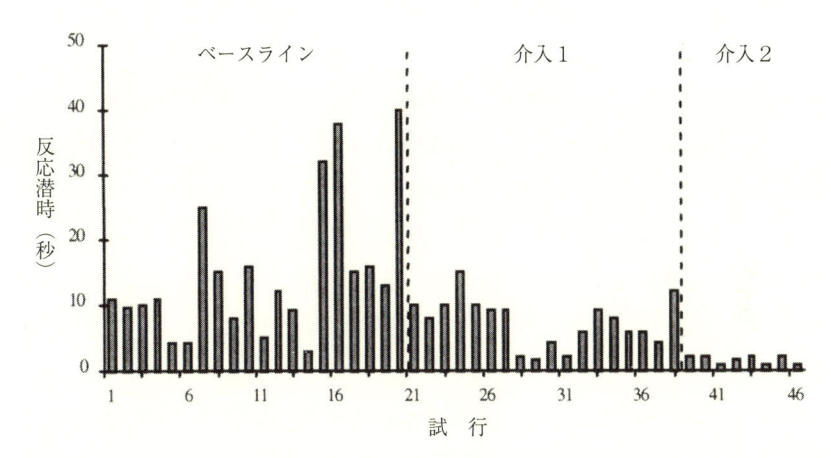

図4.1 「コリン、こっち見て」とか「こっち見て」と呼ばれた後、コリンが母親にアイコンタクトをするまでの反応潜時

結　果

図4.1は、初回の介入で得られた結果です。ローラが「こっち見て」ということばをかけた後、コリンのアイコンタクトが起こるまでの反応潜時を、縦軸（従属変数）に示しました。ベースライン期の反応潜時の平均は14秒でした。初回の介入の期間（介入1）に反応潜時は短くなり、平均は6.5秒でした。3日後の2回目の介入（介入2）では、平均1.5秒になりました。

考　察

初回介入の結果、自分を見るようにというローラの直接的なプロンプトの後に、コリンがアイコンタクトするという適切な反応をするまでの潜時は劇

的な減少を示しました。アイコンタクトは社会的なかかわり合いにおいて最も基本的な構成要素の1つなので、いろいろな介入を計画する前に、まずアイコンタクトを形成する必要があります。

　この介入を行っている間に、ローラは数多くの問題を観察しました。まず、ベースラインを記録しているときに、姉たちがじゃまをしたり、コンピューターから雑音が出たり、家族がこの部屋に出たり入ったりするなど、コリンは何度も妨害されていました。それでもコリンは、席を離れようとしたり非協力的になったりせず、かなりの時間座っていました。この観察は、ローラにとって大事です。これはコリンが新しい行動を学習できることを示しており、ローラは療育を続けていく意欲を与えられました。

　初回の介入で観察されたもう1つの重要なポイントは、食べ物の強化子はすぐに効き目がなくなってしまうということでした。その一方で、抱きしめるとかことばで褒めることが、だんだんと強化子の機能をもつようになることを知りました。初回の介入は18試行で打ち切りました。それは、とても長い時間座り続けていたので、コリンが協力してくれなくなったからです。3日後に、台所で介入が繰り返し行われました。このときのコリンは、思い通りに振る舞いました。タイマーを見るやいなや、「ミッキー」と行動分析家の名前を呼びました。このときはとても急だったので、コリンは目を合わせるのが難しそうでした。コリンはまた、反応したときにチョコレートを要求しはじめ、チョコレートを求めてローラのポケットを探しはじめました。要求に応じてチョコレートを与えてしまえば、そのような望ましくない行動を強化するかもしれないと考え、ローラは介入を中止しました。

　この介入においてローラは、「コリン、こっち見て」や「こっち見て」という直接のことばによるプロンプトを行いました。それは、ローラとの親指導での最初のセッションで、「コリン」と何度呼んでもコリンから何の反応もなかったからです。まもなく、名前を呼ぶことはコリンの行動に何の影響

■ □ □ □ □ □ □ □ □ □ □ □ □ □ □ □ □
1　2　3　4　5　6　7　8　9　10　11　12　13　14　15　16　17

も与えないと分かりました。このため、1日中ただコリンの名前を何度も呼ぶのではなく、「こっち見て」と直接ことばで指示をすることにしました。けれども、アイコンタクトを形成するためにこうしてことばで指示をするのは、日常生活の中では自然ではありません。普通は、その人の名前がアイコンタクトを起こす刺激になります。ですから、「コリン」ということばを、コリンがアイコンタクトをする刺激にしようと、ローラは考えました。たいていの人たちは、自分の名前が呼ばれたのを聞くと、誰がどこで呼んだかにかかわらず、アイコンタクトをします。そこで、コリンは自分の名前が呼ばれたらアイコンタクトをするというだけではなく、さまざまな場面でいろいろな人たちに対してアイコンタクトが行えるように、それを般化させる必要がありました。

手続き2

コリンは、今回は姉のルースといっしょに、ユーティリティ・ルームのテーブルの前に座りました。2人はそれぞれ新しいジグソーパズルで遊んでいます。ローラは「コリン」と呼び、コリンがアイコンタクトをするまでの反応潜時を計りました。ベースラインを短時間測定してから、ローラは食べ物や社会的強化子、ステッカーなどでアイコンタクトを強化しました。

次の目標は、ユーティリティ・ルーム以外の場所でも、コリンが確実にアイコンタクトができるようにすることでした。般化の指導は、初めは台所で、次はコリンの寝室で行いました。台所で、コリンは床に座って、いつものおもちゃで遊びました。時々兄や姉が入ってきて一緒に遊びました。ローラは「コリン」と呼んで、アイコンタクトを求めました。寝室では、コリンは姉のルースと一緒に、介入の間中、床にパズルを広げて遊んでいました。

標的行動の般化が別の場面で起きるだけでなく、別の人たちとの間でも確実に起きるように、般化の手続きを別の人、つまりコリンの父親のジェフリ

ーも繰り返しました。コリンは父親からユーティリティ・ルームで2セッションの指導を受け、3セッション目の指導は台所で受けました。コリンがテーブルでジグソーパズルのピースをかき混ぜているときに、父親は「コリン」と呼んでアイコンタクトを求めました。ベースラインの測定と介入は、以前の介入のときと同じです。ここでも、コリンがアイコンタクトをするたびに、その直後に食べ物や社会的強化子を与えました。

結　果

図4.2から図4.6に、介入期と般化期の結果を示しました。

ローラとユーティリティ・ルームにいたときのベースライン期における反応潜時の平均は、12.4秒でした。介入期ではそれが平均6.1秒になりました。ローラと台所にいたときのベースラインは平均5秒で、介入期ではそれが平均1.6秒になりました。

ローラとコリンの寝室にいたときにはベースラインは平均9秒で、介入期では平均8.2秒でした。

ユーティリティ・ルームにおける2つの場面で、父親の指導を受けた結果を図4.5に示します。

最初の場面では、ベースライン期の反応潜時は平均30.2秒で、それは介入期になると、平均20秒にまで減少しました。次の場面では、ベースライン期の反応潜時は平均9秒でしたが、介入期ではわずかに増加して平均11秒になりました。台所で父親がコリンに般化の指導を行ったときのベースライン期では、反応潜時は平均46秒で、介入期では平均16.6秒にまで減少しました。

考　察

この手続きにおいては、「こっち見て」という直接の指示は、「コリン」と

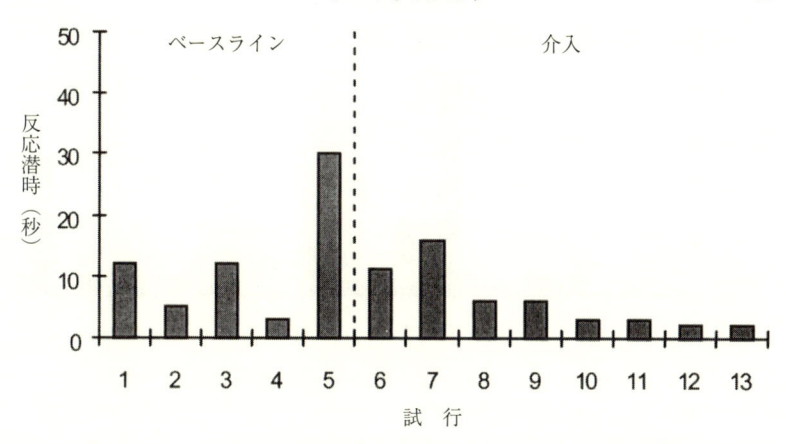

図4.2 母親とコリンがユーティリティ・ルームにいるときに、「コリン」と呼ばれた後、コリンが母親にアイコンタクトをするまでの反応潜時

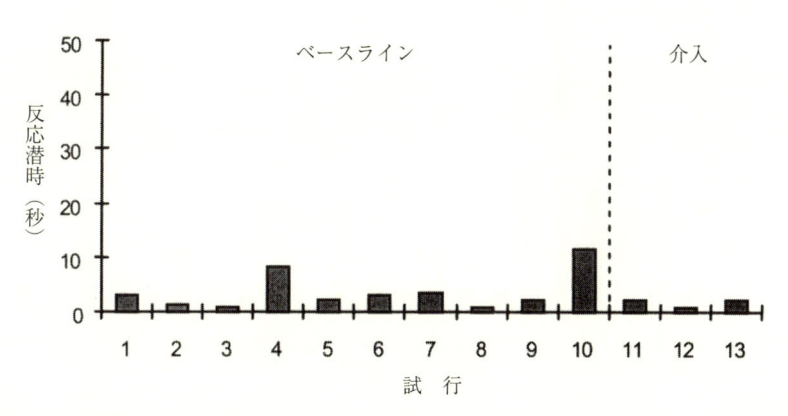

図4.3 母親とコリンが台所にいるときに、「コリン」と呼ばれた後、コリンが母親にアイコンタクトをするまでの反応潜時

図4.4 母親とコリンがコリンの寝室にいるときに、「コリン」と呼ばれた後、コリンが母親にアイコンタクトをするまでの反応潜時

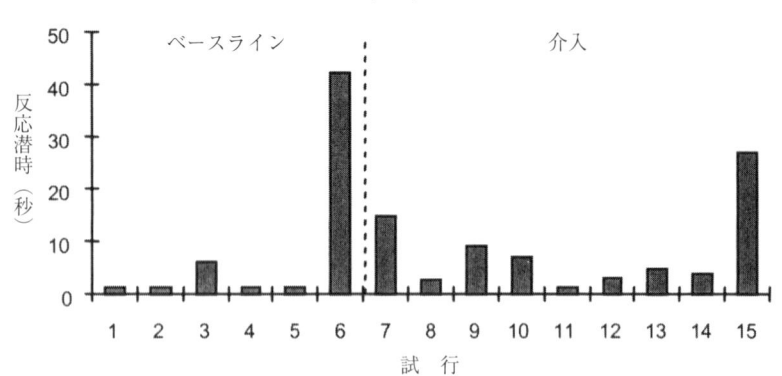

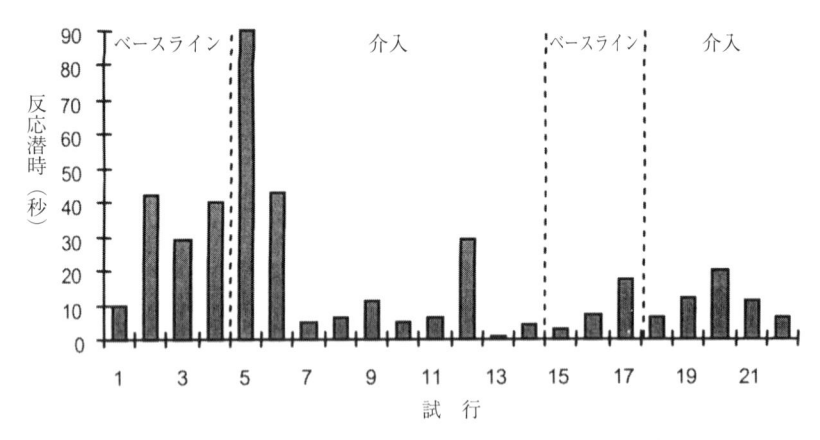

図4.5 父親とコリンがユーティリティ・ルームにいるときに、「コリン」と呼ばれた後、コリンが父親にアイコンタクトをするまでの反応潜時

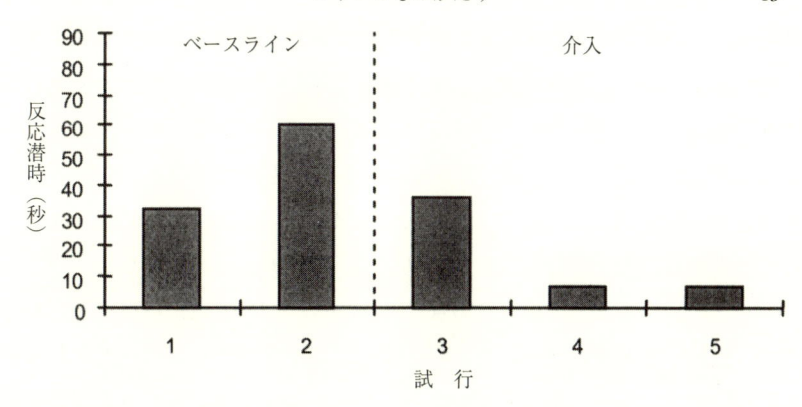

図4.6　父親とコリンが台所にいるときに、「コリン」と呼ばれた後、コリンが父親にアイコンタクトをするまでの反応潜時

名前を呼ぶことに置き換えられました。アイコンタクトの反応潜時を比較すると、ローラが「コリン」と呼んだときのベースラインは、「こっち見て」と直接指示したときのベースラインとほぼ同じであったことが分かります。しかし、介入期での反応潜時はすぐに減少しました。このように反応潜時が短くなったのは、人や場面にアイコンタクトが般化したからです。しかし、父親とユーティリティ・ルームで行った２回目の介入で、反応潜時がわずかに増加したという例外はありました。

ローラは、強化子を与えるときの重要な点をいくつかあげています。まず、初期の試行では、チョコレートのような食べ物を強化子として使っていたことです。何試行かすると、コリンはほんの一瞬アイコンタクトをしただけで、「チョコレート」と言ってチョコレートに手を伸ばすようになりました。ここでローラはチョコレートを与えませんでした。コリンがローラに駆け寄り抱きついてきたので、試行は終わりました。チョコレートが強化子としての機能を失ったため、ローラは別の強化子を見つけなければなりませんでした。ローラはコリンにステッカーを代わりに与えて、試行を続けました。コリン

は熱心にしだいに上手にアイコンタクトができるようになり、アイコンタク
トをするまでの反応潜時は減少し続けました。しかし、父親が介入を担当し
てチョコレートを与えると、コリンは再びチョコレートを「要求」するよう
になりました。ジェフリーは、「コリンは落ち着きがなくなり、この活動を
続けさせるのが困難になった」と感じました。「コリンはすぐに取り乱す」
という理由で、ジェフリーは結局コリンの指導をあきらめました。

　コリンの食べ物強化子に対する反応は、いくつかの理由から興味深いもの
です。強化子をステッカーに切り替えずに、コリンがチョコレートを要求す
るたびにチョコレートを与えていたら、ローラはアイコンタクトではなく、
要求する行動を誤って強化していたかもしれません。この可能性は、父親に
も当てはまりそうです。父親はコリンの望ましくない行動を誤って強化して
しまいその結果、コリンを課題に留まらせるのを難しくしていたのです。
時々起こるもう1つのことは、子どもがアイコンタクトをする前に強化子を
要求し始めることです。あなたが強化子として使おうと思っているものを、
アイコンタクトをする前に子どもに与えてしまうと、子どもはアイコンタク
トをするのを拒むようになるかもしれません。こういうことはしばしば起こ
りがちですが、それは強化というよりも賄賂といったほうがいいかもしれま
せん。時としてこの賄賂と強化が混同されることがあります。しかし、この
両者には、はっきりとした重要な違いがあります。コリンズ英語辞典
(1991)によれば、賄賂とは、「サービスを受けたり影響を及ぼすために、法
律に違反して、何か（普通は金銭）を約束したり提供したり与えること」で
す。つまり、行動が起こる「前に」何かを与えることです。強化という用語
はすでに第1章で説明しましたが、行動が生起した後の結果事象がもたらす
結果をいいます。この結果が、結果事象の刺激としての機能、つまり強化特
性の有無を決定します。

2．標的行動

次の介入は、コリンが3歳11カ月の時に行われました。コリンは飲み物を飲むときに、ある決まった黄色い古ぼけたプラスチック製のコップしか使いませんでした。それはしみで汚れていてざらざらしていたのですが、コリンは別のコップで飲むことをかたくなに拒否しました。ローラは数多くの領域でコリンのこうしたこだわりをずっと見てきました。このコップは、介入をどう計画するかをローラに教える良い出発点になると思われました。

手続き

コリンをテーブルの前に座らせました。コリンの目の前にお気に入りの黄色い古ぼけたコップを含む3種類のコップを置きました。この3つのコップにはそれぞれ別の飲み物が入れてあります。つまり、黄色い古ぼけたコップにはいつも水を入れ、青いコップにはブラックベリー・ジュースかダイエット・ペプシを、葉っぱの絵が描いてあるコップにはオレンジジュース、牛乳、ブラックベリー・ジュース、ダイエット・ペプシのどれかを入れました。コリンは、すべてのコップから少しだけ飲み、コップをテーブルに戻すように言われました。そして次に、またすべてのコップから少しだけ飲み、今度はどれか1つのコップを選ぶように言われました。

結 果

表4.3に、4試行から得られた結果を示します。

どの試行でも、コリンは3つのすべてのコップから1口ずつ飲みました。×印が付いているのが、コリンが選んだコップです。最後の試行では、コリンは3つのコップを見ただけで「葉っぱのコップ」と言い、それを取りました。その日、後でコリンは元気がなさそうな様子で、黄色いコップを欲しがりました。ローラは水の入った黄色いコップを渡しました。するとコリンは

■	■	□	□	□	□	□	□	□	□	□	□	□	□	□	□	□
1	2	3	4	5	6	7	8	9	10	11	12	13	14	15	16	17

表4.3　ステレオタイプ行動の除去

試　行	黄色いコップ	青いコップ	葉っぱのコップ
1.	水	ブラックベリー・ジュース	オレンジ・ジュース ×
2.	水	ブラックベリー・ジュース	牛　乳 ×
3.	水	ダイエット・ペプシ ×	ブラックベリー・ジュース
4.	水	ブラックベリー・ジュース	ダイエット・ペプシ ×

その水を捨てて、青いコップからジュースを移し入れました。そこでローラは黄色いコップにまた水をいっぱいに入れ、青いコップにジュースを入れました。するとコリンは、青いコップを選びました。それ以来、コリンは青いコップや葉っぱのコップを喜んで使うようになりました。まもなくそれらに、自分で飲み物を注ぐようになることでしょう。

考　察

　わずか4試行で、決まったコップでしか飲まないというコリンのこだわり行動は変わりました。この変化は別な場面にも般化し、コリンは今ではさまざまなコップで飲んでいます。専門家からみれば、これは劇的な発見ではありませんが、親にとってみれば、このようにささやかな変化でも、力を得たという感覚はほんとうに重要な経験です。それに加えて、長期間続いていたこの行動を変えたことによって、いくつかの副次的な効果が見られました。まず、コリンは公共の場であまり注目を引こうとしなくなりました。次に、コリンに長く続く変化をもたらせるのだという自信を、ローラに与えました。さらに、この介入から、別の手続きでもコリンに使えそうな強化子が見つか

りました。

3．標的行動

この介入は、コリンが4歳の時に行われました。コリンの保育園の先生は、コリンは1人で遊ぶかあるいは他の子どもたちの近くで遊び、子どもたちとの会話には加わらない、と言いました。先生は、特別な教育ニーズを記載した認定書に、次のように書いています。

「独特なことば遣いでしゃべることはあるものの、コミュニケーションが困難であり、4歳児としては言語の発達は良好ではありません。遊んでいるときに、『掘れ、掘れ、おじさん』とか『タイヤを付けて』などと、独り言を言います。他の子どもが近寄ってきて、マットの上に乗って、とくにおもちゃの電車セットで一緒に遊ぼうとすると、自分のやり方で遊びたがってパニックを起こすことがあります。汚れるような遊びには、自分からは参加しません。本の読み聞かせの時間には集中できません。先生の膝の上に座って短時間お話を聞くことは時折ありますが、他の子どもたちと一緒に床に座って聞くことはできません」

コリンを療育する中で頻繁に起こったのですが、このような偶然の観察は、どの行動を標的とするかを決めるガイドラインを示してくれます。行動分析学の訓練を受けたことのない専門家たちは、まるで「これこそがコリンの在り方であって、これからもそうだろう」というように、コリンの行動の様子を並べ立てるばかりで、適切な介入を計画するうえで意思決定を行うための基礎データとして、コリンの行動を見ることはありませんでした。コリンの場合、このような専門家たちが、自分たちのアセスメントにもとづいて多大な影響を及ぼす決定をしたので、深刻な事態を招いてしまいました（特別な

ニーズのある子どもだけの学級に措置されてしまいました)。療育者としての私たちが、これらの専門家と競えるのは、将来この専門家たちがコリンのアセスメントをしたときに、今とは異なる決定がなされるほどの改善が見られるように、コリンの行動を確実に正しい方向に発達させることにおいてです。

　遊び行動の重要な要素は、遊びのなかで発達する社会的な相互交渉です。つまり、1つのおもちゃから別のおもちゃへと移動する能力です。社会的な相互交渉はコリンには難しいことでしたが、自分自身の遊びに柔軟でいられなかったら、他の子どもがコリンに何かを要求してきたときに、どうやって柔軟に対応できるでしょうか。そこで、特定の物への固執を変化させることを目標にしました。コリンはいったんある特定のおもちゃで遊び始めると、1つの遊びから別の遊びへ移動したり元の遊びに戻ったりができないことを、ローラは観察していました。それゆえに、指示にしたがって異なるおもちゃの間を移動できるようになって、もっと柔軟に遊べるようになることを、介入の目的にしました。

手続き

　コリンとローラは台所の床に座ります。コリンが遊べるおもちゃを決めておきました。それらは、人形の家、レゴ・ブロック、おもちゃ箱、おもちゃの自動車などでした。般化を確かめるために、試行ごとに違うおもちゃを用意しました。Aというおもちゃをコリンに渡したら、Bという別のおもちゃを部屋の別の場所に置きました。コリンが約2分間おもちゃAで遊んでから、ローラはおもちゃBの所に行って遊ぶように指示をしました。コリンがおもちゃBの所に行かないときには、おもちゃBを見せるとか、コリンの手を優しく取って新しいおもちゃの方に導くなど、視覚的手がかりや身体的手がかりを与えました。ローラが元のおもちゃ(A)に戻るよう指示するまで、コリンはおよそ2分間このおもちゃ(B)で遊びました。おもちゃAに戻らな

ければ、前と同じように優しく促しました。後の方では、ことばの指示にしたがうまでに30秒以上かかったときにだけ、身体的プロンプトを用いました。

おもちゃAからおもちゃBへの移動と、おもちゃBからおもちゃAへの移動をそれぞれ3回行い、それを1セッションとして記録しました。行動の尺度として、コリンが移動するまでの指示の回数（頻度）を使用しました。

この介入の2番目の部分では、3個のおもちゃをセットで使いました。コリンは台所の床に座っておもちゃAで遊んでいます。別のおもちゃBはコリンには見えない隣の居間に置き、3番目のおもちゃCは、台所のコリンが座っている反対側に置きました。コリンがおもちゃAで2分くらい遊んだら、ローラは居間にあるおもちゃBで遊ぶように指示しました。おもちゃBで2分くらい遊んだ後は、台所のおもちゃCで遊ぶように指示しました。したが

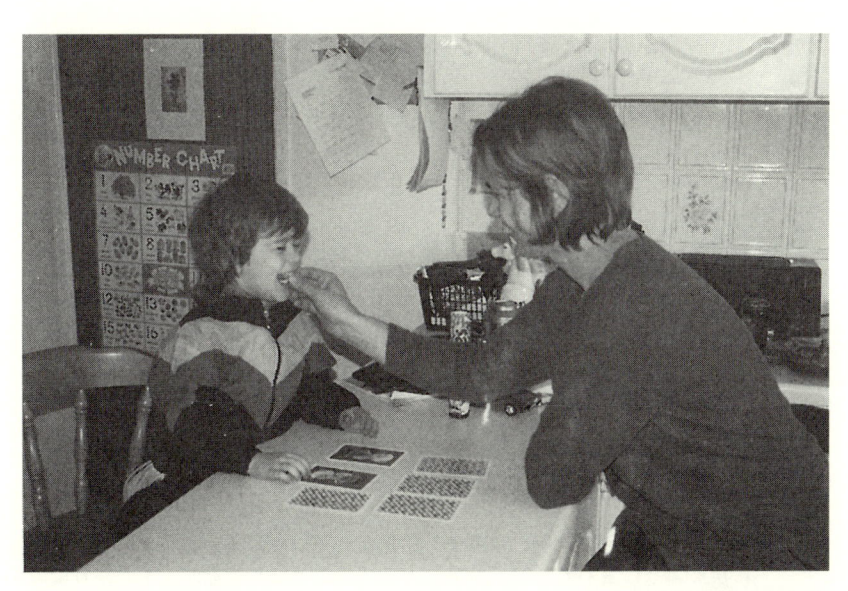

食べ物強化子をもらう

わなかったときには、ローラ自身がそのおもちゃのところへ行き、ついてくるようにコリンに言いました。これらの行動について、コリンが指示にしたがうまでの時間、つまり反応潜時（秒単位）を測定しました。ローラはことばで褒めるとか、抱きしめるなどの社会的強化子と、お菓子などの食べ物強化子を用いました。

結　果

図4.7と図4.8に、この介入の結果を示しました。図4.7には、別のおもちゃに移動しなさいという指示にコリンがしたがうまでの、指示の回数（頻度）の推移を示しています。

セッションは8回行われ、1セッションの所要時間は平均19.6分でした。最初の4回のセッションで、おもちゃAからおもちゃBに移りなさいという指示は平均2.8回で、おもちゃBからおもちゃAに戻りなさいという指示は

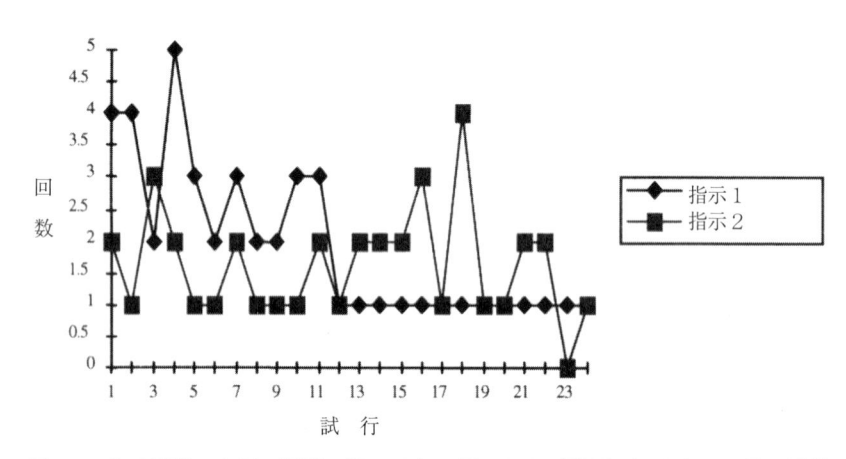

図4.7　ある活動から別の活動に移るように言われた（指示1）ときと、元の活動に戻るように言われた（指示2）ときに、ことばや視覚的な手がかりにコリンがしたがうまでの指示の回数

コリンのものがたり　91

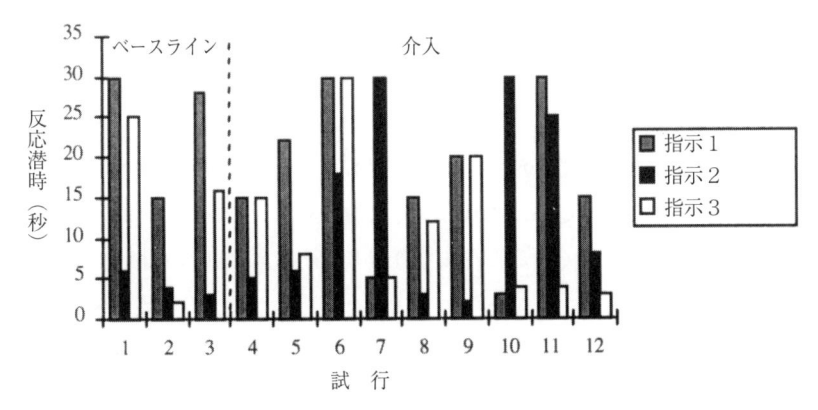

図4.8　おもちゃAからおもちゃBに移る（指示1）、おもちゃBからおもちゃCに移る（指示2）、おもちゃCからおもちゃAに移る（指示3）ように言われたときに、コリンがしたがうまでの反応潜時

平均1回でした。後半の4回のセッションでは、おもちゃAからおもちゃBに移りなさいという指示は平均1.5回で、おもちゃBからおもちゃAに戻りなさいという指示は平均1.7回でした。

　図4.8には、木のおもちゃを使ったときに、コリンがあるおもちゃから次のおもちゃに移動しなさいという指示にしたがうまでの時間（反応潜時）の推移を示しています。

　12回の試行が行われました。どの試行でも3種類の指示をしました。それは、「おもちゃAからおもちゃBに移動しなさい」（指示1）、「おもちゃBからおもちゃCに移動しなさい」（指示2）、「おもちゃCからおもちゃAに移動しなさい」（指示3）でした。全体としては、指示1にしたがうまでの反応潜時は5秒以内から30秒の範囲で、平均18秒でした。指示2では2秒から30秒の範囲で平均11秒、指示3では2秒から30秒の範囲で平均12秒でした。

考　察

　この介入では、コリンにおもちゃの間を移動する指示が与えられました。初めのうちは2つのおもちゃを使い、コリンがしたがうまでにローラが発した指示の回数を測定しました。コリンがおもちゃ間を移動するまでには平均3回の指示が必要でしたが、これはすぐに減少し、コリンはことばの指示にしたがって自由に移動できるようになりました。次に、3つのおもちゃを用いた試行が行われました。ローラは、指示を出してからコリンがおもちゃの間を移動するまでの反応潜時を計りました。この介入の結果は変化に富んだものでしたが、コリンがおもちゃの間を移動するまでの反応潜時は、全般的に比較的短時間でした。

　この介入で、コリンが期待されたよりも良好に反応したことが、データから分かります。コリンは実際にかなり自由におもちゃの間を移動できました。ですから、あなたはこの介入の目的が何であったのか、不思議に思うかもしれません。この練習が有効であった理由は数多くあります。まず、私たちはこの介入に先立って、3つのおもちゃの間を移動するコリンの能力についてアセスメントをしていなかったのですが、初めの介入（2つのおもちゃの間の移動）のときの練習効果が、2番目の介入（3つのおもちゃ間の移動）のときの遂行を向上させたのではないかと思われます。2つ目には、この練習はローラに課題を細分化する方法を教え、これによってローラは、コリンは何ができ何ができないかが正確に分かるようになりました。この知識は、これ以降の介入においてとても役に立ちました。3つ目には、この練習が、保育園の友達へのコリンの統合を促す行動を練習する機会を、コリンに与えたことです。

　この介入の中で、ローラは興味深いことを書いています。あるおもちゃから次のおもちゃへの移動を学習した後も、コリンはしばしば初めのおもちゃの遊び方を次のおもちゃに応用して遊んだというのです。例えば、おもちゃ

のクマ（A）にレゴ・ブロック（B）で遊ばせ、おもちゃの家の人形（A）に朝食を食べさせた後には、テレビキャラクターのバートとアーニーの指人形（B）にも朝食を食べさせました。つまり、コリンは、おもちゃ間の移動の指示にはしたがったものの、ローラがなくそうと試みていた特定の物へのこだわりは持ち続けていたのでした。ローラはどうすべきだったのでしょうか？　このような問題行動が起こらないように試みるべきだったのでしょうか？　言い換えれば、行動に「罰」を与えるような手続きを計画すべきでしょうか[2]。「罰」を与える手続きに代わる方法は、その問題行動は無視しつづけ、本来の標的行動（おもちゃの間を移動する行動）に介入を続けることでしょう。もしその問題行動が注目によって強化されているならば、その行動を消去する一方で、その行動と相いれない適切な行動を強化します。ローラは後者を選びました。ローラは問題行動が起きる場面を記録しながら、おもちゃの間の移動を強化し続けました。すると、問題行動の生起がだんだん減っていき、ついにはまったく起こらなくなりました。

　ここで使っている「罰」という用語を、もう少し詳しく説明しましょう。多くの人たちは「罰」という用語を、平手打ちや罰金や投獄などの嫌悪的な結果事象と同じだと思っています。行動分析学では、この用語の定義はまったく異なっています。行動分析学では罰を機能によって定義します。機能によって罰を定義すれば、その行動が再び起こる頻度を減少させる結果事象は「罰子」と見なされます。このような意味では、何でも罰子になりえます。例えば、子どもが泣くたびにその子を抱きしめることで泣くのが減れば、その抱きしめることは罰子だといえます。叱ることできょうだいげんかが減れば、その叱責は罰子です。

■ ■ ■ □ □ □ □ □ □ □ □ □ □ □ □ □ □
1　2　3　4　5　6　7　8　9　10　11　12　13　14　15　16　17

---

[2] 応用行動分析学で、「罰」とは、直前の行動の生起頻度を減少させる結果事象を表す専門用語である（Dillenburger and Keenan, 1995参照）。

適切に実行された行動分析学の強みは、子どもの行動を変化させるためには結果事象の機能分析をすればいいと、親に教えられることです（第3章を参照してください）。ですから、非嫌悪的手続きで問題行動を減少させられるならば、嫌悪的な結果事象を使わなくていいのです。問題行動を消去しながら、それとは相いれない適切な行動を強化するというローラが用いた手続きから、機能分析にもとづく介入を行えば良好な結果がもたらされることが示されています。

4．標的行動

このとき、コリンは4歳1カ月でした。教育心理士は英国能力検査の下位尺度を使って、コリンの言語発達のアセスメントを行いました。その結果、コリンの表出言語は約3歳水準（7パーセンタイル順位）であり、理解言語の発達はそれ以下ということでした。そこで次に私たちは、コリンの理解言語と表出言語の発達を促すとともに、コリンが話せる文を増加させることに、療育の焦点を当てました。ここで実際に行った指導の流れを紹介しましょう。

手続き1

コリンは台所のテーブルの前に座ります。テーブルには9枚の絵カードが並べられています。この「ダービシャーことばカード」（Masidlover and Knowles, 1979）では、例えば、箱の上に座っているテディベアなどが単純なペン画で描かれています。ローラは、そのうちの1枚を渡すようにとコリンに言います。例えば、「箱の上に座っているテディベアをちょうだい」と言います。コリンは正しい絵カードをローラに渡しながら、「これが箱の上に座っているテディベアです」と言わなければなりません。それから、次のカードはコリンの方から要求します。例えば、「テーブルの上に座っているお人形をちょうだい」というようにです。コリンが完全な文を話したときだ

け、お菓子や褒めことばで強化しました。食べ物強化子はできるだけ早い時期にやめて、褒めことばによる強化に置き換えていきました。

結　果

表4.4に手続き1の結果を示します。✓印は正反応、×印は誤反応です。コリンはローラの要求の60％に正しく反応し、自分の要求は100％正しく言えました。

手続き2

コリンとローラ、もしくはコリンと姉の誰かが台所のテーブルの前に座ります。「ダービシャーことばカード」や子ども向けテレビ番組のキャラクターの絵カードを使って、裏返しに置いたカードをめくって絵合わせをするゲームを行いました。

カードは、第9試行までは2組4枚、第10試行から第12試行では5枚、第13試行から第27試行では3組6枚を用いました。コリンとローラは順番に相手に見せないように1枚ずつめくって、「どんなカードですか？」と聞きました。聞かれた方は、例えば、「それは、箱の上に座っているテディベアです」というように答えます。第10試行までは、正しい「推測」を強化しましたが、第11試行から第27試行では、完全な文を言えたときだけ、食べられる強化子や社会的強化子で強化しました。

カードに描かれたものを言うことや絵合わせに問題が生じたとき、2つの特別な訓練を行いました。例えば、ローラが「この2枚は同じですか？」と聞いて、コリンが「この2枚は同じですか？」とおうむ返しに答えたような場合に行いました。この訓練は第3試行の後に行ったものです。4組の絵カードをテーブルに裏返しに置きました。ローラはそのうちの1枚をめくって、「このカードは何ですか？」とコリンに聞きます。コリンは、次のカードを

めくる前に「それは……です」と言わなければなりません。2枚のカードが表を向いているときに、ローラは「これは同じですか？」と聞きました。正しく答えられたら、コリンは伏せてあるカードの次の2枚をめくることができました。

表4.4　表出言語の指導

試　行	コリンの反応	コリンの要求
1*	×	✓
2*	✓	✓
3*	×	✓
4*	×	✓
5*	×	✓
6*	✓	✓
7*	×	✓
8**	✓	✓
9**	✓	✓
10**	✓	✓
11**	✓	✓
12**	✓	✓
13**	✓	✓
14**	✓	✓
15**	✓	✓
16**	✓	✓

*　第1セッション
**　第2セッション

　もう1つの訓練は、第22試行の後に行いました。これは、1人が質問をして別の人が答える、という区別を教えるためのものでした。「ぴったり」というゲームをしました。このゲームでは全員、同じ枚数の絵カードを持ち、

■ ■ ■ ■ □ □ □ □ □ □ □ □ □ □ □ □ □
1　2　3　4　5　6　7　8　9　10　11　12　13　14　15　16　17

順番にテーブル中央に1枚ずつカードを表向けに出していきます。前の人が出したカードと同じカードが出たら、全員が「ぴったり」と言います。一番早く言った人が、その場のカードをすべてもらえます。こうして、このゲームは、誰か1人がすべてのカードを手に入れてしまうと終了です。この訓練では、コリンとローラと家族がゲームに参加しました。どの参加者も、自分が出したカードに描いてあるものの名前を言います。例えば、「これはテディベアです」と言うと、他の人たちは「はい、そうです」とか「いいえ、違います」などと言って確認します。ローラは時々わざと間違えて、コリンが「いいえ、違います」と答える機会を作りました。

カードの絵合わせ

結　果

　表4.5に、手続き2の結果を示します。✓印は正しい反応、×印は誤反応です。コリンはローラから「どんなカードですか？」という質問をされた試行の89%で正しく答えました。また、自分が尋ねるときには93%が正反応でした。

考　察

　コリンの表出言語を改善する2つの手続きが考え出されました。手続き1では、しだいに複雑化する文の使用を求める課題の大部分に、正しく答えました。手続き2では、いくつかの問題が指摘されました。そこで2つの訓練手続きが追加されました。すなわち、絵合わせゲームと名前を言うゲームです。

　指導に加えられたこれらのゲームは、この介入においてとても重要です。コリンが課題を正確にできなかったとき、ローラは「コリンにはできない」という事実に流されるのではなく、その問題に対処するおもしろくて楽しい方法を考えました。コリンはこれらの追加の訓練を楽しみ、家族全員がそれに参加しました。おそらくコリンは、単なる絵合わせやカードの名前を言うことよりも、はるかに多くのことを学んだでしょう。ローラは自らコリンの介入計画を考え始めました。ローラは、もはや行動分析家に頼りきって介入計画を作成することはなくなりました。子どもの発達支援に、自らの自発性と創造性を使うようになりました。このことはとても勇気を与えてくれます。これまで3〜4カ月の間、ローラは行動分析学にもとづく親指導の成果を上手に活かしてきました。コリンを支援するために、詳細に書かれた教材などは必要なくなりました。ローラに必要なのは、新しく獲得した知識とその理解、そしてそれをコリンの療育に応用する動機づけと励ましでした。

　コリンの進歩は、言語療法士の報告書にも書かれています。

　注目／聴き取りスキル　この4カ月間に、この領域で顕著な改善が見られ

■■■■□□□□□□□□□□□□□
1　2　3　4　5　6　7　8　9　10　11　12　13　14　15　16　17

表4.5 カードの絵合わせと絵当て

試　行	カード枚数	コリンの反応	コリンの要求
1*	4	✓	✓
2*	4	✓	✓
3*	4	✓	✓
4*	4	✓	✓
5*	4	×	×
6*	4	✓	×
7*	4	✓	✓
8*	4	×	✓
9*	4	✓	✓
10**	5	✓	✓
11**	5	✓	✓
12**	5	✓	✓
13**	6	✓	✓
14**	6	✓	✓
15**	6	✓	✓
16**	6	✓	✓
17**	6	✓	✓
18**	6	✓	✓
19**	6	✓	✓
20**	6	✓	✓
21**	6	✓	✓
22**	6	✓	✓
23**	6	✓	✓
24**	6	✓	✓
25**	6	✓	✓
26**	6	✓	✓
27**	6	✓	✓

*　正しい「推測」をすれば強化
**　正しい文であれば強化

■ ■ ■ ■ □ □ □ □ □ □ □ □ □ □ □ □ □
1　2　3　4　5　6　7　8　9　10　11　12　13　14　15　16　17

ました。これまでは、大人が指導する机上課題を数分間以上行うのは困難でした。現在では、ほとんどプロンプトがなくても、1対1の状況で20〜25分間集中できます。

5．標的行動

　教育心理士は、コリンには依然として、「……かなり多くのエコラリアや繰り返しことば」が見られる、と報告しました。コリンのエコラリアは、次のようなものです。例えば、ローラがおもちゃの電車を見せて、「電車と言って」と指示すると、コリンは「電車」ではなく「電車と言って」と応答します。標的行動は、コリンが指示の「言って」と付けずに、物の名前だけを繰り返すことです。測定する行動は、コリンの適切な反応の頻度でした。

手続き

　コリンはテーブルを挟んでローラと向き合って座ります。ローラは「リンゴと言って」「ビスケットと言って」など12種類の物の名前（表4.6参照）を言いました。コリンが正しく言った（1語文で）ときには、ことば（「よくできました」「そのとおり」「じょうず」など）で強化しました。この手続きは、同じ日に別の3人の子どもといっしょに繰り返して行い、さらに3日後にも行いました。

　結果が思わしくなかったので、この3試行の後で手続きを修正しました。10種類の単語を選びました。ローラか姉の誰かが、例えば、「ボール」と言うと、コリンは「ボール」と繰り返さなければなりませんでした。次に、ローラか姉の誰かが「ボールと言って」と言うと、それに対する正しい反応は「ボール」でした。この手続きは、初めはコリンとだけで行いましたが、3日後にはもう1人の子どもが加わりました。正しい反応はことばによって強化しました。

■ ■ ■ ■ ■ □ □ □ □ □ □ □ □ □ □ □ □
1　2　3　4　5　6　7　8　9　10　11　12　13　14　15　16　17

表4.6 ことばによる指示の繰り返しについてのアセスメント

指　示	試行１ コリンのみ	試行２ コリンと他の３人	試行３ コリンと他の３人
電車と言って	×	×	×
人と言って	✓	×	×
行くと言って	✓	✓	×
靴下と言って	×	×	×
ボールと言って	✓	×	×
おもちゃの電車と言って	✓	×	×
鼻と言って	✓	×	×
スリッパと言って	✓	✓	×
スカーフと言って	✓	✓	✓
コップと言って	×	×	✓
トラクターと言って	✓	✓	×
自動車と言って	✓	✓	×

結　果

表4.6と表4.7に、この手続きの結果を示しました。表4.6は、修正前の手続きに対する正反応の出現のようすを示しています。✓印は正反応、×印は誤反応です。コリンは１回目の試行では、指示の75％に適切に答えています。しかし、２回目と３回目の試行では、それぞれ41％と９％と悪化しています。

表4.7には、修正された手続きを用いた試行の結果を示しています。２試行が行われ、正しい反応は90％と88.8％でした。

考　察

コリンのエコラリアや繰り返しことばに対処するための手続きが考えられました。コリンは、１語でしゃべるようにという指示を与えられました。初

表4.7 ことばによる指示を適切に繰り返す指導

1日目		3日後	
ことばによる指示	コリンのみ	ことばによる指示	コリンともう1人
ボール	✓	ボール	✓
草	✓	帽子	✓
うさぎ	✓	止まれ	✓
パパ	✓	止まれと言って	✓
ママ	✓	象	✓
消防車	✓	象と言って	✓
ペンギン	✓	魚	✓
ペンギンと言って	✓	魚と言って	×
犬	✓	犬	✓
犬と言って	×	犬と言って	✓
キリン	✓	パパ	✓
キリンと言って	✓	パパと言って	✓
象	✓	ボート	✓
象と言って	✓	ボートと言って	✓
ライオン	✓	海岸	✓
ライオンと言って	✓	海岸と言って	×
パンダ	✓	トラック	✓
パンダと言って	✓	トラックと言って	✓
虎	✓		
虎と言って	×		

めのうちコリンは、その単語に「言って」を付けて繰り返しました。この手続きを、ローラと姉が修正しました。つまり、最初に物の名前の単語だけを言い、それから「言って」という指示を付け加えました。この手続きによって、コリンはほとんどの場合、正しく単語を言いました。

この手続きは、データにもとづく意思決定のとてもいい例です。ローラは、

■■■■■□□□□□□□□□□□□□
1 2 3 4 5 6 7 8 9 10 11 12 13 14 15 16 17

初期の試行のコリンの反応をすべて記録し、適切な反応が増えていないことに気がつきました。実際は減少していました。そこで、明らかに効果が見られない介入を続ける代わりに、次の選択肢を比較検討しました。（1）使用する単語を変える、（2）別の子どもにわざと誤った反応をするように頼む、（3）課題の手続きを細分する。3番目の選択肢が最も適切であるように思われたので、手続きをそのように修正しました。その結果から修正の有効性が示されました。

6．標的行動

「コリンのアイコンタクトは改善した」と言語療法士は報告しました。しかし、「その活動や課題が困難だと思ったときには、アイコンタクトを避けることがある」ことも観察されました。アイコンタクトは以前の介入の標的行動でしたがその後、コリンのアイコンタクトの反応潜時が長くなっていたので、アイコンタクトに再び焦点を当てました。アイコンタクトの反応潜時と般化を測定しました。

手続き

コリンは台所で3人の女の子たちと遊んでいました。その3人とは、コリンの姉とその友達2人です。女の子たちは代わる代わるコリンの名前を呼び、コリンが目を合わせたらことばで褒めました。それぞれの女の子とのアイコンタクトの反応潜時が記録されました。

結果

図4.9に、6回の試行での女の子たちに対するコリンのアイコンタクトの反応潜時を示しました。すべての試行は、同じセッションでのものです。姉のルースに対しては平均5.8秒、姉の友達のグレタには平均9.5秒、トレーシ

ーには平均16.2秒でした。

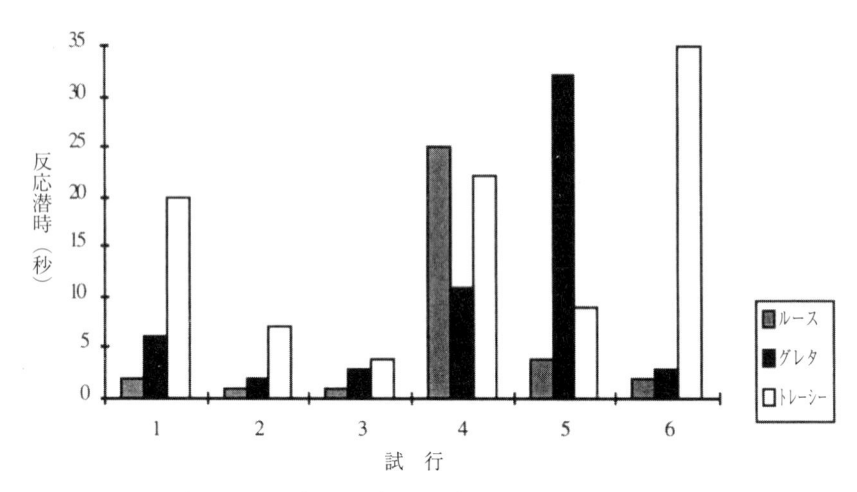

図4.9　3人の女の子から「コリン」と呼ばれた後、コリンがアイコンタクトをするまでの反応潜時

考　察

　この介入は、名前を呼ばれてからコリンがアイコンタクトするまでの時間を短縮することと、この行動が他の人たちとの場合にも般化することを確実にするために行いました。

　社会的な孤立や社会的に距離を置くことが自閉症の特徴ですが、この介入の結果は、3人の女の子に対するかかわり方を、コリンが明らかに区別していることを示していました。ローラは、この結果はコリンのそれぞれの女の子に対する親しさの程度を反映しているだろうと言いました。つまり、ルースはコリンの姉でいつもとても仲良しです。グレタはいつもコリンのそばにいて、コリンが赤ちゃんのときには抱っこしてくれたし、食べさせてくれたり着替えさせてくれました。トレーシーとは仲はよいのですが、コリンにし

てみれば「いばりんぼさん」のようでした。

7. 標的行動

この介入は、コリンが４歳２カ月の時に行いました。コリンの話しことばについてはすでに、介入４と介入５で取り扱いました。それらの介入でごく基礎的な改善はもたらされましたが、言語療法士は、依然として「（コリンは）コミュニケーションの発達に重篤な障害があります。自分に向けられたコミュニケーションへの注目は一定していません。エコラリアもあり……ことばを繰り返した後で、適切に答えることもあります」と報告していました。明らかに、もっと介入が必要です。したがって、この介入で標的とする従属変数は、コリンの話しことばの「流暢性」（付録１と付録２を参照）を高めることでした。流暢性は、続けるようにとことばでプロンプトされなくてもコリンがお話を続けた時間の、全試行時間に対する割合として測定しました。

手続き

この指導は、台所や自動車の中などのいろいろな場所で行いました。コリンはよく知っている童話（『３匹のやぎのがらがらどん』『３匹の子ぶた』『ゴールディロックスと３匹のクマ』）を話すように言われました。途中でつかえたら、お話を続けるようにプロンプトしました。試行の持続時間、ことばによるプロンプトを与えた回数、中断時間を記録しました。

結　果

９試行の結果を表4.8にあげました。それぞれの試行は平均５分間で、各試行において平均14回のことばによるプロンプトが与えられました。これは、各試行において、コリンが平均47秒間お話につかえたことを意味します。コリンのお話の流暢性は、全体で平均85.3％でした。

■■■■■■■□□□□□□□□□□
1　2　3　4　5　6　7　8　9　10　11　12　13　14　15　16　17

お話をする

考　察

　この介入では、コリンのお話の流暢性に焦点を当てました。コリンはローラから、よく知っている童話を話すように求められました。ためらったりつかえてしまったときはいつも、ローラはお話が続けられるようにことばでプロンプトを行いました。最後の試行では、つかえてプロンプトされたのは、ほとんどがお話の最初の部分でした。コリンは一度話し始めると、ほとんどプロンプトがいりませんでした。よく知っている童話を繰り返し話させることで、特別な強化子を用いなくても、話しことばの流暢性を改善できました。

　話しことばの流暢性を高めるねらいは、コリンが好きなお話をだんだんと話せるよう励ますことによって達成されました。ここで取り上げたお話はなじみがあったとはいえ、コリンはそれぞれのお話に関してこれまでとは違っ

■■■■■■■□□□□□□□□□□
1　2　3　4　5　6　7　8　9　10　11　12　13　14　15　16　17

表4.8 話しことばの流暢性の指導

試行の番号と童話の題名	試行の持続時間（分）	ことばによるプロンプト（回数）	お話が途切れた時間（秒）	流暢性（％：試行時間に対する話した時間）
1．3匹のやぎのがらがらどん	5分	14回	35秒	88.4%
2．3匹のやぎのがらがらどん	4分35秒	16回	記録なし	記録なし
3．3匹の子ぶた	4分	20回	記録なし	記録なし
4．3匹のやぎのがらがらどん	3分30秒	11回	33秒	84.3%
5．3匹の子ぶた	5分25秒	21回	64秒	80.0%
6．3匹の子ぶた	6分35秒	13回	50秒	87.2%
7．3匹の子ぶた	6分30秒	9回	29秒	92.6%
8．ゴールディロックスと3匹のクマ	5分30秒	12回	81秒	76.2%
9．ゴールディロックスと3匹のクマ	5分40秒	10回	38秒	88.9%

た経験をしました。例えば、最初のお話『3匹のやぎのがらがらどん』は、コリンのアイコンタクトの持続時間を延ばす手続きの中で使ったことがありました。そのときには、読むのは主にローラで、コリンは時々手伝うだけでした。『3匹の子ぶた』は、この介入を始めるつい何日か前に何冊かの絵本の中から見つけたものです。この介入で使ったものは、コリンになじみのあるバージョンではありませんでした。『ゴールディロックスと3匹のクマ』は以前コリンに聞かせたことはありましたが、そのときには積極的に乗ってくることはありませんでした。

『3匹の子ぶた』のお話をするコリンの流暢性は、明らかに改善されました。流暢性は5試行から7試行にかけて、80％から92.6％に向上しました。

■■■■■■■□□□□□□□□□□□
1 2 3 4 5 6 7 8 9 10 11 12 13 14 15 16 17

『ゴールディロックスと3匹のクマ』の8試行と9試行でも、流暢性は76.2％から88.9％と改善されています。したがって、コリンのお話の流暢性は練習とともに改善していったと言えます。この手続きでは外的強化子は使いませんでした。「お話をする楽しさ」が、流暢性を高める内的強化子として有効に機能しました。療育を始めて4カ月で、内的な強化に反応を始めたコリンを観察するのは、ローラにとってとても勇気づけられることでした。

8．標的行動

この介入では、しばしば「物の永続性」と呼ばれる複雑な行動を標的にしました。生後8～9カ月以前の赤ちゃんは、おもちゃが自分の椅子から落ちたり、視界からゆっくりとそらされても目で追わないことを、発達心理学者たちは観察しています。その月齢以降の赤ちゃんは、おもちゃを目で追いかけ、取り戻そうとします。しかしコリンはそうしませんでした。いったんおもちゃが取り除かれたら、それを目で追いかけようとも、取り戻そうともしませんでした。ですからこの手続きは、そのような行動をコリンもするように計画されました。

手続き

コリンはユーティリティ・ルームのテーブルの前に座ります。この介入には合計6つのおもちゃ（財布、自動車、キャラクターのジグソーパズル、小型の絵本セット、電話、アルファベットのジグソーパズル）を使いました。どのおもちゃも合計5回の試行に用いました。それぞれの試行で、コリンにまずおもちゃを持たせて、それから取り上げました。おもちゃを取り上げるたびに、ローラはコリンの反応を記録しました。つまり、コリンがそのおもちゃを目で追いかけたかどうか（見る）、おもちゃに手を伸ばして取ろうとしたかどうか（触る）を記録しました。

■ ■ ■ ■ ■ ■ ■ ■ □ □ □ □ □ □ □ □ □
1　2　3　4　5　6　7　8　9　10　11　12　13　14　15　16　17

第1試行から第3試行はベースライン期としました。ローラはコリンにおもちゃを追いかけるように促すことはしませんでした。次いでローラは、それぞれのおもちゃごとに遊び方をやってみせました（モデリング）。つまり、おもちゃの財布の中に何が入っているかをコリンに見せたり、おもちゃの自動車のドアを開けて見せました。そして、ごく短い時間、そのおもちゃでコリンを遊ばせました。それから、続く2回の試行ではおもちゃを取り除き、コリンの反応を記録しました。

結　果

図4.10に、6種類の違うおもちゃで行ったこの介入の結果を示します。ローラがそれぞれのおもちゃに応じた遊び方を教えてから、6つのいずれのお

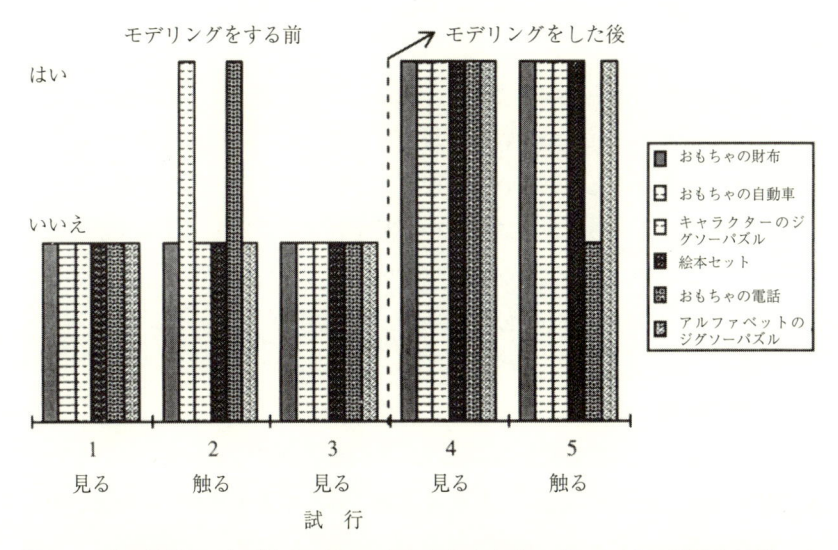

図4.10　短時間取り上げられてから出されたおもちゃを、コリンが見たり触ったりするかどうかについて、ローラが遊び方をやって見せる前後の比較

もちゃについても、目で追いかける能力が著しく増加しました。遊び方を見せた後には、コリンはすべてのおもちゃを見るようになり、おもちゃの電話を除くすべてのおもちゃに触りました。

考　察

この手続きは、おもちゃがいったん取り上げられた後も、そのおもちゃに興味を持ち続けることを、うまく教えるように工夫されました。コリンの「物の永続性」はとても低いレベルにあったことが、ベースラインから分かりました。しかし介入（モデリング）の後、物の永続性は向上し、触らなかったおもちゃの電話以外は、すべてのおもちゃを目で追いかけ触りました。この介入の後、コリンは絵本セットにとても興味を持つようになり、誰かがそれを取ると、「取らないで」と言ったとローラは報告しています。この介入が終わってからも、コリンは介入で遊んだおもちゃを使って遊び続けたとローラは言いました。

この手続きは発達心理学者たちにとって、とくに関心をそそるものでしょう。なぜならば、これまでは物の永続性とは多かれ少なかれ成熟の一部として発達する概念と考えられてきましたし、一般的には遺伝的な影響を受けると考えられているからです。これらの行動を教えるのにモデリングが使えるという事実は、物の永続性の発達には学習が重要な役割を演じていることを示しています（Dillenburger and Keenan, 1997参照）。

9．標的行動

この介入では、再びコリンのエコラリアに焦点を当てました。コリンはいまだに頻繁に、言われたことをそのまま繰り返していました。時々は、繰り返した後に正しく答えましたが、ほとんどは適切に答えずに、質問をそのまま繰り返しました。以前の介入（標的行動4、5、7）では基本的な言語ス

■ ■ ■ ■ ■ ■ ■ ■ ■ □ □ □ □ □ □ □ □
1　2　3　4　5　6　7　8　9　10　11　12　13　14　15　16　17

キルに焦点を当てましたが、さらなる介入が必要でした。ローラはコリンの言語発達について、熱心に支援してくれる言語療法士と詳しく検討しました（付録3をご覧ください）。この手続きの目的は、質問への反応が適切か不適切かという区別を容易にすることでした。コリンがときには適切に答えられるのを私たちは知っていましたが、それはいつもというわけではありませんでした。

手続き

コリンはテーブルの前に座ります。この介入では言語療法の課題を使いました。言語療法の課題をしてから、その課題に関係のあるいろいろな質問をしました。赤いカードと緑のカードのどちらかを置いて質問しました。私たちは赤と緑のカードを使って、コリンに適切な反応を識別させようとしました。しかし、このカードだけでは無理でしょう。適切な反応と不適切な反応に随伴する結果事象が必要でした。ローラが緑のカードを見せたときには、コリンのエコラリア反応、つまり質問を繰り返すことを強化しました。そして赤いカードを見せたときには正しい反応、つまり質問に答えることを強化しました。

初めのうちの試行では、およそ7〜10の質問を組み込みました。それを少しずつ増やし、最後の試行では60の質問を行いました。試行1では赤いカードと緑のカードを無作為に示しました。試行2から16では、赤いカードと緑のカードを交互に（50％ずつ）提示しました。試行17から21では、緑のカードの提示頻度を徐々に少なく（25％）していきました。般化試行はコリンの父親が受け持ちました。

コリンの適切な会話を助けるために緑のカードをローラが持ち歩くというのは、社会的にも受け入れられないし実際的でもありません。そこでカードに代わって、社会的にも受け入れられる別の方法を見つける必要がありまし

た。試行29から34では、赤いカードの代わりに、質問をする前に「さて」ということばを付け、緑のカードの代わりに、質問をする前に「いい」ということばを付けることにしました。例えば、「クマさんは何していた？」と聞く代わりに、「さて、クマさんは何をしていた？」とか「いい、クマさんは何をしていた？」と質問しました。つまり、質問の前に「さて」ということばが付いたときには適切な答えを強化し、「いい」ということばが付いたときには質問を繰り返す反応を強化しました。試行34の後、カードを使いませんでした。質問の前に付けることばも、徐々に使わないようにしました。

この手続きでは、トークン（つまり、おもちゃのコイン）を強化子として用いました。「トークン・エコノミー」[3]システムを定着させるために、最初はコリンが言語療法の練習を終えたらトークンを手渡しました。その後は、介入場面で適切な反応をしたら、トークンを渡しました。そしてしだいに、トークンを与える基準を高くしていきました。各セッションの最後には、ローラがトークン・エコノミーの一環として用意した「お店」で、コリンはトークンを何かと交換できました。結局、たいていチョコレートを選びました。

結　果

図4.11に53試行の結果を示します。ベースライン期には、赤と緑のどちら

■	■	■	■	■	■	■	■	■	□	□	□	□	□	□	□	□
1	2	3	4	5	6	7	8	9	10	11	12	13	14	15	16	17

---

[3] トークン・エコノミーとは、適切な行動の結果事象としてトークンが与えられるという簡単なシステムです。集めたトークンは、後で特典（例えば、テレビを観る）、あるいはコリンの場合のようにお菓子などと交換できます。このシステムを使えば、食べ物強化子のように食べ終わるまで試行を中断することなく、すぐにトークンを与えることが可能です。また、トークンを与える前に、行動の増加を求めることもできます。さらに1強化子当たりの行動を増やすように要求することによって、トークンで「購入」する品物の「値段」を上げることもできます。

のカードが示されても、コリンは一貫した反応をしませんでした。最初の指導期には、赤いカード（質問に答える手がかり）に対する適切な反応が強化され、質問に答える反応は100％近くにまで増加しました。また緑のカード（質問を繰り返す手がかり）に対する適切な反応も強化され、正しい反応はおよそ50％まで増加しました。緑のカードを使う頻度を少なくしたフェイディング期においても、赤いカードに正しく反応する割合は高いままでした。コリンの父親が行った般化期には、赤と緑のどちらのカードに対しても、正しい反応の割合はわずかに減少しましたが、ローラがカードに対応して、「さて」と「いい」ということばを付け加えると再び増加しました。最後に、質問の前のことばをフェイディングしてからなくしたところ、質問をそのまま繰り返すエコラリアはなくなりました。

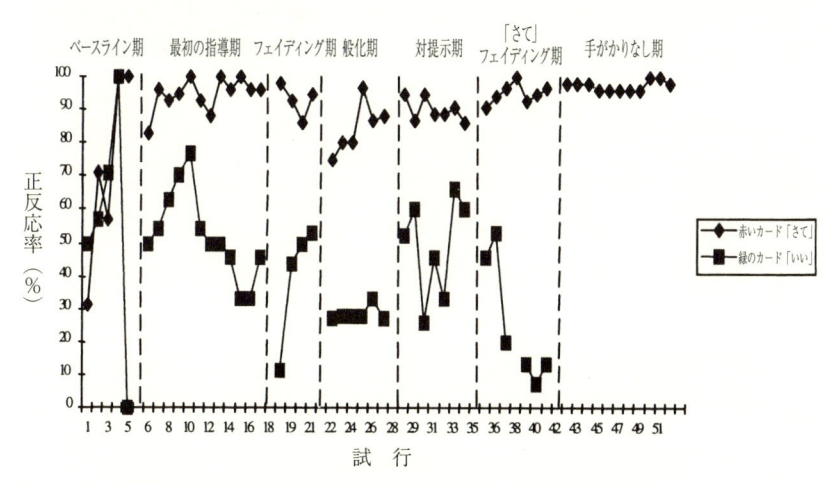

図4.11 赤いカード（非エコラリア反応を強化）および緑のカード（エコラリア反応を強化）が提示されたときの、質問に対する正反応率

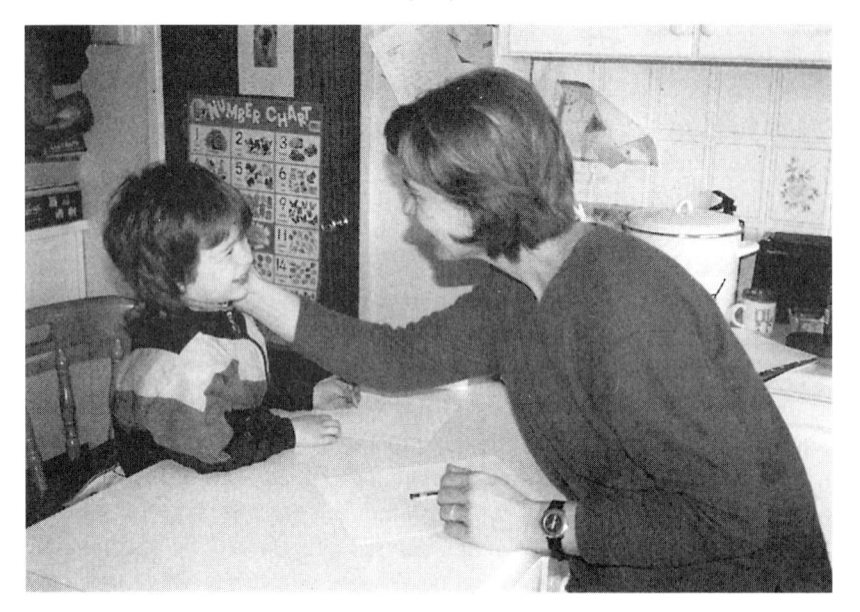

社会的強化子を受ける

考　察

　この手続きは、聞かれた質問をそのまま繰り返すエコラリア反応を消去するためのものです。緑のカードを示したときにはエコラリア反応を強化し、赤いカードを示したときには、質問に答えたら強化しました。それから、カードを質問の前に付ける「さて」と「いい」ということばに置き換え、このことばも、コリンがすべての質問に正しく答えるまで、少しずつ減らしていきました。53試行までにエコラリアが消失したことを、データが示しています。

　本書の初めの方（第１章と第３章）で、療育の介入手続きを計画するときにはABC分析が重要であると説明しました。これまで私たちは、主に行動の結果事象の効果（強化子）について述べてきました。この介入は、ある行

■ ■ ■ ■ ■ ■ ■ ■ ■ □ □ □ □ □ □ □ □
1　2　3　4　5　6　7　8　9　10　11　12　13　14　15　16　17

動を変化させるために、いかにその行動の先行刺激を効果的に使えるかを説明できるいい例です。私たちはまず、ある刺激（緑のカードもしくは「いい」ということばがある中でのエコラリア反応）が存在するときのある（望ましくない）行動と、もう1つの刺激（赤いカードもしくは「さて」ということばがある中での質問に答える反応）が存在するときのもう1つの（望ましい）行動を訓練しました。それから私たちは、望ましくない行動を訓練した刺激を徐々に少なくして、コリンの望ましくない行動はほとんど消失しました。

　この手続きは簡単に見えますが、報告を見ると、介入は最初に考えられたほど単純ではありませんでした。例えば、望ましくない行動が手がかり刺激に確実に統制されるようになるまで、指導を続けなければなりません。つまりコリンの場合、緑のカードや「いい」ということばが存在するときにエコラリア反応が確実に起きるまで、ということです。介入の初めの頃に問題が起きました。緑のカードを示したときに、コリンはエコラリア反応ではなく、質問に正しく答えたのです。ローラはジレンマに直面しました。手続きにしたがえば、この行動には強化を与えてはならないのです。しかしこの反応こそが、介入の最終的な標的行動でした。ローラはこれを無視できず、強化しました。これが、緑のカードに対するエコラリア反応が100％に達しなかった理由です。このため、ローラはかなり早い時点（12試行以降）から、緑のカードを当初の予定よりも少なく（50％ではなく25％）使いました。

　この手続きは、コリンに応用行動分析学の原理を適用した最初の1年間における、最も集中的な介入のひとつでした。ローラは何度も、疲れて介入を投げ出しかけました。ローラの忍耐は結局、成功という報酬が与えられました。しかし、初期のいくつかの手続きはとても早く効果が現れたようでしたが、コリンが示すいくつかの行動の過剰や不足は対処がより困難なようでした。

■ ■ ■ ■ ■ ■ ■ ■ ■ □ □ □ □ □ □ □ □
1　2　3　4　5　6　7　8　9　10　11　12　13　14　15　16　17

10. 標的行動

この介入を行ったのは、コリンが４歳２カ月の時でした。コリンの療育を始めてから、４カ月がたっていました。教育心理士がメリル・パーマー発達検査を行って、次のように報告しました。

> （コリンは）30〜35カ月の年齢範囲の検査項目の75％に正答し、36〜41カ月の検査項目の正答率は66％でした。言語課題は、18〜24カ月の検査項目の「語の復唱」を除いて、すべての検査項目に失敗しました。全般的な遂行は10パーセンタイル順位[※]を示し、境界線クラスよりも下で、平均よりも低い水準でした。なお、メリル・パーマー発達検査は、年長になってから測定した検査の結果に比べると、能力を過大評価する傾向があります。

この情報の扱い方には２とおりあるでしょう。１つは、これまで伝統的に教えられてきたように、結果を既成事実として受け入れることです。それは言ってみれば、「コリンのできることはこれですべてです。コリンを憐れみたまえ！」とも言うべきものです。もう１つは、行動論的な方法です。この検査の結果をベースラインとして扱い、それを基準にどのくらい変化したかを見ようとするものです。次の介入は、ことばを使った相互コミュニケーションを形成するために計画しました。

手続き

コリンは居間か台所の床に座ります。ローラはコリンの目の前に、床で遊べる24ピースのジグソーパズルを置きます。そして、できるだけ速くそのジグソーパズルを完成させるようにと、コリンはことばで指示されます。コリ

■	■	■	■	■	■	■	■	■	■	□	□	□	□	□	□	□
1	2	3	4	5	6	7	8	9	10	11	12	13	14	15	16	17

※ パーセンタイル順位　p.204の本文中の説明を参照

ンの見えるところにストップウォッチを置きました。次にコリンは、「耳のところ」「バケツの中のカニ」「足のところ」などといった具合に、パズルのどんな部位が欲しいかを言って、そのピースをもらわなければなりません。初めのうちは、コリンが欲しがっているピースを詳しくローラが言っていましたが、その後は、ローラが持っているどんなピースが欲しいのかを言わなければ、コリンはそれをもらえませんでした。そして、ピースが渡される前に、コリンはアイコンタクトをしなければなりませんでした。ローラ、ジェフリー、そしてコリンの友達が、コリンと一緒にこの手続きを行いました。

　これとほぼ同じ時期に、同じような手続きが行われました。コリンはテーブルにつき、6～7ピースのジグソーパズルを完成するようにと言われました。今回は、ローラは背中のうしろや手の中にパズルのピースを隠しました。それぞれのピースを手に入れるには、コリンはそれを要求しなければなりません。強化子には褒めことばを使いました。また、アイコンタクトを求めました。初めに、コリンの姉が手続きをやって見せました。この場合もまた、できるだけ速くパズルを完成させるようにと言い、ストップウォッチをコリンが見えるところに置きました。

結　果

　図4.12に、それぞれの手続きの結果を図示しました。床で遊ぶ24ピースのジグソーパズルを用いた最初の手続きは、8試行行いました。最初の試行では、パズルを完成させるまでに10分以上が必要でしたが、最後の試行では5分以内と短くなりました。試行5を行った日には、しだいに短くなってきていたパズルを完成するまでの時間が、また長くなってしまいました。この日のコリンはとても混乱していました。試行7の日には、コリンは風邪をひいていて、ジグソーパズルのピースをはめるのに、いつもよりも時間がかかりました。

■ ■ ■ ■ ■ ■ ■ ■ ■ ■ □ □ □ □ □ □ □
1　2　3　4　5　6　7　8　9　10　11　12　13　14　15　16　17

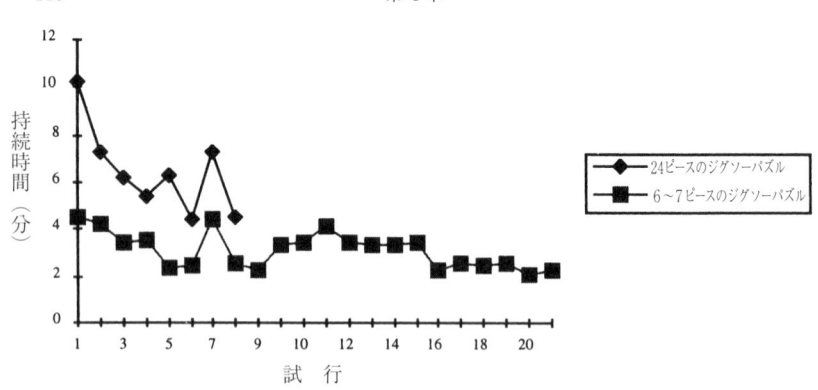

図4.12 コリンが、ジグソーパズルにはめ込む前に各ピースを渡してくれるように頼んでそれを説明しなければならない条件で、パズルの完成に要した時間

考　察

　ことばによる相互コミュニケーションの増加を目指して、2つの手続きが考案されました。コリンはジグソーパズルを、ローラやジェフリーや友達に各ピースを渡してくれるように頼むことによって、つまり、各ピースをはめ込む前にその特徴を述べることによって、完成させました。コリンがパズルを完成させる速さは増し、ことばによるコミュニケーションがしだいに有効になりました。言い換えれば、コリンはことばを役に立つ道具として使うことを学習したと言えます。

11．標的行動

　この介入では、再びコリンのアイコンタクトに焦点を当てました。最初のアイコンタクトを指導して以来、ほとんどすべての手続きの中で、その一部として、アイコンタクトが求められるようになりました。しかし、この時点ではまだ、アイコンタクトは何回ものプロンプトが必要でした。教育心理士

は、検査中のコリンについて、次のように報告しました。

　……注目を促すには頻繁なプロンプトが必要です。慣れてしまった課題のときには、アイコンタクトはごく短いものです。（コリンに）「私の目を見て」と指示して強化をしないかぎり、アイコンタクトは形成されないでしょう。

したがってこの介入は、1回のプロンプトだけでアイコンタクトが起きるように計画されました。さらに、きょうだいと熱中して遊んでいるなどといった数多くの妨害があっても、アイコンタクトをしなければなりませんでした。

手続き

コリンはテーブルの前に座って、姉とレゴブロックを組み立てたり、ジグソーパズルをしたり、別のおもちゃで遊ぶなど、いろいろな遊びをしていました。ローラかジェフリーがコリンの名前を一度呼びます。コリンがその人の方を見たら、お菓子をあげるか、ことばで「いい子だ」と褒めました。この手続きを、初めに4セッション（各10〜15試行）行い、5カ月後にさらに3セッション（各10試行）を実施しました。コリンがアイコンタクトをするまでの反応潜時を、この介入の効果を測定するために用いました。

結　果

図4.13に、この介入の結果を示します。コリンがアイコンタクトをするまでの反応潜時は、最初の平均7.8秒（第1セッション）から平均13.7秒（第2セッション）、そして平均23.4秒（第3セッション）と増加しました。第4セッションでは平均3.5秒に減少しました。フォローアップ期の3セッショ

ンでは、短い反応潜時が維持されていました（平均は順に4.7秒、1.4秒、3.1秒）。

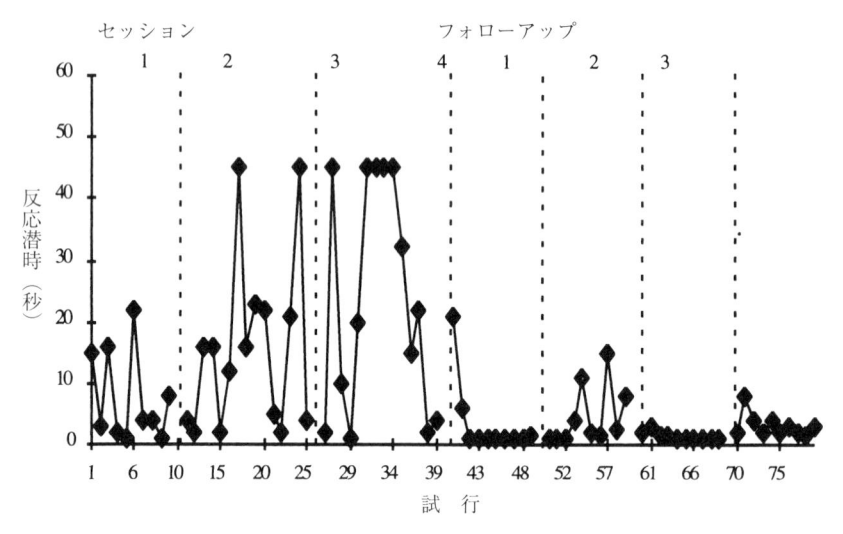

図4.13 夢中で遊んでいるコリンが父親のジェフリーやローラに名前を呼ばれてからアイコンタクトをするまでの反応潜時（初期の試行と5カ月後のフォローアップ試行）

考 察

この手続きは、コリンが一所懸命遊んでいるときに、名前を一度呼ばれてからアイコンタクトをするまでの反応潜時を短くすることに、焦点を当てて行われました。初めの4セッションの間に、反応潜時の減少が起こったことをデータが示しています。その減少は、5カ月後のフォローアップ期にも維持されています。

ある行動の指導がいったんうまくいったとしても、その行動を維持するための強化随伴性を注意深く準備しておかないと、指導前の状態に戻ってしま

うかもしれません。コリンの場合、初期の介入（介入1と介入6）で数多くの試行を行っても、アイコンタクトをしたりそれを維持する能力は低下しました。一度指導を受けた行動が、適切な環境のもとで実際に今でも確実に生起しているかどうかを確認するために、継続してチェックを行うことが重要であると、ここで声を大にして言いたいと思います。

12. 標的行動

　コリンは一度のことばのプロンプトだけで、視線を合わせるようになりましたが、コリンのアイコンタクトは、ほんの一瞬しか見ないときがありました。そこでこの介入では、「にらめっこ」遊びを使って、コリンがアイコンタクトをしている時間を延ばそうとしました。

手続き

　この手続きは、家の中や家のさまざまな場面で実行しました。家族全員が参加しました（「にらめっこ」遊びを、コリンの毎日の活動の中にどのように組み入れたかは、付録4をご覧ください）。コリンは相手と対面して座り、お互いの目を見つめ合いました。初めのうちは、アイコンタクトをしている時間をストップウォッチで計りましたが、その後は、「にらめっこ」をしている人が交代で秒数を数えました（例えば、10まで数えることで、10秒間視線を合わせたことにしました）。初めのうちは、コリンに身体プロンプトを行いました。例えば、コリンが自分の方を見るように、ローラはコリンの頭や肩を優しく押さえて自分の方に向けました。決められた時間コリンが目を合わせられるようになったら、コリンがアイコンタクトを維持する時間（「基準」）を、ゆっくりと長くしていきました（5秒または10秒延長）。抱きしめるとかほほえむといった社会的強化子や、「やった」とか「よくできた」といったことばによる強化子を使いました。また、活動強化子も用いま

■ ■ ■ ■ ■ ■ ■ ■ ■ ■ ■ ■ ■ □ □ □ □
1　2　3　4　5　6　7　8　9　10　11　12　13　14　15　16　17

した。つまり、コリンは「にらめっこ」の練習が終わった後、お気に入りのおもちゃ（例えば、コンピューター）で遊べたり、好きな活動（例えば、外遊び）ができました。このような強化子は、それぞれの機会に定められた基準を達成したときにだけ提示されました。

結　果

図4.14に、「にらめっこ」遊びの結果を示します。ベースラインの測定に続いて、コリンがアイコンタクトを10秒間続けることを目標（基準）にしました。これはすぐに達成されました。そこで基準を15秒に変更しましたが、2～3試行した後また10秒に戻しました。というのは、コリンはアイコンタクトを15秒も続けることが、まだ難しかったからです。試行65の後、基準が再び引き上げられました。このときコリンは、確実に15秒間アイコンタクト

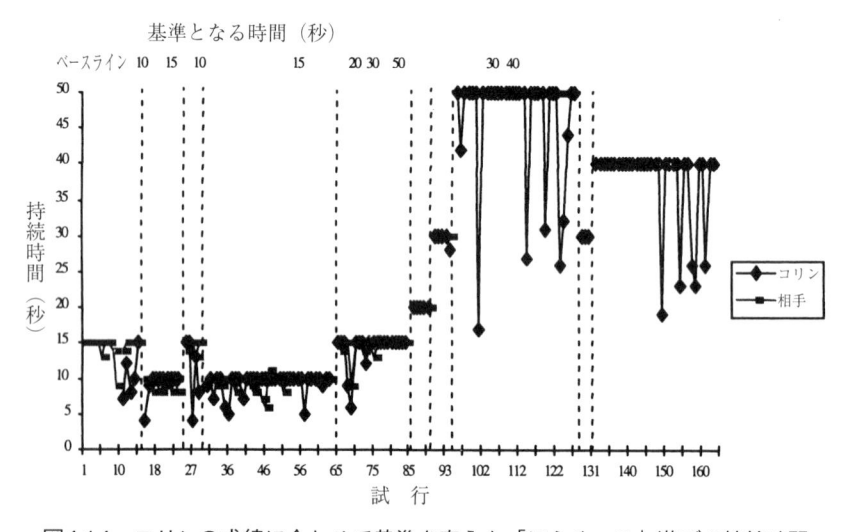

図4.14　コリンの成績に合わせて基準を変えた「にらめっこ」遊びの持続時間

を続けることができました。試行85の後、基準を20秒に引き上げ、その2〜3試行後には30秒に引き上げました。そして試行95までには基準を50秒にしました。これは、50秒間続いたアイコンタクトだけを強化したという意味です。図4.14に見られるように、コリンはいつも50秒間アイコンタクトを続けられたわけではありません。そこでローラは、基準をいったん30秒に下げてから40秒に引き上げました。

考　察
　この手続きは、コリンが目を長く合わせていられるようにするために行いました。基準を徐々に上げていくことによって、アイコンタクトの持続時間は10秒から40秒になりました。

　この介入手続きの間に、いくつかの重要な点がはっきりしてきました。コリンへの指導の多くは、静かで邪魔が入らない場所を選んで実施しました。これは、とくに初めの頃の試行では、指導の流れをつくるために重要です。いくつかの行動は、日常の活動に般化する前に訓練しなければなりません。「にらめっこ」は、いったんできたら、もっと自然な場面で行います。試行107の時点で、学校が休みに入りました。これは、試行をもはや静かな環境で行うことはできないということを意味していました。部屋に他の子どもたちが入ってきたり歩き回ったりするようになったからです。このような環境では必ずしもいつも基準が達成されるわけではない、ということがデータから分かります。また別の問題もいくつかありました。例えば、このような環境ではデータを記録することが困難です。それゆえに、データがいつも記録されたわけではありませんでした。データが取れないという問題は、有効でない介入を早期に発見するすべがないということです。

　別の大きな問題は、アイコンタクトをしている時間をストップウォッチで計ったことでした。コリンは、これで気が散りました。そこで目を合わせて

■ ■ ■ ■ ■ ■ ■ ■ ■ ■ ■ ■ □ □ □ □ □
1　2　3　4　5　6　7　8　9　10　11　12　13　14　15　16　17

いる時間を数えることにして、10まで数えたら10秒間アイコンタクトをしたとみなしました。これはストップウォッチで計るよりも簡単で、かつコリンが自分でも数えられるために、この遊びをコントロールできるので好都合でした。

　この「にらめっこ」の間に、コリンがこの課題から頻繁に逃げることが分かってきました。例えば、コリンは初めの頃、とても大きな声で数えながら（目を合わせずに）そわそわして、長くアイコンタクトをしませんでした。それでローラは、コリンが目を合わせてくるまで無視（つまり、消去という、課題を行わない行動をとりました）しました。アイコンタクトがあると、すぐに数を数え始めました。すると、コリンもいっしょに数え始めました。

　「にらめっこ」の初期の段階では、コリンが目を合わさなかったときに、ローラは身体プロンプトを用いました。ローラはコリンの目に優しく両手を当て、その手をゆっくりと下ろして目を合わせることを促しました。たいていの場合は、このような身体プロンプトをすると、コリンは目を合わせてきました。身体プロンプトは、とくに介入の初期に有効な手段でした。ローラはことばによる指示をできるだけ少なくするためにも、身体プロンプトを使いました。しかし、身体プロンプトをできるだけ早くなくすこと、そして身体プロンプトがなくても標的行動が確実に達成されるようにすることを、忘れないでください。

　この介入でローラは、活動強化子を用いました。ローラはこれ以前に、コリンが活動強化子によく反応するようにしてありました。ローラは小さなおもちゃのトラックを買いました。コリンはいつもはそのトラックで遊べませんでしたが、「にらめっこ」の基準を達成したら、その新しいおもちゃで遊べました。これはとてもうまくいき、ローラが結果を記録してテーブルに置いたフォルダーを取ってくるだけで、コリンは「にらめっこ」を始めるようになりました。

■ ■ ■ ■ ■ ■ ■ ■ ■ ■ ■ ■ □ □ □ □ □
1　2　3　4　5　6　7　8　9　10　11　12　13　14　15　16　17

「にらめっこ」は、データにもとづく意思決定のもう1つの好例です。ローラはコリンが目を合わせ続けた時間を記録して、基準をいつ上げるかを決定するのに、この情報を使いました。もしコリンが基準に達していないと分かったら、安定したアイコンタクトができるところまで、基準を下げました。そして安定してアイコンタクトができるようになったときには、基準を上げました。

13. 標的行動

コリンのアイコンタクトの持続時間は確実に改善していきました。しかし、「にらめっこ」遊びは、アイコンタクトの持続時間を長くするには、やや不安定な方法でした。そこで、次の介入では、コリンがお話を聞いている間のアイコンタクトの持続時間を増加させる計画を立てました。親や教師は子どもに頻繁にお話を聞かせますし、その間に、子どもは話している人を見るようになります。この介入は、コリンのアイコンタクト行動の「ノーマライゼーション」を意図したものでした。

手続き

ローラとコリンは対面して座りました。コリンはローラが童話を語り聞かせている間は、ローラを見ているようにと指示されました。コリンが目をそらす(つまり、アイコンタクトをしなくなる)と、ローラはお話をやめました。コリンがまた目を合わせてくると、ローラはお話を続けました。ここで語り聞かせたほとんどのお話(『ゴールディロックスと3匹のクマ』『3匹の子ぶた』『3匹のやぎのがらがらどん』)を、コリンはよく知っていました。新しく『赤ずきんちゃん』の本も1冊加えました。

習得したアイコンタクトを維持させる指導は、日常の生活場面で、強化が自然に起きる機会を使って行いました。これは、指導後には、アイコンタ

トをしなければ、コリンは欲しいものがもらえず好きな活動もできないという意味です。例えば、飲み物やお菓子が欲しいとき、あるいは外に出たいとか遊びたいときには、それを認めてもらう前にアイコンタクトをする必要がありました。

表4.9 お話の間のアイコンタクトの練習

試行番号と童話の題名	試行時間(分)	視線がそれた回数(回)	視線がそれた時間(秒)	アイコンタクト率(％：試行時間に対する割合)
1．ゴールディロックスと3匹のクマ	11分	6回	32秒	95.5％
2．3匹の子ぶた	8分	15回	52秒	83.8％
3．3匹のやぎのがらがらどん	4分20秒	7回	18秒	93.1％
4．ゴールディロックスと3匹のクマ	8分	2回	18秒	96.3％
5．3匹のやぎのがらがらどん	4分	7回	24秒	90.0％
6．赤ずきんちゃん	4分	6回	34秒	84.5％
7．3匹のやぎのがらがらどん	4分30秒	1回	7秒	97.0％
8．ゴールディロックスと3匹のクマ	3分20秒	6回	33秒	84.0％
9．赤ずきんちゃん	4分	5回	11秒	95.4％
10．赤ずきんちゃん	4分20秒	0回	0秒	100.0％
11．赤ずきんちゃん	4分25秒	4回	9秒	96.6％
12．赤ずきんちゃん	4分12秒	0回	0秒	100.0％

結　果

表4.9は、それぞれのお話を聞いている間に生起した、コリンのアイコンタクトの結果です。全部で12試行を行いました。4つの違った物語を話しま

した。1試行に費された時間は平均5.2分で、コリンが視線をそらしたためにお話が途切れた回数は平均4.9回、時間にすれば平均19.8秒でした。コリンの一番のお気に入りの『ゴールディロックスと3匹のクマ』（第1試行）とあまり好きではない『3匹の子ぶた』では、興味深いことに、アイコンタクトの持続時間に明らかな違い（95.5％と83.8％）が見られました。『ゴールディロックスと3匹のクマ』は、第1試行の後に第4試行でも話されましたが、アイコンタクトは95.5％から96.3％へとわずかに改善されました。しかし、この改善は維持されず、第8試行の『ゴールディロックスと3匹のクマ』では84％と下がってしまいました。新しいお話の『赤ずきんちゃん』は、合計5回話されました。このお話での成績は、84.5％、95.4％、100％、96.6％、100％と、着実に改善されました。

考 察

お話を聞く12回の試行の中で、アイコンタクトの持続時間と目をそらした回数という点から、アイコンタクトを測定しました。概して、お話を聞いているときのコリンのアイコンタクトは良好でした。唯一の例外は、あまり好きではない『3匹の子ぶた』のときでした。コリンの好みがアイコンタクトの持続時間に実際に反映したのは、興味深いことです。全体的なアイコタクトの持続時間は、お話の時間の80％以上を維持していましたが、同じお話を繰り返して聞かせると改善しました。

ローラにとって大きな問題は、お話をしながらコリンと目を合わせ続け、測定結果を書きとめることでした。この問題は、2試行目からジェフリーが記録を担当することで、解決されました。『3匹のやぎのがらがらどん』は数回話しましたが、コリンは椅子から転げ落ちんばかりに大笑いをするので、アイコンタクトができませんでした。ローラの記録によれば、この介入以降、コリンの要求に家族がなかなか対応しないと、コリンは「ぼくを見て」と言

うようになり、またローラに遊んでもらいたかったり何か欲しいときには、ローラをまっすぐに見るようになりました。

14. 標的行動

コリンは同じ年齢の子どもに比べてリラックスをするのが苦手だったので、この介入を行いました。微細運動もそうでしたが、コリンの粗大運動はややぎこちなく、あまりなめらかではありませんでした。ここでの目標は、リラックスすることを教えることでした。リラックスをするスキルは、遊びのスキルや教科スキル、微細運動や粗大運動の円滑な動きの発達などといった、他の行動の前提になるものと考えられます。リラクセーションは、「そわそわせずにリラクセーション用マットに横になっていること」と定義しました。コリンがいったん「リラックス」したら、そわそわせずにリラクセーション用マットに横になっている時間を延ばすことを、目標にしました。

手続き

居間の床に敷いたマットに、コリンは横になりました。ローラはリラクセーション用の音楽をかけ、コリンの腕や背中を優しくさすりました。初めの頃は、コリンがそわそわしたり逃げ出そうとしたら、ローラがコリンの横に寝て、「スローモーション」体操をしました。腕と脚を伸ばしたり、太陽の下でゆっくり泳ぐまねをしたり、カタツムリのように身体を丸めたりして、リラックスするようにコリンに言いました。ローラは、それぞれの試行の持続時間を計りました。

結 果

図4.15に、10試行でコリンがリラックスした時間を示します。コリンがリラックスした時間は、最初の試行の6分間から、試行8での最長18分間にま

コリンのものがたり

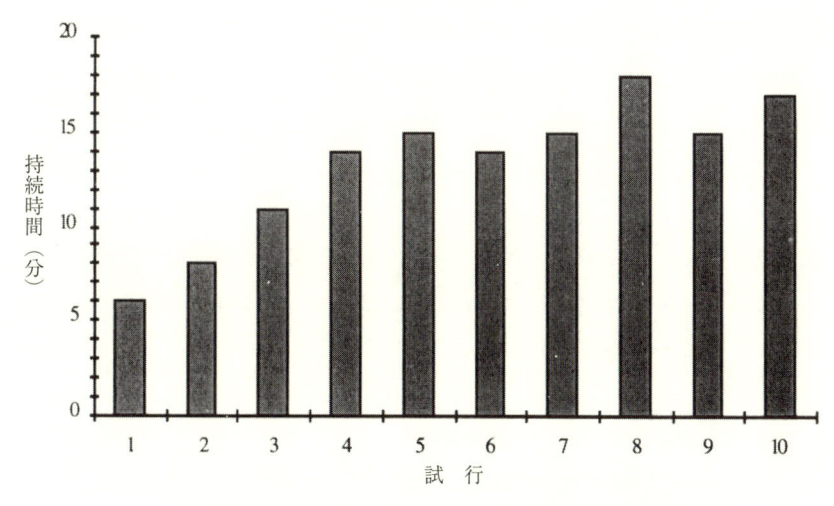

[図: 棒グラフ。横軸「試行」1〜10、縦軸「持続時間（分）」。各試行の値はおよそ 1:6, 2:8, 3:11, 4:14, 5:15, 6:14, 7:15, 8:18, 9:15, 10:17]

図4.15　コリンのリラクセーション練習の持続時間

で延びました。試行9と試行10ではわずかに短くなりましたが、それでも試行1の2倍以上の時間でした。試行1で、ローラがコリンの横に寝て、前述の「スローモーション」体操をすると、コリンはそわそわしたりしかめっ面をしました。試行2では、コリンは自分でマットを持ってきたのですが、初めのうちは抵抗して、落ち着かせるのが困難でした。ローラは、コリンがマットに横になっているときに、「種」が「若葉」を少しずつ出すようにしてごらん、と言いました。それから、ゆっくり「背泳ぎ」するように、とコリンに言いました。次にローラは、コリンをリラックスさせるために腕を優しくさすろうとしましたが、とても落ち着きがなくなったので、腕をさするのをやめて、脚全体を優しくさすりました。コリンはだんだん嫌がらなくなって、ローラが腕や肩をさすっている間くつろいでいました。およそ8分たった頃、コリンはローラに「マットを片づけて」と言いました。ローラはコリンを抱きしめて、リラックスが楽しかったかどうかを聞きました。コリンは

■■■■■■■■■■■■■■□□□
1 2 3 4 5 6 7 8 9 10 11 12 13 14 15 16 17

「うん」と答えてマットを片づけました。

　居間で行った3回目のリラックスの試行では、ローラはマッサージオイルを使いました。コリンは乗り気ではありませんでした。しかし脚や腕をマッサージさせてくれました。ローラの報告によれば、静かにリラックスする時間があったそうです。再び居間で行った次のセッションでは、もっと長い時間リラックスをし、コリンがマットを片づけたのは開始から14分後でした。

　次のセッションの準備で、ローラがリラクセーション用テープを巻き戻していたとき、その曲の一節を聞いたコリンは、「リラックス」「マットを持ってきて」と言いました。それからコリンはマットを取ってきて、その音楽テープをかけました。コリンは最初そわそわしていましたが、すぐに身体を丸めてから伸ばし、横たわっている間、風に揺れる木のような動きをしました。コリンはこれまでで最も長い時間、リラックスしていました。コリンは靴と靴下を脱ぎたがらなかったので、ローラはコリンの腕や背中にマッサージオイルを塗りました。「コリンは、言われればすぐに身体の力を抜くでしょう」と、ローラは述べています。この試行の後、ローラとコリンがレストランに行ったとき、コリンが椅子の上でピョンピョン飛び跳ねました。ローラが座るように言うと、コリンは「リラックス」と言って座りました。

　試行6は居間で行いました。ローラは、コリンの手と腕に集中しました。コリンの抵抗が減り、心からリラックスしていたと、ローラは報告しました。テープが途切れても、コリンは起き上がろうとはしませんでした。試行7は入浴後に行いました。コリンは言われればすぐに「身体の力を抜く」ことができ、リラックスが好きだと、ローラは言いました。

　その次の試行は、いくらかの抵抗を受けて始まりました。最初コリンは、マットを片づけました。しかし結局、マットの上で落ち着きました。新しい音楽テープをかけ、その日の出来事を静かにおしゃべりしている間、コリンは完全なリラックスには入りませんでした。その新しいテープには、エンヤ

■ ■ ■ ■ ■ ■ ■ ■ ■ ■ ■ ■ ■ ■ □ □ □
1　2　3　4　5　6　7　8　9　10　11　12　13　14　15　16　17

の歌が入っていました。その日コリンの姉たちは自動車の中で、これにとてもよく似た曲を何度も繰り返しかけるように求めました。コリンは自動車の中で眠ってしまいました。これはこの何カ月かの間に初めて起きたことだと、ローラは述べました。

　試行9もまた抵抗で始まりましたが、短時間の静けさとリラクセーションがありました。最後の試行には、コリンの姉も参加しました。コリンは落ち着きませんでしたが、この姉はほとんど眠ってしまいそうでした。しかしコリンは、言われれば「身体の力を抜く」ことができるでしょう。

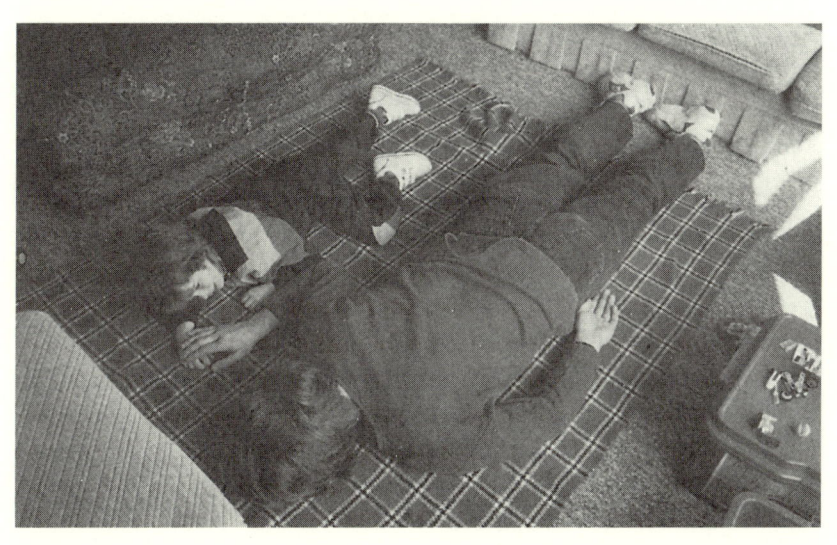

リラクセーションスキル

考　察

　介入は、リラックスをするスキルと、リラックスしている時間を延ばすことを、コリンに教えるために計画されました。10回の試行の間に、コリンは比較的深くリラックスができるようになり、その時間をだんだん長くするこ

とも習得しました。

　リラックスの定義や測定は難しいことです。コリンの療育で取り上げてきた行動のほとんどは、ローラや他の人たちにとって観察可能な行動でしたが、リラクセーションはそれと同じ意味では観察できません。コリンがリラックスしているかどうかをローラが判断できるただ1つの方法は、コリンの反応を綿密に観察することでした。各セッションの始めに、コリンが自分でマットを取りに行ってそれを床に敷いていたことに、ローラは気づきました。ほとんどのセッションで、コリンはうれしそうにマットに横になり、逃げ出そうとはしませんでしたし、それどころか緊張したりそわそわしたりせずに、長い時間同じ姿勢を取り続けました。

　リラックスの定義や測定が難しいのは、それが目に見える行動というより、感情や思考と同じような事象だからです。感情や思考は行動を引き起こす原因となるので、感情や思考と行動はまったく違うと言う人もいるでしょう。行動分析家は、この問題の捉え方が違います。行動分析家は、感情や思考も行動であると考えます。なぜでしょう。まず、行動分析学では行動をどのように定義していたかを思い起こしましょう。行動分析家は、行動とは「人が行うことのすべて」だと言いました。感情や思考について、再び考えてみましょう。「人々は感じることをする」「彼らは考えることをする」という言い方、そして、これらの活動には、その始まりと終わりがある、という言い方は真実ではないのでしょうか？　感情や思考は人々が行うことですから、行動分析家にとっては行動のカテゴリーに入ります。感情や思考を行動であるとしてしまうと、新たな疑問が生じます。例えば、感情や思考が行動としてあるというならば、それらが行動を引き起こすとは言えないのではないでしょうか？　そして、もし、感情や思考が行動を引き起こすのでないとすれば、何が行動の原因となるのでしょうか？　さらには、感情や思考が行動であるというのであれば、私たちは、どんな原因が他の行動を引き起こしているの

かを数多く見いだす必要があるのと同じように、何が感情や思考の原因になっているかを見いだす必要があります。

　私たちはすでに、行動分析家は環境随伴性のなかに行動の原因を探していることを知っています（第1章、第3章を参照）。言い換えれば、行動分析学では、行動を環境随伴性の関数として捉えています（すなわち、先行刺激と行動と結果事象の間に、「もし～であれば、そのときは～」という関係があります）。感情や思考に関して言えば、行動分析家はそれらは誰の目にも観察可能な行動であるばかりでなく、感情や思考は随伴性の関数としての私的行動であると考えています（Keenan, 1997参照）。ローラがコリンにリラクセーションを習得させようとしたこの例では、リラックスしていると感じたりあるいは考えるなどの私的行動を変化させるために、どのように随伴性を管理すればいいか、その方法が見事に描かれています。

　コリンのリラックス状態を測定するために用いた行動、つまり、そわそわしないでリラクセーション・マットの上で横になっているという行動は、誰でも観察できます。私的行動を標的とする介入を計画する場合には、誰でも観察可能な数多くの行動が、介入の効果を判定するために使えます。例えば、自己主張を指導したいならば、話し声の大きさを測定できるでしょうし、「他者の世話をする」という指導であれば、他者が泣き始めてから子どもがその他者の方に振り向くまでの反応潜時を計ることができるでしょう。ここで重要なのは、観察可能な行動の生起頻度を変えようとするだけではなく、私的行動であっても、その随伴性を適切に管理することによって、誰にでもその行動の生起頻度が変えられるということです。

15. 標的行動

　教育心理士はコリンについて、「……現時点では、社会性や社会的な場面での相互交渉や言語発達が十分ではなく、これらが複合して、通常学級にお

ける学習を困難にするでしょう」と述べました。私たちは再度、学校教育システムの中でコリンがどう見られるかに関係する特定の標的行動を選定するために、このアセスメントを用いました。学校教育システムは、コリンの行動を修正するための特別なステップをローラに助言することができませんでした。両親はコリンを普通学校に就学させたいと望んでいたので、仲間遊びにおけるコミュニケーション・スキルを標的行動とした、「宝さがし」遊びとして知られる介入を計画しました。

手続き

「宝さがし」は居間で行いました。この遊びは、2人で次のように行います。1人（「見つける人」）が居間の外に出て、その間に、もう1人（「隠す人」）がお菓子を部屋のどこかに隠します。例えば、ソファーのクッションの下とか、棚の上とか、ドレッサーの後ろなどです。隠すお菓子は、何種類かの中から、あらかじめコリンに選ばせておきました。隠す人は、テープレコーダーを使って「チョコレートは長椅子のクッションの下にあります」などと、見つける人がお菓子を探し出すヒントになるメッセージを吹き込みました。この後で、見つける人は居間に戻り、メッセージを聞きます。お菓子を見つけたら、そのお菓子を食べることができました。それから、次のメッセージを聞いて次のお菓子を探します。このようにして遊びを続けます。コリンの姉や兄、そして父親のジェフリーを相手に、コリンは代わる代わる、見つける人や隠す人になって遊びました。

　最初のゲームをした後、小さなメモ用紙をお菓子の代わりに隠しました。そのメモ用紙には通し番号が書いてあって、お菓子の隠し場所が書かれた最後のメッセージにたどりつくまで、番号順に探さなければなりませんでした。この遊びの中で、隠し場所は3カ所から6カ所に増えていきました。

■ ■ ■ ■ ■ ■ ■ ■ ■ ■ ■ ■ ■ ■ ■ □ □
1　2　3　4　5　6　7　8　9　10　11　12　13　14　15　16　17

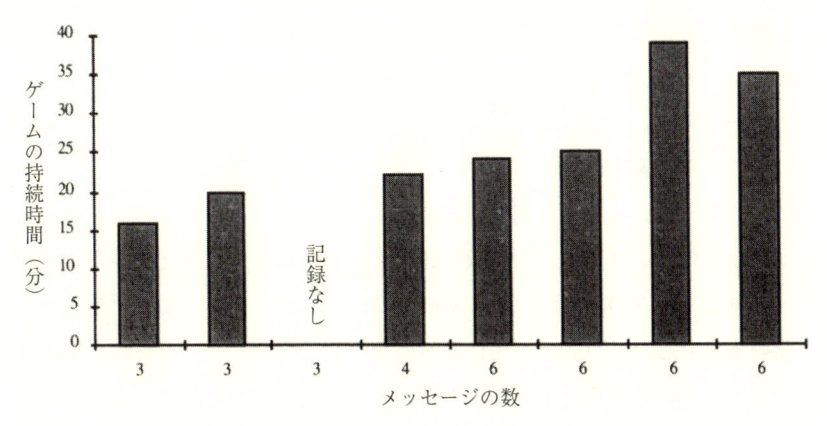

図4.16　コリンがメッセージのやりとりを増加させながら「宝さがしゲーム」を行った持続時間

結　果

「宝さがし」の結果を、図4.16に示します。メッセージの数が増える（3カ所から6カ所）にしたがって、この遊びを続けた時間も着実に増加（16分から39分）しました。

考　察

仲間遊びに必要なコリンのコミュニケーション・スキルを向上させるために、この介入は計画されました。「宝さがし」は8回行われ、この遊びを行った時間は着実に増加しました。また複雑なことばを使ったコミュニケーションも増えました。例えば、試行7で、コリンは「1番目は、人形の家の玄関にあります」「ミシンの引き出しの中、左側の引き出し」というメッセージを作りました。実際に、コリンの社会性や社会的なやりとり、そして言語の発達が促進されました。

ローラの記録によると、「宝さがし」はとても楽しい遊びで、コリンはと

ても興奮して遊びました。例えば、初めてのときには、コリンはお菓子の隠し場所を姉に教えた後で、急いでそこに行って自分で食べてしまい、姉に叱られたそうです。でもそんなことくらいでこの遊びの楽しさは消えず、みんなでこの遊びを楽しみました。

　教育心理士はコリンの行動の不足を観察して、もし介入を行わなければ、普通学校でのインクルージョン教育には対応できないだろうと言いましたが、どうすればコリンの行動が改善するのかについては、その詳細な手続きは示さないままでした。行動の不足には対処が可能であり、その療育は家族の遊びにすることさえできるということが、この介入で示された重要な点です。

16. 標的行動

　ある役割を演じるロールプレイ・スキルは、遊びスキルの重要な一部であると考えられています。なぜならば、別の方法では指導が困難な行動のリハーサルができるからです。例えば、問題解決や仲間との相互交渉など、広範囲にわたる社会性のスキルを、子どもは学習できます。この介入は、コリンの遊びスキルの中にロールプレイを導入することに、焦点を合わせました。遊びの持続時間とロールプレイの複雑さを評価しました。

手続き

　人形の家を居間に置き、コリンはローラと対面して小さな椅子に座りました。試行は4回行い、ローラはその中で、『ゴールディロックスと3匹のクマ』（2試行で使用）と『3匹の子ぶた』、そしてローラが創作した3人の巨人のお話など、短いお話をコリンに聞かせました。お話を聞かせながら、ローラはコリンが人形の家と向き合うまで、コリンの椅子を少しずつ回しました。そして、「お母さんグマがミルク粥を作るかどうか、考えてみましょう」などと言って、人形やその家を使ってお話の登場人物の役を演じるよう

に、コリンを促しました。

結果
試行の長さは12分、35分、30分、29分でした。初めコリンは、お話の登場人物の役をするように促されましたが、試行2〜4では、支援は必要なくなり、たくさんおしゃべりをしながらロールプレイをしました。

考察
この介入は、コリンの遊びスキルの中にロールプレイを導入することに焦点を合わせました。この4試行で、遊ぶ時間は12分から35分でした。ローラの報告によれば、遊びへの熱心さも増したようです。ローラが学校に兄や姉を迎えに行く時間になったり、兄が別のおもちゃを持って部屋に入ってきたりといった、外からの妨害によって、セッションは何度も中断せざるをえませんでした。こうした妨害は、コリンの指導中にはできる限り少なくするように、気をつけていました。しかし、この遊びはしばしば30分以上も続き、家族の生活の自然な一部になりました。

17. 標的行動
この介入を始める1カ月前に、コリンは小学校に入学しました。担任の先生の報告では、コリンはたとえ先生に見られていても席に着きたがらず、教科に関する簡単な課題もしようとしないとのことでした。そこで次の手続きの目標は、簡単な「紙と鉛筆」課題を完成させることと、それを誰かが見ていなくても行うことでした。

手続き
コリンはテーブルの前に座ります。テーブルの上には紙と鉛筆を置き、

「紙と鉛筆」を使った簡単な課題をするように、コリンに指示をしました。例えば、線で人の形を描く、抜けている文字を書き込む、1～9の数字を書く、自分の名前を書く、アルファベットの文字を書き写す、物を数える、家の絵を完成させる、「同じもの」に○印を付ける、などでした。コリンが課題を中止したら、ローラは「その人のもう1本の脚を描いて」とか「次の数字は何」などと言って、続けるように促す教示をしました。この介入は8回行われ、それぞれで4試行ずつ（つまり、コリンに4つの教科に関する課題を与えました）、合計32試行が実施されました。この介入では、ローラが与えた教示と教示の間の持続時間を測定しました。

教示と教示の間の時間が延びたら、言い換えれば、コリンが徐々に1人で課題を完成させるようになったら、次の手続きを導入しました。次の段階でも、コリンはテーブルの前に座り、紙と鉛筆をコリンの前に置きました。コリンには、前と同じような課題を与えました。初めのうちローラはコリンの作業を見ていましたが、介入の後半では見ていることをやめました。ここでは、コリンが課題を行った持続時間を測定しました。

結　果

この2つの介入の結果を、図4.17と図4.18に示します。図4.17を見ると、ローラが与えた教示と教示の間の時間の長さ（持続時間）は、8セッションの間に延びています。セッション1では、平均29秒に1回ローラが教示を与えることによって、コリンの作業が続きましたが、セッション8では、それは平均65秒に1回の割合になりました。

2番目の介入（図4.18参照）は8セッション（合計32試行）行い、ローラが見ていなくてもコリンが作業を継続する時間が延びました。

初めの5セッション（1～20試行）では、コリンはローラが見ているところで、2分～5分の範囲で課題に取り組みました。セッション6～8（21

コリンのものがたり 139

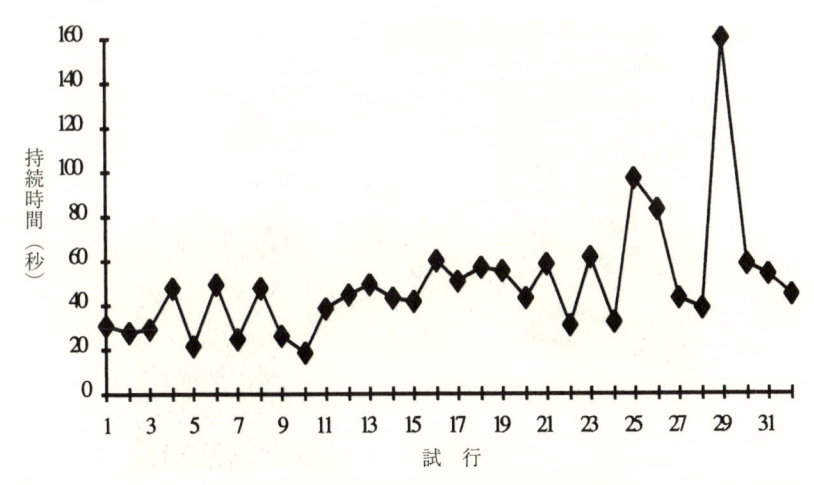

図4.17 コリンが指示と指示の間に机上で教科に関する課題に取り組んだ持続時間

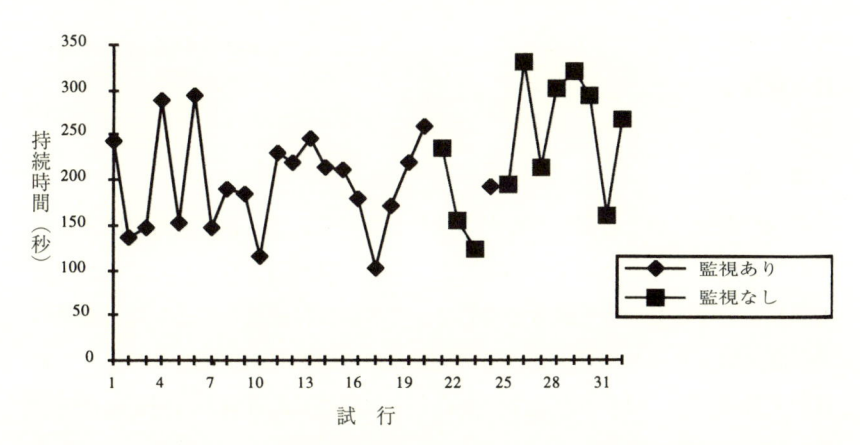

図4.18 コリンが、ローラが見ているときと見ていないときに、机上で教科に関する課題に取り組んだ持続時間

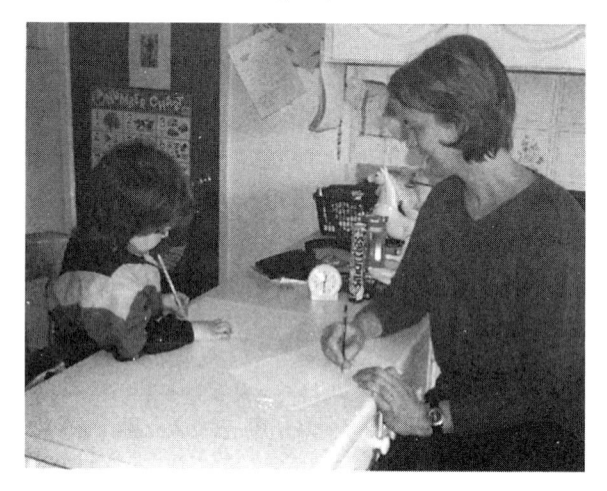

教科課題に取り組む

〜32試行）では、ローラが見ていなくても、2分〜5分半の範囲で課題に取り組みました。

考　察

　ローラが見ている時間をだんだん減らしながら、コリンが教科に関する簡単な課題をできるようにするために、この介入は計画されました。それぞれ8試行からなる2つの手続きを通して、その目的は達成されました。最初の手続きでは、ローラに教示されずに課題に取り組む時間が延びました。2番目の手続きでは、ローラが見ていないときに課題に取り組む時間が延びました。

　教育心理士は、コリンのいわゆる「特異な島状の能力」（すなわち、円や四角や三角といった図形の照合、色の名を言うこと、100まで数える能力、数字や記号や文字を理解する能力）に気づきました。いくつかの領域でコリ

ンが優れたスキルをもっていると認めていたローラは、この専門用語と評価に、ひどく心を痛めました。コリンのこれらのスキルは、年齢相応の発達よりも良好な発達をしているごく普通の子どもたちと、何ら違いはありませんでした。コリンのスキルを普通、それどころか優れていると見てもらうには、コリンはさらに、座って集中すること、誰が見ていなくても作業ができること、ほとんどあるいはまったく誰が見ていなくても課題を完成させること、ができなければなりません。この介入は、このようなスキルの基礎を築きました。

総　括

　私たちはこの章で、コリンの発達を最大限に促すために計画した個別プログラムを通して、科学的に実証された行動原理をどう注意深く適用するか、ということについて述べてきました。この年の暮れには、コリンはめざましく進歩して、週15時間のアシスタントの支援を受けて、普通学校に通学していました。ローラは、当初よりもはるかに精密かつ洗練された標的行動に焦点を合わせ、行動分析学にもとづくコリンの療育を継続しています。初年度に学んだ数多くの内容は、次の項目にまとめられるでしょう。

（1）自閉症の見方を変える
（2）標的行動の選択
（3）手続きとデータ収集法の選択
（4）強化子の選択
（5）私的行動
（6）般化と維持

（1）自閉症の見方を変える

　ローラが行動分析学を知る前には、自閉症の専門家たちはほとんど異口同音に、「コリンをあるがままに受け入れ、その障害とともに生きられるよう

に育てなさい」とアドバイスをしました。「コリンが入学するまではあまり多くのことはできないが、入学すれば先生たちはコリンのような子どもの扱い方が分かっているから、上手に世話をしてくれるでしょう」と、専門家たちはローラに言いました。PEATグループの別の親は、次のように言いました。「『あなたのお子さんがもし歩けなければ、ベビー・カーを使いましょう』と専門家は言うんです。行動分析学ではそんなことは言いません。もし子どもが歩けなければ、どうすればその子どもに歩くことを教えられるかを、あなたに示します」。自閉症への伝統的なアプローチと行動分析学によるアプローチの違いに、ローラは目の覚める思いでした。ローラはとうとう、「温かさと共感」を与えてくれる人々だけではなく、日常生活のさまざまな問題に具体的な対処法を提案してくれる人々に出会いました。

　行動分析学は、自閉症が治るとは決して言いません。ローラはこのことに気づいていました。しかし行動分析学は、改善する方法を提供します。養育者たちの関心を、科学的に実証された行動原理の応用と、それらを実行するうえでの説明の必要性に向けることによって、そうした改善がもたらされます。ローラはコリンの行動の多くの側面が改善できることに、すぐに気がつきました。しかしそれは、たいへんな仕事でした。アイコンタクトの質の向上やこだわり行動の減少、コミュニケーション・スキルの改善など、初期の介入でひとたび進歩を確認すると、ローラは行動分析学によるアプローチを納得して受け入れ、それを自分自身のものにしていきました。ローラは間もなく、コリンの個別療育プログラムを自分で作れるようになりました。結局、コリンを一番よく知っていたのは、やはり母親のローラだったのです。ローラには、コリンの4人の姉や兄を育てた経験もあり、その誰もがごく普通の発達をした子どもたちでした。コリンがまだ十分に力を出し切れていない発達領域から、標的行動を選択して支援計画を作成するうえで、コリンのきょうだいの発達が、しばしば判断基準になりました。

（2）標的行動の選択

　行動分析学にもとづく療育の特徴の1つは、介入の目的が明確に述べられており、療育を行う人たちがその目的に同意しているということです。コリンの事例でも、介入に先立って「標的行動」を特定し、それを明確に定義しました。標的行動の特定は、子ども（可能であれば）と親と行動分析家の共同作業でなければなりません。この3者には、それぞれ次のような重要な役割があります。

　（ⅰ）子どもは、もし可能であればですが、子ども自身が達成したいと思っていることを特定するうえで助けになります。しかし実際には、標的行動を選び出す助けになる重要な意見を、乳幼児が言うとは考えられません。しかし、行動変化を目的とする手続きについて、インフォームド・コンセントが十分に行われていないのは、行動分析学に限ったことではありません。排泄指導や話しことばの指導、衣服の着脱、社会的な場面での行動、フォークとナイフを使って食べる、などについて、子どもは普通インフォームド・コンセントをしません。これらは文化によって規定された教育目標であって、その社会に属する人たちに広く受け入れられているものです。

　（ⅱ）親は、標的行動を特定する際に、とても重要な役割を担います。親たちには、子どもとその環境を熟知しているという有利な点があります。行動の過剰や不足、好きな活動、強化子などを決めるには、うってつけの立場にいます。さらには、親は介入プログラムを中心になって実行する人たちでもあります。

　（ⅲ）両親といっしょに活動する行動分析家の役割は、理論的な知識と経験を伝えることです。行動分析家には通常、子どもから感情的に少し離れた立場にいるという利点があります。それゆえに、子どもの行動の過剰や不足をより客観的に見ることができます。行動分析家には、標的行動が明確に特定され適切に定義されているかどうかを確かめる、という仕事があります。

「標的行動」について、関係者全員の完全な同意がなければ介入は行えませんし、療育の効果の測定も不可能です。標的行動が明確に定義されているかどうかを判断するガイドラインは、「子どもが今そこで標的行動をしていると言えるためには、子どものどんな行動を見ればいいでしょうか？」と問われたときに、全員の意見が一致することです。アイコンタクトを例に説明しましょう。「アイコンタクトが標的行動です」と言うだけでは不十分です。あまりにもしばしば、標的行動はこのように曖昧に定義されています。これでは、データを収集しようとすると、とてつもない困難が待ち受けています。別の例をあげれば、「標的行動は『注目』と呼ばれるものです」と言われても、「子どもが現在そこで注目している」と言うためにはどんな行動を見ればいいかが分かりません。この場合のより明確な定義は、「子どもが椅子に静かに座って、親が教示を終えるまで目を合わせ続ける」となるでしょう。このように定義すれば、子どもが標的行動を実際に行っているかどうかについて、多くの人たちの意見が間違いなく一致します。

　標的行動を特定するうえで、もう1つの重要な側面は、その介入で標的行動のどの次元に焦点を当てるかを明確にすることです。すなわち、アイコンタクトの持続時間（どのくらい長く見るか）か、頻度（どのくらい頻繁に見るか）か、反応潜時（名前を呼ばれた後にどのくらいすばやく見るか）か、ということです。標的行動を測定する次元をいったん決定したら、その介入の期間中は、それを変えてはいけません。さもなければ、この測定が無駄になってしまいます。しかし、介入の途中で、標的行動の複数の次元を扱う必要が出てくることもあります。その場合には、標的行動のそれぞれの次元に対して介入を行う必要があります。私たちは、コリンのアイコンタクトではそうしました。初めのうちはアイコンタクトを反応潜時（名前を呼んでからコリンが目を合わせてくるまでの時間）の次元で扱い、後からは、持続時間（目を合わせ続けている時間の長さ）を測定しました。介入に参加している人たちが、何を標的行動にして何を測定しているのかをはっきりと自覚しているときに限って、その介入で収集したデータが意味のあるものとなります。

(3) 手続きとデータ収集法の選択

　実践報告の成功例を読むと、親たちは自分の子どもにも同じ方法を適用してみたいという誘惑に駆られるかもしれません。ときには、同じ方法を繰り返してうまくいくこともあるでしょう。しかしながら、どの子どももそれぞれに違う存在ですから、ある子どもに成功した手続きを別の子どもにそのまま適用しても、うまくいくとは限りません。このことを、決して忘れないでください。行動分析家は、どんな子どもにも使える手続きを前もって用意することはありません。その代わりに、一人ひとりの子どもに合わせた個別のプログラムを作成します。

　親がデータ収集の中心となる役割を引き受けようとするときに、手続きを個別化する必要が出てきます。標的行動の、合意された次元におけるデータの収集は、とても重要です。その主な理由は、データがなければ、私たちは介入が実際に機能していることを確信できないからです。コリンのために考案した手続きが望ましい結果をもたらさないために、白紙に戻して、介入の状況を設計し直したことが、何度もありました。それは、それぞれの介入をしている間ずっと、ローラがコリンの標的行動の生起を記録し続けていたからこそ、可能でした。正確なデータを収集し続けることによって、そのデータにもとづく決定を基礎とする手続きの調整ができるのです。

(4) 強化子の選択

　行動分析学にもとづくどんな介入においても必要なのは、有効な強化子をあらかじめ選んでおくことです。第3章ですでに述べたように、強化子は、それが何かによってではなく、標的行動にどんな効果（機能）があるかによって定義されます。コリンは初めのうちは、食べ物強化子にしか反応しませんでしたので、それを使いました。しかし、お菓子のような食べ物強化子には、望ましくない側面がいくつかあります。第1に、子どもの健康にあまりよくありません。第2に、いつも使えるわけではありません。例えば、散歩中や自動車の中では持っていないかもしれません。したがって、介入を特別

にその場で行いたいときには、食べ物強化子は使えません。第3に、公共の場ではとても目立ってしまいます。第4に、ごく普通に発達している子どもにはあまり使われません。このような理由から、食べ物強化子と社会的強化子もしくは活動強化子を組み合わせ（つまり同時に使う）はじめました。その結果間もなく、抱きしめや「よくやった」「じょうず」などの褒めことばといった社会的強化子や、お気に入りのおもちゃで遊ぶことなどの活動強化子が、単独で使えるようになりました。このような社会的強化子や活動強化子の使用は、子どもの行動（どんな子どもであっても）を強化する自然で一般的な方法です。介入の後半になってからコリンは、「ゲームのおもしろさ」や自分で描いた「絵のじょうずさ」、自分が積み木で作った「橋のカッコよさ」などにも反応できるようになりました。食べ物強化子から社会的強化子と活動強化子、そしてこのような自然な強化子への進歩は、私たち全員への非常に大きな報酬となりました。

（5）私的行動

　行動分析学に対する数多くの誤解は、概して行動分析家は誰でも、観察可能な行動を標的にして介入を始めるという事実から起きたものです。そこで行動分析学を批判する人たちは、すべての行動分析家の関心事はそれだと結論づけますが、これは明らかに間違っています。行動分析学は、感情や思考など目に見えない私的行動に非常に大きな関心を寄せているからです。例えば、私たちは誰でも観察可能なコリンの行動の発達に焦点を当てましたが、私たちの介入は、コリンの感情や認知、態度や知覚の変化として現れる私的行動にも影響を及ぼすことに気づきました。

　行動分析家とそうでない人たちでは、私的行動についての見方が大きく異なりますが、それは、私的行動をどう見るかそしてどう扱うかという方法についての違いです。ソーシャルワーカーや教育心理士、小児精神科医など行動分析学とは異なる領域のたいていの専門家は、私的行動が観察可能な公的行動の原因になるという伝統的な考え方の枠組みの中で、専門の教育を受け

ます。言い換えれば、コリンが今そこで行っている課題からフラフラと逃げ出してしまうような公的行動を観察して、それからその原因を、コリンの私的行動について仮説を立てることによって推測するという指導を受けるのです。伝統的な教育を受けた専門家たちは、コリンがフラフラと逃げ出すのは集中力の欠如のせいだと言うでしょう。専門用語で言えば、これらの専門家にとって、コリンの私的行動は独立変数であり、それは観察可能な公的行動つまり従属変数を引き起こす原因になります。行動分析家の見方は、これとは異なっています。コリンの私的行動と公的行動（例えば、課題からフラフラと逃げ出す）はどちらも従属変数で、相互に関係しあっており、この関係の性質は物理的および社会的環境との相互作用から影響を受ける、と考えます。これは最も重要な違いです（Keenan, 1997参照）。明らかに、行動の原因に関する私たちの解釈のしかたは、私たちの療育計画の立て方を導くものです。

（6）般化と維持

習得した標的行動の般化と維持が確認されるまで、介入が完了したとは言えません。これは、療育期間中に起こった変化が、別の場面や別の人たちに対しても見られる（般化）とともに、介入が終わった後も継続（維持）していなければならないという意味です。般化と維持を起こすには、介入の計画に前もって工夫をしておく必要があります。

コリンの事例では、父親や姉たち、そして姉の友達の協力を得て、ローラと同じ手続きでかかわってもらうことによって、般化の指導を含めました。ときにはローラ自身が、自動車の中や店の中、家の別の部屋などさまざまに異なる場面で介入を行いました。興味深いことに、般化とは、いったん学習されたらそれ自体を「広範囲に適用する」能力のようです。例えば、いったん別の人たちあるいは別の場面でのアイコンタクトを教えられると、コリンは新しい場面での般化の指導に含まれていなかった行動をしはじめました。例えば、友達との遊び場面で、コリンは新しく覚えたことばのスキルを使っ

て遊びました。

　行動の維持については、習得した行動の変化を確実に継続させる方法は、いくつかあります。行動分析家は、たいていの場合は、変動強化スケジュールと呼ぶ方法を使うでしょう。これは行動が起こるたびに強化するのではなく、強化の頻度を少なくしていったり強化を予期できなくしていく方法です。もしこの方法を注意深く正確に実施すれば、強化子がそれほど頻繁に与えられなくても、子どもは強化子を得ようとして、一所懸命に課題を行うようになるでしょう。行動の変化を確実に継続させるもう１つの方法は、習得した行動をすれば、行動の結果として自然強化子が自由に得られるようにすることです。例えば、私たちはコリンの１日の生活の流れの中で、コリンが欲しい何か（おもちゃ、飲み物、注目など）を得る前にアイコンタクトをさせるようにして、アイコンタクトの維持を計画しました。

おわりに

　この章では、療育の初年度におけるコリンの療育の一部を紹介しました。その後さらに３年間、行動分析学による介入は続いています。「コリンは、今はどうですか？」と、あなたは尋ねるかもしれません。ええ、コリンはおしゃべり好きな、活発で幸せな７歳の男の子になりました。いろいろなことに興味をもち、サッカーチームのマンチェスター・ユナイテッドやＦ１レーサーのマイケル・シューマッハーの熱烈なファンです。ユーモアのセンスにも富んでいます。親友がたくさんいて、一緒に校庭で遊んだりサッカーを楽しんだりします。大きくなったらＦ１のレーサーかエジプト考古学者になりたいそうです。エジプト考古学者というのはあまり馴染みがないかもしれませんが、大あばれするミイラが登場するテレビ番組の影響のようです。

　学級では、促されなくても話し合いに加わるようになりました。これは大きな変化です。コリンの算数や読みや作文はどれも良好で、級友と同じくらいの水準にあります。読む力はとくに優れていて、その年齢で期待される以

上で、いろいろな分野の本を楽しんでいます。3年前にコリンは、「学習障害が基礎にある障害」と診断されました。応用行動分析学では、このような障害を限界と見るのではなく、コリンに教えるために必要な洗練と正確さへの挑戦と捉えます。コリンはまた、例えば、シンボルの認識において「孤立した島状のあるいは細切れの能力」を示す、とも診断されました。応用行動分析学は、これらの能力を「自閉症であることを証明する」奇妙な現れと見るのではなく、療育の出発点となる実際のスキルと考えます。

　最近の学校からの通知表には、「(コリンの) 注意や集中の持続時間は確実に長くなってきています。コリンはよく聞き、物語や話し合いの中で自分の意見を進んで言えます。読み書きの表現はとても高い水準にあり、スペリングも達者です」と書かれていました。現在では、社会参加をいっそう促し、クラス全員で行う活動にもっと参加できるようにすることが、目標とされています。発達の促進がなかなか困難だとされるこの領域でさえ、コリンの進歩は続いています。

　コリンの社会性の発達には、めざましいものがあります。今では、「ルールのある集団遊びに、意味のあるやり方で参加しています。ニュースやおもちゃなどを友達と共有するのが好きで、会話のスキルも着実に進歩しています」と報告されるほどです。ローラは今でもまだ行動分析学を使って、微細運動（手書きや色塗りは、まだ7歳レベルに達していません）や身辺自立（衣服の着脱や学校へ行く準備など）といった懸念される領域を指導しています。コリンを客観的に見れば、ローラとジェフリーには、とくに社会性のスキルで行動の不足がまだあるように見えます。しかしそれらは、分析して変えることが可能な行動のリストに加えられるべき課題である、といまやローラたちは考えています。

　コリンに見られた改善は、奇跡などではありません。それらは構造化されて集中的に行われた数多くの介入の結果であって、一朝一夕に起きたものではありません。コリンの両親には、家庭以外で、コリンの活動にかかわるすべての人たちからの支援と一貫したアプローチも必要でした。

初めは、コリンに何かができるようになるとは、私たちには思えませんでした。「専門家」の意見は次のようなものでした。「コリンの言語と学習の困難は続くでしょう。コリンの知能は"正常"よりも低く（言語が非常に遅れていたので、標準化検査の得点がきわめて低く表れたのが主な原因でした）、コリンにとって最善の機会は"特別"教育（家から遠く離れ、地域の大多数の子どもたちから孤立するという問題が生じる）にあります」。これが自閉症の子ども全員に当てはまるわけではないかもしれませんが、もし専門機関（医療や教育）が、その子どもにできないことや将来の「失敗」の予想に焦点を置くのではなく、最初から子どもの潜在能力を探そうとするのであれば、それは歓迎すべき変化でしょう。

　私たちがしてきたことと、この3年間の出来事を振り返ってみると、何と多くのことが偶然に依存していたことかと、恐ろしい思いです。もしかかりつけの地域担当の医師が、行動分析学による介入に関心がなかったら（それが、どれだけよくあることなのでしょうか？）、私たちはミッキーやカローラに会えなかったでしょうし、応用行動分析学を使ってコリンを支援する機会はなかったでしょう。もし、勧めにしたがってコリンが自閉症の子どものための「教育」を受けていたら、コリンが姉や兄たちと同じ学校に（しかもとても適応しながら）通うことなど、私には想像できませんでした。

　PEATグループにいる別の親たちも、自分の子どもについての、行動分析学によるアプローチと伝統的な捉え方の違いを、あなたに話したいと思っています。自閉症にかかわる専門家や支援グループの人たちは、親たちに少なくともこの違いを知らせるべきですし、応用行動分析学についてもっと知りたいかどうかを、親たちに判断してもらうべきです。私たちPEATグループは、そうした情報を共有し、必要とされるスキルを指導するために組織されました。しかし、なにぶんにも小さな団体ですので、私たちができることには限りがあります。「普通」であろうと「特別」であろうと、保育園や幼稚園あるいは学校への適切な措置と、その後の適切な支援はたいへん重要であり、またそれは介入の効果を最大限にするために、できるだけ早期に行

う必要があります。早期から行動分析学にもとづく介入を受けたばかりではなく、とても熟練した言語療法士の先生からの支援も受けられて、コリンはほんとうに幸運でした。その先生は、私たちがミッキーやカローラとともに療育を開始した頃、私たちの地域にやって来たのです。コリンは現在、田舎の小さな小学校に通っています。どの先生方も、柔軟性と辛抱強さと熱意をもって指導してくださり、ことに助手の先生はすばらしい方です。このような人たちは、間違いなくコリンの今後の発達に大きな役割を果たしてくれます。最後になりましたが、コリンに起こったことすべてについて、私たちは心からありがたく思っています。しかし、それは決して、単なるめぐり合わせや幸運な偶然の一致の連続などではないはずです。

第5章　子どもに何を指導するか

ケン・P・カー

　第4章では、ある1人の子どもについての応用行動分析学にもとづくプログラムの一部を紹介し、検討しました。これは、連続したプログラムがどういうものであるかを分かっていただくとともに、発達進歩を達成するには、細部に注意を向けることや責任、そして忍耐が必要であることを示すためのものでした。しかし、学習の進度は子ども一人ひとりによって違い、それぞれのプログラムが個々の子どものスキルのレベルに合わせて作成されます。この章では、一人ひとりの子どもに合わせた、それぞれに異なるプログラムの例を紹介します。概観できるように、応用行動分析学による一般的なカリキュラムの紹介から始め、共通して指導される主要な課題のいくつかをあげてみましょう。この章にあげた事例は、親たちが選び報告したもので、PEATのメンバーによる指導の代表的な例です。結果は多様な方法で示されています。例えば、行動変化の詳細をグラフに描いたり、長期間に及ぶ発達進歩の概要を表で示したり、あるいは逸話記録を報告しています。この章の目的は、親やその他の支援者たちが、行動分析学における構造化されたカリキュラムを利用することによって、どの程度の改善（そして成功）がもたらされたかを示すことです。

カリキュラムの計画

　ある子どもの行動に過剰や不足が観察されるときに、自閉症と診断されま

す。したがって、これらの観察から、それぞれの子どもの個別のニーズに合うカリキュラムを計画する出発点を見つけるようにしましょう。ひとたび出発点が決まれば、次に行うのは課題の方針の決定です。「子どもに何を指導すればいいでしょうか」と質問されることがあります。これは答えに窮する質問です。基本的には、子どもに何を指導したいかを決めるのはもちろん親です。結局、子どもを育て教育し導いて大人にするのが、親の義務と責任です。しかし実際には、自閉症の子どもを指導しなければならなくなったとき、ほとんどの親たちは、このような決定に際して助けを求めてきます。そこで応用行動分析学の実践家たちは、複雑なスキルを指導する前に基本的な準備スキルを指導するための、核になるカリキュラムを開発しました。応用行動分析学によるプログラムの主要な標的行動のいくつかを取り上げた、そのようなカリキュラムの概要を図5.1に示します。しかし、この図はあくまでもひな型であり、それぞれのカリキュラムは個人に合わせて作成する、ということを忘れないでください。

応用行動分析学による一般的なプログラムの概要

　応用行動分析学によるほとんどのプログラムで取り上げる主要な領域の概要を、図5.1に示しました。このカリキュラム全体の目的は、個人（および家族）が、できるだけ高い生活の質を体験できるように、日常生活のスキルと自己管理のスキルを発達させることです。このカリキュラムは、学習の準備スキル、教科スキル、遊び・職業スキルの3つに大別されます。

学習の準備スキル
　学習の準備スキルとは、より複雑な行動を獲得する前に必要なスキルです。この段階は、応用行動分析学によるプログラムが子どもに合わせて作成されるので、子どもがそのプログラムを楽しみ、指導にかかわる人全員と子どもとの間に、愛情に満ち思いやりのある関係を築くきわめて重要な期間です。

遊びスキル

意味のある遊びの発達
- おもちゃの自動車や電車を押す
- ボードやパズルにはめ込む
- ボール遊び：転がす、投げる・捕る、はずませる
- あがりのあるゲーム
- ティーパーティ
- 日付遊び
- 適切に遊ぶ　音を出す、おしゃべりをする
- 遊び方のある遊び
- 見立て遊び
- 並行遊び
- 相互交渉のある遊び
- ボードゲーム

教科スキル

前教科スキル（言語発達を含む）
- 物の操作
- 微細運動スキル
- 鉛筆で書く
- お絵かき
- 指さし
- 分類・見本合わせ

教科スキル（さらに進んだ言語概念を含む）
- 書字
- 数の概念
- 算数の概念
- お金
- 観察学習
- 言い換え
- 抽象的な概念
- 読み
- 測定

教室での練習
- 教室でのことば遣い
- 教室での行動
- 集団ゲーム
- 情報伝達
- 問題解決
- 会話
- 会話を始める

学習の準備スキル

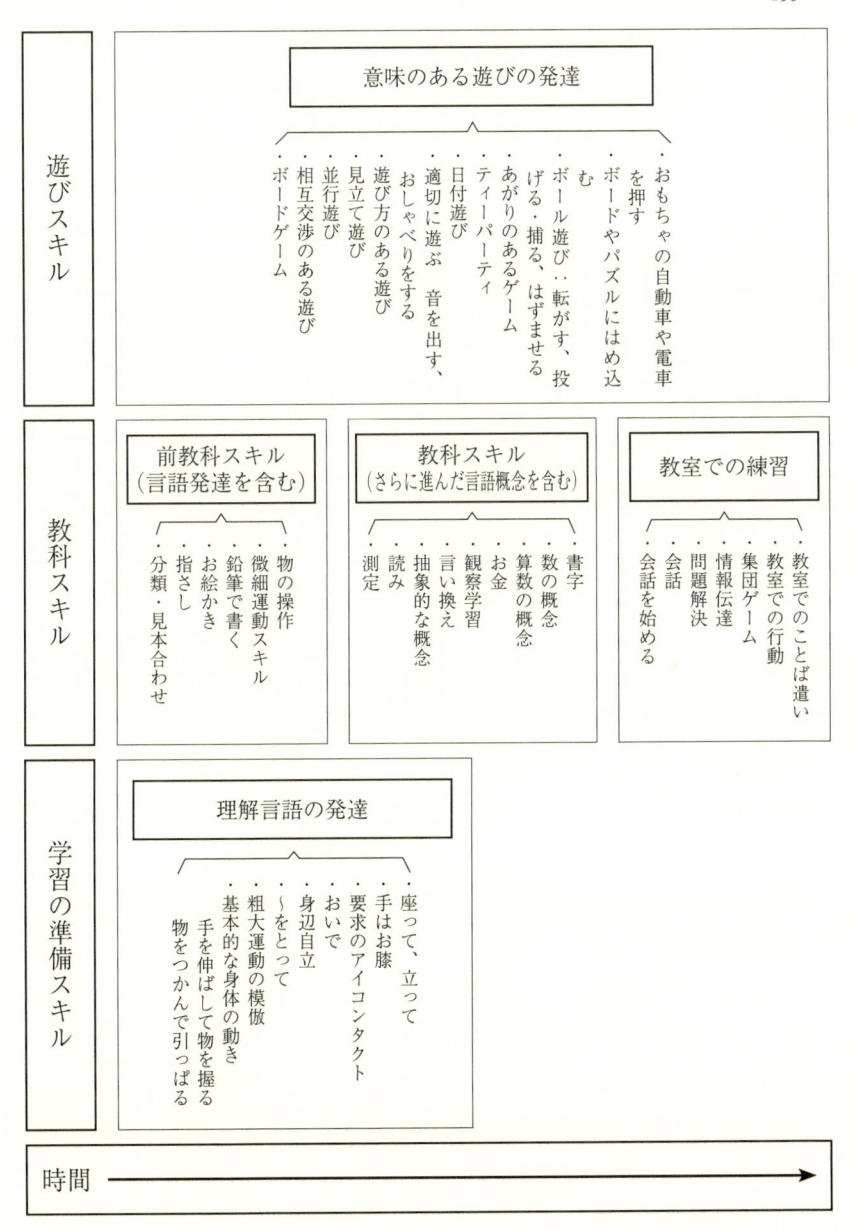

理解言語の発達
- 座って、立って
- 手はお膝
- 要求のアイコンタクト
- おいで
- 〜をとって
- 身辺自立
- 粗大運動の模倣
- 基本的な身体の動き
- 手を伸ばして物を握る
- 物をつかんで引っぱる

時間 →

図5.1　応用行動分析学によるプログラムにおけるカリキュラム領域の例

学習の準備スキルを最初に指導することによって、さらなる進歩への妨害となるものを取り除きます。学習の準備スキルには、簡単なことばの指示（例えば、「座って」「……を指して」「……をちょうだい」）にしたがうこと、適切なアイコンタクト、模倣などがあります。プログラムのこの段階では、指導のほとんどが、子どもが1つの指示にしたがうごとに即時に強化しながら行われます。ひとたび基本的なスキルを習得したら、さらに複雑な課題をプログラムの中に組み込んでいけます。

教科スキル

教科スキル（教科を学習する基礎になる前教科スキルも含む）は、自立した生活に必要な広範囲に及ぶ教育的・社会的活動の基盤です。したがってそれらは、応用行動分析学によるいかなるプログラムにおいても、非常に重要であると考えられています。応用行動分析学によるプログラムで獲得されるスキルのレベルを左右するのは、一人ひとりの子どもの特徴、行動的介入の時期、療育の濃密度、サービス提供者間の継続性、親の参加です。教科スキルを獲得するには、言語の基礎的な理解力と表現力の発達（すなわち、理解とコミュニケーションのスキル）、子どもが集中できる時間（すなわち、課題に取り組んでいられる時間）の増加、誰かが見ていなくても課題が行えること、課題をやり終える力があること、が必要です。教科スキルを指導する中で、ことばによる指示はだんだん複雑になっていきます。例えば、最初に子どもは2段階の指示（例えば、「テディベアをとって、テーブルの上に置いてください」）に正しくしたがう学習をします。それから、指示はだんだん難しくなります。条件性強化や遅延強化もしだいに利用していきます。新しく獲得したスキルを、1日の流れの中で使う機会を設けることによって、子どもは意味のある機能的な課題を習得していくでしょう。

遊び・職業的スキル

遊びスキルと職業スキルは、教科スキルの発達を補うものです。子どもが

社会的な能力を身に付け、仲間と適切にかかわりあえるようになることは、非常に重要です。一人遊びから並行遊び、さらに意味のある相互交渉を含む遊びへと進むなかで、子どもは必要な社会的スキルを少しずつ学習していきます。

　これらのスキル領域の1つひとつが、広範囲に及ぶきわめて具体的な標的行動を含んでいます（図5.1を参照）。その子どもにふさわしい指導系列は、個別のニーズや指導開始時にその子どもが持っているスキルによって、明らかに違います。応用行動分析学は包括的な特質を持っているため、いかなるプログラムの目的も、子どもの親の目的と一致させることができ、その子どもの心理学的、情緒的、社会的、知的ニーズに確実に応じることができます。

　療育の個別的な性質を考慮に入れれば、PEATグループの家族たちが、それぞれの発達水準にある自分の子どもに対して、カリキュラムを使って指導を行っているのは驚くにはあたりません。これから紹介する事例はこうした家族のものであり、療育の進め方やデータの集め方のアイディアを提供するでしょう。それでは最初に、学習の準備スキルを指導するプログラムから見ていきましょう。

学習の準備スキル

メーソンへのアイコンタクトの指導

　カレンとジョンは、1998年5月にPEATグループに参加しました。自分たちの息子メーソン（3歳）に最初に教えたことのひとつは、アイコンタクトをしてそれを維持するということでした。アイコンタクトは、教科スキルや社会参加の前の必須条件です。カレンとジョンは、「こっち見て」と指示したときにその人の方を見ることを、メーソンに教えようと決めました。教えている人に向けられたどんな目の動きでも、正反応として記録し、正反応率（％）を算出しました。つまり、もしメーソンがこっちを見るようにと10回言われて6回アイコンタクトをすれば、正反応率は60％です。

最初は1秒間アイコンタクトをするように求めましたが、メーソンのアイコンタクトが上手になるにつれて、その持続時間を長くしました。正反応は、ことばによる賞賛で強化しました。初めの頃の指導では、時々プロンプトが必要でした。すなわち、カレンかジョンが、顔がこちらを向くようにメーソンの頭を穏やかに誘導しました。プロンプトはしだいに減らされ、メーソンは自発的に顔を向けてアイコンタクトをするようになりました。

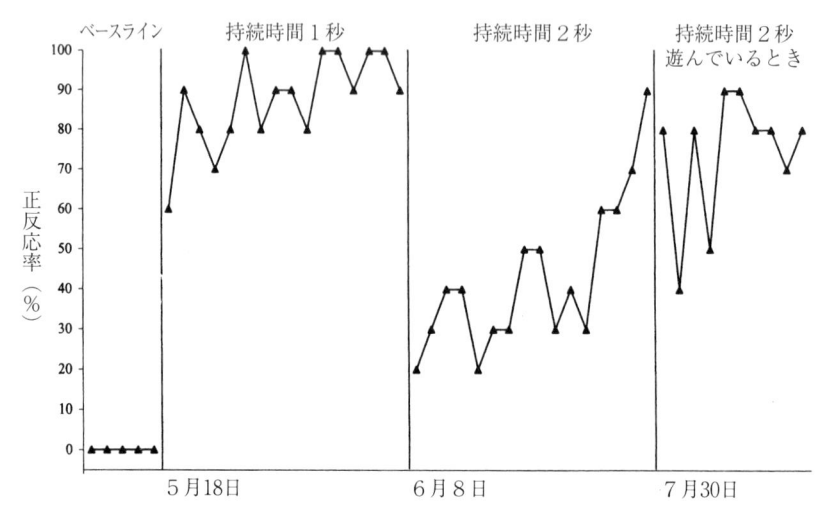

図5.2 メーソンのアイコンタクトを改善するための応用行動分析学によるプログラムの結果

　図5.2に示すように、ベースライン期には、メーソンはまったくアイコンタクトをしませんでした。正反応（「こっち見て」と言われて1秒間のアイコンタクトをすること）の割合がかなり増加したのは、介入の最初の段階でした。このデータによってカレンとジョンは楽観的になり、メーソンがことばによる賞賛（強化）を受けるのに必要な、アイコンタクトの持続時間を長くしました。メーソンは2秒以上アイコンタクトを続けたときだけ、ことばによる賞賛が受けられました。初めのうち正反応率は減少しましたが、メー

ソンがしだいにより長くアイコンタクトを続けられるようになったことを、データは示しています。第3段階において、カレンとジョンは、新しく獲得されたこの行動の般化を確実にしようと思いました。そこで、メーソンの気が散りやすそうな、遊んでいる場面でアイコンタクトを求めました。データによると、初めはアイコンタクトが困難なようでしたが、徐々に上手になり、正反応率は74％になりました。

おむつにバイバイ

カレンとジョンは、メーソンの応用行動分析学によるカリキュラムに、おまるトレーニングを組み入れました。アイコンタクトの指導と同じように、初めに、標的行動のベースライン・データを収集しました。この場合は、1日当たりの「粗相」（おもらしやパンツを汚すこと）の回数でした。次に、カレンとジョンは、メーソンを15分ごとにおまるに座らせました。メーソンはとても社交的な子どもで、強化子としての声援や拍手によく反応することが分かりました。この介入によって、メーソンの1日の「粗相」の回数が有意に減少したことを、図5.3が示しています。そこでカレンとジョンは、今度はこのプログラムに自己管理の要素を導入することにしました。つまり、おまるが必要になったら、メーソンはカレンかジョンをおまるのところまで連れて行くか、それを頼むのです。カレンは次のように書いています。

「私たちはメーソンの近くにいて、できるだけメーソンを観察しました。おまるを置くと、メーソンはそこへ行って、服を着たままそれに座りました。それから、私たちはおまるをうまく使えるように手伝いました。メーソンは私たちの手を取っておまるのところに連れて行くようになり、私たちは『おまる』と言うようにメーソンに教えました。メーソンが自分から要求できたときには、『大げさに褒める』強化子を与えました。これはメーソンを喜ばせました」

介入を始めてから2週間あまりで、メーソンがおむつに「バイバイ」できたことを、図5.3が示しています。

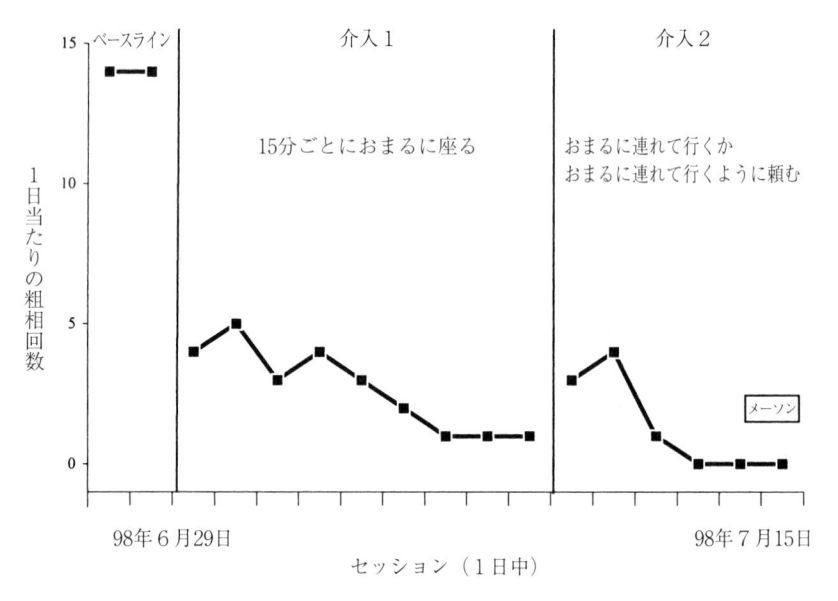

図5.3 メーソンの排泄訓練における応用行動分析学によるプログラムの結果

学校から帰宅したジャックのかんしゃく

ジャックは8歳で、自閉症傾向のある学習障害と診断されています。ジャックの両親のヒラリーとジョンは、当初からのPEATグループのメンバーでした。ヒラリーはすでに第1章で、普通の家庭生活を阻害する問題の1つについて書きました。それは、ジャックが学校から帰った後、コーラを欲しがってかんしゃくを起こすことでした。この章では、ヒラリーとジョンが、この問題に関して収集したデータについて報告をします。ヒラリーは次のように書いています。

「ジャックが学校から家に帰ってきたときの問題を、私は抱えていました。

ジャックはコーラを欲しがって叫び、金切り声を上げ、跳びはね、泣きました。それは、私が降参してジャックがコーラを手に入れるまで続きました。私は2～3日の間、ABCチャートに記録しましたが、ジャックはコーラを欲しがってももらえないときにかんしゃくを起こす、ということは明らかでした」

ヒラリーも書いているように、かんしゃくを制御している変数を見つけ出すためにABCチャート（第3章を参照）を使うことで、現在起こっているパターンを説明できます。ジャックのかんしゃくは、欲しいものつまりコーラを手に入れるために機能していました。行動分析家の支援を受けながらヒラリーとジョンが考え出した手続きは、ジャックがコーラを要求したときに、ヒラリーは「だめ」と言い、かんしゃくが起きても注目（強化）を与えない（すなわち、かんしゃくの消去）というものでした。もしかんしゃくが起きなかったり、かんしゃくをやめたら、ジャックにことばによる賞賛（「静かにできてえらいね」）を与えました。それに加えてヒラリーは、適切な行動（例えば、ジャックがコーラを適切なやり方で求める）に対する正の強化として注目を用いました。

　図5.4は、ジャックのかんしゃくの持続時間が着実に減少したことを示しています。おもしろいことに、ジャックにコーラが与えられた2回とも、その後かんしゃくの持続時間が増えています。幸いヒラリーが継続的にデータを集めていたので、すぐにこの増加を見つけることができました。

　プログラムの次の部分（記録されてはいませんが）には、ジャックがコーラを得るための別のもっと適切な方法の決定が含まれていました。ヒラリーは次のように書いています。

「私たちはまた、適切に頼むようにジャックを励ましました。ジャックは、適切に要求するか叫んだり金切り声を上げずに、静かに指ささなければ、欲しい物がもらえませんでした。プログラムは全体で24日間続けました。

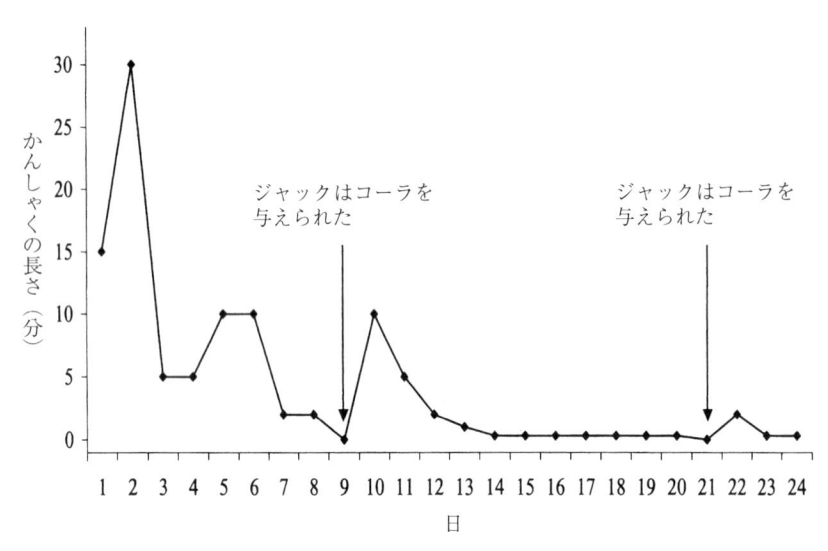

図5.4 「コーラ」を欲しがるジャックのかんしゃくを減少させるための応用行動分析学によるプログラムの結果

私は環境を整え、ジャックではなく状況を制御することによって、かんしゃくに対処できました」

この事例は、今起こっている不適切行動と同じ機能をもつスキルを子どもに指導することの重要性を強調しています。ジャックのかんしゃくがコーラを要求して起こっていると仮定するなかで、機能が同等で適切なコミュニケーション手段を用いて、ジャックがコーラを入手できるようになったことが重要なのです。

エンダへの粗大運動スキルの指導

デレクとジーンは1999年2月にPEATグループに参加しました。応用行動分析学にもとづく基礎的なカリキュラムを終了した後、エンダ（4歳9カ月）に対して「手を叩く」「腕を上げる」「頬や鼻にさわる」「頭に手をのせ

る」「お腹を軽く叩く」などの動作模倣の指導を始めました。動作模倣のスキルは、より高度な運動を行うために不可欠な準備スキルと考えられています。最初は、1回ごとに反復される試行で、90％の正反応率を基準として、動作模倣のスキルを指導しました。デレクとジーンはエンダの進歩を喜びましたが、エンダのそれらの動作模倣はなめらかではない、つまりすらすらとできないと感じていました。エンダの応用行動分析学の先生は、次のように報告しました。

「エンダの両親は、1回ごとに模倣のモデルを提示してそれをまねさせるという試行を行いました。しかし、この断続した試行は指導を停滞させ、成績は高水準に達していました。エンダは100％正しく模倣ができていました。反応の時間や速さは問題ではなかったからです」

前述の動作をなめらかに行うことを、エンダに指導することになりました。要するに、提示した動作の模倣を正しく行うだけではなく、決められた時間内にできるだけ何度も行うように指導したのです。基本的な考え方は、エンダがこの課題を「すらすらと」できるようになれば、別のさまざまな課題についても、自然な場面で模倣行動やその応用ができるようになるだろう、ということです。そのときには、行動はかなりの「自動性」、すなわちどんな分野の専門家が見てもなめらかさを持つと思われることになるでしょう（Binder, 1996）。

図5.5におけるベースライン条件では、前述した一連の動作について、エンダは1分間に10回の正反応と7回の誤反応を示しています。これらの動作模倣は、1回ごとにモデルを提示して模倣させる断続試行によって個々に指導してきましたが、エンダはいくつかの動作を続けて模倣させようとすると、明らかになめらかにできませんでした。エンダの同じクラスの友達に同じ課題をしてもらうことによって、「目標」を設定し、なめらかさを増すための手続きを行いました。ごく普通の発達をしている友達は、1分間に40〜50

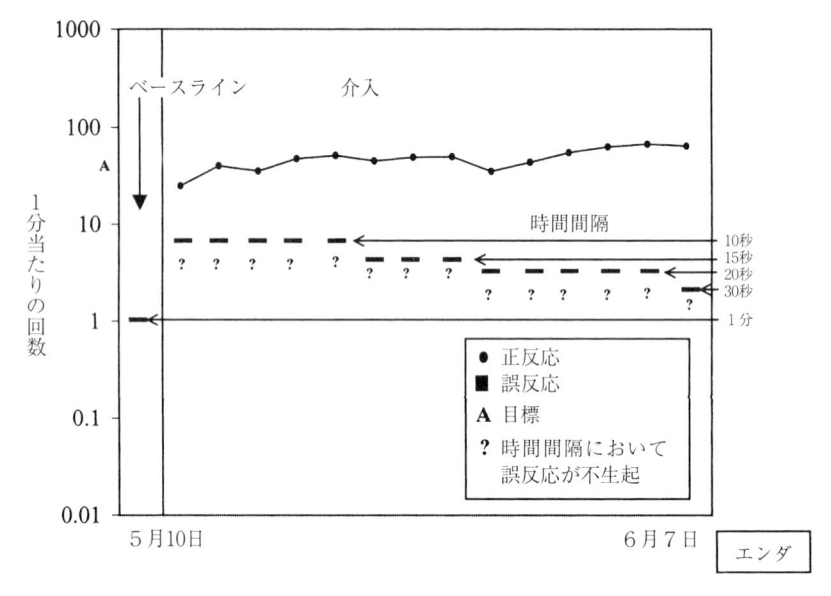

```
                    ベースライン      介入
1000

 100
      A
1分
当   10                        時間間隔
た                                                    ← 10秒
り                                                    ← 15秒
の    ?  ?  ?  ?    ?  ?  ?                           ← 20秒
回                                                    ← 30秒
数     1              ?  ?  ?  ?  ?     ?             1分


  0.1                      ● 正反応
                           ■ 誤反応
                           A 目標
                           ? 時間間隔において
 0.01                        誤反応が不生起
     5月10日                                  6月7日     エンダ
```

図5.5　粗大運動スキル指導の動作のなめらかさに基礎を置いたプログラム

の動作を模倣しました。エンダは「もっと速く」「そのまま続けて」「速くやって」などとことばで励まされ、コーチング技法を用いて素早い反応が指導されました。さまざまな物的強化子や社会的強化子が、その行動に随伴提示されました。エンダはその「速射ペース」の指導場面を完全に楽しんでいました。この指導の効果は10秒ごとに評価されました。指導初日のエンダの最高得点は、10秒当たり5回の正反応で誤反応は見られませんでした。これは、1分間につき30回の正反応と0回の誤反応ということになります。それはベースラインよりもかなり高い値でしたが、目標にはわずかにおよびませんでした。連続3日間にわたって目標が達成されたら、時間間隔を15秒、20秒、30秒というように拡張しました。時間間隔が30秒になったときにエンダの正反応率はわずかに低下したものの、まもなく回復したことを、図5.5は示しています。最終的にエンダは、30秒間に34回の正反応と0回の誤反応を示しました。これは、1分間につき68回の正反応と0回の誤反応に等しいことに

なります。エンダがもっと長い期間、このような動作模倣のスキルを確実に維持し適用できるように、今も指導が続けられています。

エンダの応用行動分析学の先生は、次のように報告しています。

「データを見れば、エンダが30秒間に34回の正反応をしていることが分かります。1回ごとに区切られた試行を行っていたら、同じような学習の結果が得られるのにもっと長い時間がかかっていたでしょう。なめらかさの指導には、速さと正確さの両方が必要です。エンダを見るといっそう動機づけられており、さらに集中しており、とても楽しんでいました。多忙な学習者はまた実りの多い学習者とも言えるでしょう」

教科スキル（前教科スキル）

ケイティへの指さしの指導

ケイティは1998年7月、3歳4カ月のときに自閉症と診断されました。ケイティの両親であるスティービーとティナは、1998年10月にPEATグループに参加しました。両親は次のように書いています。

「ケイティはほんとうに内向的な子どもでした。ケイティは何も描かれていないまっ白なキャンバスのような子どもで、自分の環境で何が起きていても気がつかないようでした。ケイティは多少は遊びのスキルを持っていましたが、それらは主に並行遊びのスキルで、ある遊び活動を行ってはいるものの、周囲の仲間からは孤立したままで遊ぶというものでした。ケイティは、欲しいものを欲しいときに手に入れることができました。ケイティの主なコミュニケーション手段は、私たちを押したり引っぱったりすることでした。そうされるだけでは、ケイティが何を欲しがっているのかが、私たちには分からないことがよくありました。ケイティには多くの不適切な行動があり、なかでも最も困る行動は、服を脱いでしまうことや走り回

ること、そして歩くのに時間がかかり過ぎることでした」

　家庭を中心としたプログラムを使って、学習の準備行動を形成してから、前教科スキル、すなわち指さしを標的行動として指導しました。スティービーとティナは、ケイティが指さしを身につければ家庭での相互交渉の質が改善するだろうと考え、機能的スキルとして指さしを選びました。両親が「〜を指して」と教示したときに、ケイティが台所で自分の目の前にある物を指でさすことを、課題に決めました。正の強化子として、ことばによる賞賛を使いました。ケイティの両親は次のように書いています。

「ケイティに初めて指さしを指導したときは、手指を広げていても正反応として認めることにしました。このようにすれば、ケイティは簡単に成功を味わえました。ケイティがこのやり方に慣れた後、私たちは、手に手を重ねてやさしく指をさす形にするプロンプトを使い始めました。指さしの形ができたら、『いい子ね、それが指さしよ』と言いました。
　ケイティはシャボン玉が好きだったので、私たちはすぐに『シャボン玉をさして』という課題を導入しました。ケイティはシャボン玉を破裂させることが好きなようでした。したがって、指さしを練習する機会を多くするために、シャボン玉を使ったのは適切でした。試行ごとに私たちはシャボン玉を作り、シャボン玉を吹くのに使った小さな棒でそれを捕まえてから、『シャボン玉をさして』とケイティに言いました。ケイティが伸ばした人さし指でそのシャボン玉をさすと、シャボン玉は壊れてしまいます。それがとても楽しそうでした。そのたびに、ケイティを褒めました」

　図5.6は、ベースライン期には、ケイティは言われたものを指させなかったことが示されています。介入期になってケイティの指さしが強化されると、指さしが大幅に増加しました。介入期には平均80％の正反応率（言われた物を指すこと）が見られました。

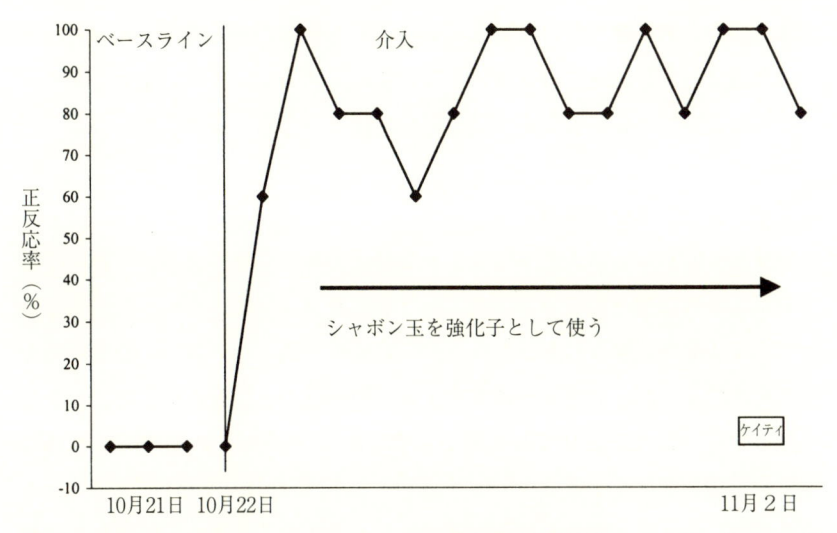

図5.6 ケイティに指さしを指導するための応用行動分析学によるプログラムの結果

　介入指導に先立って、ベースラインを測定したことが役に立ちました。ベースライン・データを収集することで、スティービーとティナは自分たちの介入がケイティの指さしを増加させた要因であると確信しました。スティービーとティナは、次のように書いています。

「私たちはケイティが大いに進歩したことを喜んでいます。ケイティは音声によるコミュニケーションを使用し始めました。ケイティは、私たちの注目を引こうとして『見て』と言おうとしたり、ドアを開けてほしいときに『開けて』と言おうとするようになりました。前途には長い困難な道があると、私たちには分かっています。しかし、応用行動分析学はケイティを変えただけではなく、私たちの見方を変えてくれました。私たちはもはや、困難な行動に取り組むことを恐れません。なぜならば、そのような行動は、自閉症の子どもたちに典型的なものだからです。そうではなく私たちは、ケイティの行動の過剰や不足に注意を向けます。あらゆる行動が同

じものからの影響を受けているということを知ったからです。私たちは学校と連携して、家庭プログラムを続けたいと思っています。また、ケイティの発達につれて、行動が変化し続けてほしいと思います」

ジャックへの大小の指導

　ヒラリーとジョンは、息子のジャックに「大きい」と「小さい」という概念を教えるのに難渋していました。ヒラリーとジョンは、ジャックがよく知っている4品目、すなわち、おもちゃの自動車、皿、ストロー、恐竜のおもちゃを選びました。ヒラリーは大小1組の物を机の上に置きました。ヒラリーは「大きい恐竜を見せて」と指示しました（「小さい」の指導でも同様の手続きを用いますが、ここでは「大きい」の指導について述べます）。ジャックが正しく反応しなかったら、彼女はジャックの手をとって恐竜をとらせ、「これが大きい恐竜」と言いました。これを4つすべての物に対して繰り返しました。図5.7から分かるように、最初の3日間のこの手続きの結果は、大きなばらつきを示しました。データからは一貫した改善が認められなかったので、ヒラリーとジョンは新しいやり方を試みることにしました。2人は次のように書いています。

　「4日目に、私たちは大きな箱を使い始めました。ジャックは『大きい恐竜を見せて』と言われたときに、大きな恐竜を大きな箱の中に入れなければなりませんでした。私たちは小さな箱も用意してありましたが、大きい品物はそれには入りませんでした。5日目までに、ジャックは4つのすべての品目について正反応率が100％になりました。ある時点で私たちは、大きな箱にお父さん（ジョン）の人形を入れ、小さな箱にジョナサン（ジャックの弟）の人形を入れました。ジャックは、このような指導をおもしろがりました」

　図5.7では、ジャックが「大きい」の意味を習得したと思われるプログラ

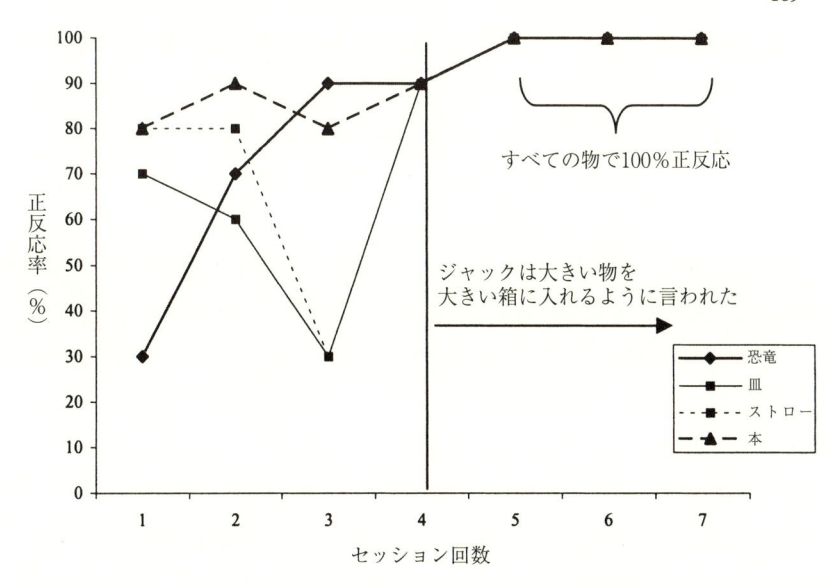

図5.7 ジャックに「大きい」を指導するための応用行動分析学によるプログラムの結果

ム第2期で、明らかな改善が示されています。しかしながら、明確に定義されたベースラインがないので、結果の解釈が難しくなっています。

ケネスのコミュニケーション・スキルの改善

ケネスは9歳です。ケネスは2歳ごろから普通ではない行動や困難を示していましたが、8歳になるまでアスペルガー障害という診断を受けていませんでした。これは1つには、アスペルガー障害の診断をゆるがせるような優れた教科学習における行動を見せることもあったからです。ケネスの母親のブレンダは、1997年3月に、応用行動分析学によるプログラムを開始しました。PEATのメンバーとして学習したスキルを使って、ブレンダは生活のあらゆる面でケネスを支援するために、きわめて創造的なプログラムを発展させました。ブレンダは次のように書いています。

「私が最初に行ったのは、過剰もしくは不足と思われる行動の ABC 分析（先行刺激－行動－結果事象）でした。私は次の項目に属する行動に焦点を当てました。社会性スキル／コミュニケーション・教育・個人・管理・協力・運動スキルと儀式的行動／自己刺激行動／置き換え行動、です。

　私は、ケネスが応用行動分析学は学習への肯定的なアプローチだということに気がついていると思いました。不適切なのはケネスの行動であって、個人としてのケネスではありません。新しいスキルを獲得する力を、私はケネスに与え続けていました。まさに出発点からケネスは、応用行動分析学によるプログラムを、学習を助けてくれる道具として、また楽しいチャレンジとして、熱心に受け入れました」

ケネスは話をすることができますが、何を言っているかを理解するのは、しばしばとても困難でした。そのためにブレンダは、ケネスのコミュニケーション・スキルを改善する指導を始めることにしました。ブレンダは次のように書いています。

「ケネスはとても上手に話をする能力があるのですが、話し方が不明瞭だったり奇妙だったりすることが頻繁にあります。例えば、音節を切り離さず単調に話す、早口でモグモグ言う、単語を全部まぜて言ってしまうなどで、そのために、ケネスの身近な家族でさえ理解できませんでした。社会的な場面では、しばしばケネスは相手からもう一度言うようにと頼まれました。そうした場合の典型的な反応は、相手がきちんと聞いていないと非難して、拒絶したりブツブツ言ったり大声で叫ぶことでした」

ブレンダは、「はっきり話そうゲーム」というプログラムを考案しました。「はっきり話そうゲーム」の基本的なルールは、声量、流暢性、速さ、明瞭性、イントネーション、マナー、文法といった点に特に焦点を当てて、適切な話し方と不適切な話し方の例を明らかに定義することです。すべてのルー

ルを説明し、ケネスはルールにしたがって正しい例と正しくない例を実際にやってみます。このゲームの基本的な目標を、ブレンダは次のように書いています。

「プレーヤーは、お手玉を持っているときだけ話せます。お手玉を持っていなければ、話し手の話を注意深く聞いていなければなりません。話す順番が終わって、チャレンジがなければ、お手玉を他のプレーヤーに渡します。お手玉を渡したら、プレーヤーは中央から点棒を取って、それを自分の持ち点に加えます。決められた時間内に、最もたくさんの点棒を集めた人が勝ちです」

1人のプレーヤーが話をしている間は、他のプレーヤーは注意してそれを聞き、はっきり話すルールが守られていないときには、それを理由にチャレンジができます。もしお手玉を持っていないときに話してしまったら、それはチャレンジをするもう1つの理由になります。チャレンジをする場合は「チェック！」と言い、相手の点棒を1本取って、自分の持ち点に入れます。

「はっきり話そうゲーム」を行う前に、ベースラインが測定されました（図5.8参照）。ベースライン期では、分かりにくい話し方をした回数（平均19.75回）の方が、分かりやすく話した回数（平均6.75回）よりも明らかに多いことが示されています。「はっきり話そうゲーム」の介入期では、はっきり話した回数は平均38.87回で、分かりにくく話した回数は平均1.87回でした。

ケネスに算数の問題を解くことを指導

ケネスがどうしても取り組もうとしない行動の1つは、算数の問題を解くことでした。これは、標準化された検査によって、ケネスには解けることが確かめられていたのです。ブレンダは行動分析家と協力して、トークン・エコノミーを使うことを決めました。

トークン・エコノミーとは、個人が標的行動を行うことで、好みの強化子

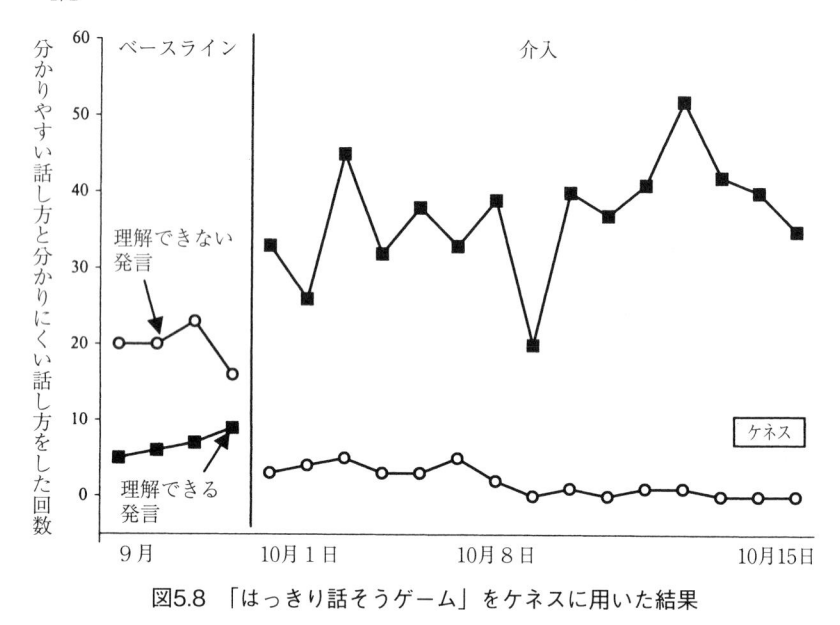

図5.8 「はっきり話そうゲーム」をケネスに用いた結果

を手に入れられるシステムです。応用行動分析学にもとづくトークン・エコノミーの「ご褒美」（おもちゃ、珍しい物、本、お菓子など）を置く特別な戸棚が、家の中に作られました。

　ケネスは、それぞれの強化子を手に入れるための代価をならべた価格表の作成を手伝いました。困難な問題ほど多くのトークンが得られますが、ケネスはそのような行動をしてトークンを得ました。

　図5.9を見ると、ベースライン期には、1日平均2問を解いていました。トークン・エコノミーを導入してからは、算数の問題を解くと特定の結果事象が得られるので、ケネスは1日平均106問を解くようになりました。現在でもケネスは算数問題を楽しみながら解いていますし、どんなに速く正確に問題が解けるかを見せたがっています。ケネスの母親のフレンダは最近、ケネスに自信がつくにつれて自尊心が高まり、不安が少なくなってきたようだ、と書きました。とうとうブレンダは、ケネスと自分自身にとって応用行動分

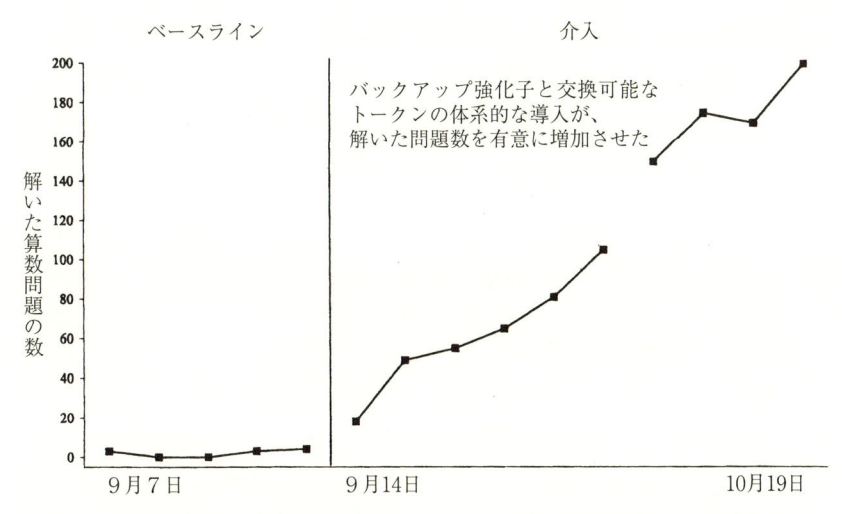

図5.9 ケネスが解ける算数問題を増やすための応用行動分析学によるプログラムの結果

（グラフ：ベースライン期（9月7日）では解いた算数問題の数がほぼ0であったが、介入期（9月14日〜10月19日）に入ると、バックアップ強化子と交換可能なトークンの体系的な導入により、解いた問題数が有意に増加し、約200問に達した。縦軸：解いた算数問題の数、0〜200）

析学が重要であることに気づきました。

「対処が困難な行動の問題を管理しているうちに、それは私がケネスを理解し受け入れるようになるうえでも、大いに助けになりました。ケネスはいまや熱烈な応用行動分析学の"ファン"であり、数多くのプログラムの計画・立案にしっかりと参加しています。ケネスにとって、応用行動分析学はおそらく"楽しみ"なのでしょう。

　応用行動分析学はケネスを支援するうえでほんとうに有効な道具であったと言えるでしょう。例えば、はっきり話す、指示にしたがう、食事、水泳、靴のひもを結ぶ、書字など数多くの重要な領域において、有意義な改善が見られました。応用行動分析学はきわめてたいへんな作業ですが、実行するだけの価値が十分にあるということも強調したいと思います。応用行動分析学が親にとって魅力的である理由の1つは、自分の子どもを支援

する力を付けてくれるからだ、と聞いたことがあります。私の考えでは、応用行動分析学は、自分の発達を支援するスキルを子どもたちに習得させることで、子どもたちに力を付けてくれます。どんな年齢の人でも、自分自身の行動に責任を持つことを学ぶのは健全なことです」

遊び・職業スキル

マシューへの一人遊びの指導

　アランとバーバラは、PEATグループの結成以来のメンバーです。マシュー（4歳6カ月）は、1日3時間だけ学校に通い、応用行動分析学による1対1の療育を1週間に20〜25時間受けていました。マシューに指導した課題の1つは、どのように1人で遊ぶかというスキルでした。開始と終わりがはっきり分かる手続きを用いて、マシューに棚からおもちゃを取ること、それで適切に遊ぶこと、そのおもちゃを元あった場所に戻すことを教えました。この手続きの主な目的の1つは、誰もいないときにマシューがおもちゃを取って遊べるように、高い水準の自立を指導することでした。

　最初のステップでは、机の上で行う遊び課題（例えば、ボタンに紐を通す）に必要なスキルを、マシューに教えました。援助なしでマシューがこの課題を完全にできるようにすることが、求められました。アランとバーバラは、見本合わせや紐通し、同じ物の分類など、マシューが楽しめるような課題を選びました。

　マシューがこれらの遊び活動を習得したら、プログラムの第2期では、遊びの順番の指導を始めました。最初にマシューは、言われた順番に行うようにプロンプトされました。例えば、おもちゃが置いてある棚のところに行くように言われたり、遊びに導かれたり、机まで戻るように促されたり、適切に遊んでからゲームを片づけるようにプロンプトされたりしました。プロンプトを用いることによって、マシューはたやすく成功を味わえ、強化子を手に入れることができました。プロンプトを行う人はマシューの後ろに立ち、

何も言わずに、そっと身体を誘導しました。この方法を用いれば、ほとんど子どもの気を散らすことなく、1回ごとの試行においてプロンプトが行えます。

プログラムの第3期には、おもちゃ棚から特定のおもちゃを選択することを指導しました。この手続きは、マシューがあるシンボルを取り、それを棚に置かれた箱に付いているシンボルと合わせるというものです。そして、マシューはその箱を取って床に置き、そのおもちゃで遊びます。遊び終わったら、箱を棚の元あった場所に返します。

プログラムの最終の時期には、指導セッションの中でやり遂げられる遊び活動を増やすことを行いました。各セッションで一連の遊び行動が1種類（1種類の遊び活動を含む）できるようになった後は、各セッションでの一連の遊び行動4種類（4種類の遊び活動を含む）の指導へと、アランとバーバラは少しずつ広げていきました。現在ではマシューは、1セッションの中でいつも4つの遊び活動を行っており、それをほんとうに楽しんでいます。遊びに関連した一連の行動を、マシューが時間の経過とともにしだいに習得していくようすを、表5.1に示します。

事例：クリス

次の記録は、応用行動分析学によるプログラムを注意深く計画することによって、いかに短い期間に、さまざまな認知および社会性のスキルの改善をもたらすかという、もう1つの例です。

クリスは1997年9月、2歳9カ月の時に自閉症の診断を受けました。それ以前は、ごくまれに行動的な爆発（パニック）はありましたが、穏やかな少年でした。クリスは言語スキルをもたず、アイコンタクトもしませんでした。クリスはどこにも歩いて行こうとしないので、どこかに出かけるときには、ベビー・カーに乗せて押して行かなければなりませんでした。クリスは混雑したショッピングセンターを怖がりました。食べる物も非常に限られており、

表5.1 応用行動分析学による一人遊びスキルの指導プログラムにおけるマシューの結果

日付	指導者の氏名	ゲーム	シンボルを合わせる	箱を床に置く	ゲームを箱から出す	ゲームで遊ぶ	ピースを片づける	ゲームを箱に入れる	ゲームを棚に戻す
9月17日	母親	クレイジー・キャロット	P	P	P	P	P	P	P
9月18日	C. S.	ペニーズ	P	✓	✓	✓	P	✓	✓
9月19日	C. S.	クレイジー・キャロット	✓	✓	✓	✓	✓	✓	✓
9月20日	母親	クレイジー・キャロット	✓	P	P	P	P	P	P
9月21日	V. I.	クレイジー・キャロット	P	P	✓	✓	✓	P	P
9月21日	C. S.	コインズ	✓	P	✓	✓	✓	P	P
9月21日	C. S.	クレイジー・キャロット	✓	P	✓	✓	✓	✓	✓
9月22日	母親	クレイジー・キャロット	✓	✓	✓	✓	✓	✓	✓
9月22日	父親	クレイジー・キャロット	✓	✓	✓	✓	P	P	P
9月23日	C. S.	コインズ	✓	P	✓	✓	P	P	P
9月24日	父親	コインズ	✓	P	✓	✓	✓	P	P
9月25日	母親	トレイ	✓	✓	✓	✓	✓	P	
10月3日		ボタン	✓	✓	✓	P	P	P	P
10月4日	C. S.	トレイ	✓	✓	✓	✓	P	P	✓
10月4日	C. S.	シューズ	✓	✓	✓	✓	✓	✓	✓
10月4日	C. S.	トレイ	✓	✓	✓	✓	✓	✓	✓

P＝プロンプトを使用
✓＝1人で行う

食べたことのない物を食べさせようとすると拒否しました。

　5人の専門家が1日かけてクリスのアセスメントを行い、その結果、精神年齢12カ月、身体運動スキル年齢18カ月の自閉症であると診断されました。表5.2に、クリスに行われたアセスメントの一部を示します。粗大運動、身辺自立／社会性、聞く・話す、目と手の協応、の下位尺度から得られた発達年齢です。地域担当の上席の医師による1997年9月4日のコメントは、さまざまな下位尺度におけるクリスの得点の低さを示しています。

「グリフィス発達検査の結果、クリスは発達プロフィールにいくぶん偏りが見られ、自閉症と診断する要件を十分に満たしています。発達アセスメントによって、アイコンタクトをほとんどせず、おもちゃの自動車で遊ぶときにも、それをひっくり返して車輪をくるくる回すことに多くの時間を費やしていたことが分かります。クリスは発達の全領域で明らかな遅れがあり、とくに言語の発達に最も著しい遅れが見られました。粗大運動や認知のスキルも、2歳9カ月になろうとしている子どもに期待される発達よりも、低い水準でした」

　1997年9月の地域担当の医師の報告によれば、臨床心理士と言語療法士もまた、アイコンタクトをほとんどしないこと、意味のあるコミュニケーションをしないこと、象徴遊びや共同注視をしないこと、いくつかのステレオタイプ行動があることを記載していました。興味深いことに、その報告書には次のようにも書かれていました。「適切な教育を受けることによって、時間の経過とともに改善に向かうことはあるかもしれないが、この障害は一生涯続くものである」

　この時点で、ピーターとヒラリーは、この「適切な教育」の選択肢を調べました。1997年10月に、ある友人が2人にPEATグループの話をしました。PEATの研修会に参加した後、ピーターとヒラリーは、応用行動分析学にもとづくクリスのための家庭中心プログラムに取りかかりました。およそ2

年間（1997年から1999年まで）、ピーターとヒラリーはこの家庭中心プログラムに取り組んできました。最初のアセスメントで指摘された発達領域に焦点を当て、またそれら以外のさまざまな領域のスキルも指導しました。前述の地域担当の医師による1998年6月16日のアセスメントの報告書の要約では、9カ月間で達成された進歩が明らかにされています。

「クリスの進歩はまったく驚嘆に値するものでした。アセスメントがまだ完全に終わらないのですが、クリスの進歩を、私はあなた方に伝えたいと思いました。昨年9月には、クリスの言語発達に相当する精神年齢は約12カ月でしたが、その9カ月後に少なくとも34カ月の発達水準にあると判断されました。……同様に、ジグソーパズルなどを含む認知スキルでも、9月には19.5カ月水準でしたが、現在は少なくとも46カ月の発達水準にあります。明らかに、この進歩は非常に大きなものであり、それには次のような3つの原因があげられるでしょう。（1）あなた方が家庭で実施した集中的で献身的な指導（継続中の応用行動分析学によるプログラム）、（2）保育園への通園、（3）言語療法士による言語指導」

クリスが3歳6カ月の時に、前述の領域のアセスメントを再び行いました。それによって、3歳10カ月の発達年齢にあることが分かりました。これは注目すべき進歩であり、指導方法の有効性と、ピーターとヒラリーの療育者としての有効性を示す証拠となります。18カ月後には、クリスの状態はまったく変わってしまいました。ピーターとヒラリーは書いています。

「クリスの変化は奇跡などではありません。クリスは正しい構文を使ってしゃべります。とてもよく目を合わせてきます。また、行動の変化には目を見張るばかりです。クリスはボードゲームが好きで、友達とまるで家族のように実に楽しそうに遊びます。排泄も完全に自立しました。ベビー・カーも、ありがたいことに車庫でほこりをかぶっています。

クリスは今は保育園に通い、友達とも上手につきあっています。最近のアセスメントの結果から、クリスは地域の普通学校に入学した方がよいとする通知を、私たちは教育委員会から受け取りました。そんなことは、18カ月前には誰も考えもしませんでした。最近のアセスメントでは、社会性や実際面での困難さは少し残っているものの、精神年齢と身体運動スキル年齢は年齢相応でした。専門委員会は、クリスを最初に自閉症と診断した地域担当の上席医師が、他の専門家や子どもが自閉症の診断を受けたばかりの親に対して、クリスの事例を話したいと申し出てきたことに、たいへん驚きました。

私たちにとって、クリスの進歩はすばらしく、クリスはユーモアのセンスを現し始めています。クリスの毎日の活動が、私たちに将来への希望を持たせてくれていることを報告します」

表5.2 応用行動分析学によるプログラムを行う前と後のクリス

領域	精神年齢 （1997年9月）	コメント	精神年齢 （1998年6月）
粗大運動	21.5カ月	1歳代は全項目に合格。2歳代は24項目中19項目に合格。3歳代は全項目不合格。	40〜51カ月
身辺自立／社会性	18.5カ月	2歳代は24項目中13項目に合格。3歳代は全項目が不合格。この領域の結果では、「ばらつき」が多かった。	記録なし
聞く・話す	12カ月	長い喃語を発した。1歳代は19項目すべてに合格。2歳代は24項目中5項目のみ合格。	34カ月
目と手の協応	12カ月	2歳代は最初の6項目に合格。ボールを前後に転がしたり、紙にまっすぐな線を描くことを楽しんでいた。模倣させても、円は描けなかった。	54〜57カ月
認知	19.5カ月	グリフィス・アセスメントの規定によって、1歳代の終わりを含め、1歳代の全項目が合格とみなされた。2歳代は24項目中15項目に合格。	46カ月

まとめ

　本章では、応用行動分析学によるプログラムの内容について解説をしました。初めに、教科スキル、社会性スキル、遊びスキルの指導に先だって、教育を受ける態勢を一人ひとりに準備することに焦点を当てました。ひとたび子どもが学習の準備スキルを獲得したら、前教科スキル、教科スキル、遊び・職業スキル、コミュニケーション・スキルから、もっと複雑な行動を教えることができます。この章で取りあげた事例は、どんな課題に対しても個人のニーズに合わせられるということはもとより、プログラムが包括的なものであることを示しています。親たちが観察とともに、さまざまなタイプのデータを示しました。そのどれもが、指導プログラムの成功を物語っていました。各プログラムの成功が正確に評価できるので、データ収集の大切さを繰り返し述べることが重要です。プログラムの今後の計画に示唆を与えてくれるデータ記録システムを持ち続けることの重要性を、親たちは実感するでしょう。行動原理を学ぶことが、自閉症を理解する親たちの観点を変えるうえでいかに役に立ったかに思いを馳せながら、この章を終えたいと思います。ティナも書いています。「私たちはもはや、困難な行動に取り組むことを恐れません。なぜならば、そのような行動は、自閉症の子どもたちに典型的なものだからです。そうではなく私たちは、ケイティの行動の過剰や不足に注意を向けます」

第6章　結論と今後の方向

ミッキー・キーナン、ケン・P・カー、
カローラ・ディレンバーガー

はじめに

　故郷では預言者にはなれない、としばしば言われます。北アイルランドの大学教育のなかで行動分析学を教えようとする傾向が高まってくるなかで、それに反対する人たちと議論を重ねてきた私たちは、残念ながらこの困難な真実に気づいています。本書ではしかし、行動分析学を地域社会のなかで活用するという私たちの努力が、なぜ重要であるかを述べました。行動分析学の十分に確立された科学的な進歩を、そこから最も恩恵を受けるであろう人たちと分かちあうことを妨げてきた障壁を、親と専門家たちが一緒に乗り越えたときに何が達成されうるかを示しています。本書に携わった親たちは祝福されるべきでしょう。なぜならば、きちんとした知識を持ち、福祉サービスの専門家たちが用意した見通しを作り変えていくなかで味わった、親たちのフラストレーション、そしてときには絶望に焦点を合わせるという、途方もない努力をしたのですから。子育てというのは元来、最良の状態であっても骨の折れる課題かもしれません。しかし、思いがけなくも自分が行動の科学を学ぶ学生になっていた親たちを、私たちは気の毒だと思っています。その新しい知識を自分の子どもの支援に適用しながら、同時にまた、同じ境遇に置かれた他の親たちにもその恩恵を与えるための、新たな慈善団体の立ち上げを支援する活動を始めることにもなったのですから。

私たちのグループは、私たちの成功に関心がない人たちや、そもそもこの組織の必要性に疑問を持つ人たちからの非難にもかかわらず、短い期間に驚くべき発展をしました。しかし私たちの最終目標である学校の創設までには、まだ長い道程があります。私たちが目指しているのは、全職員が行動分析学の正式な教育を受けている学校、その全職員のもつスキルが結集されて、必要とされる研究を行うだけでなく、自閉症のすべての子どもたちのための新しい指導法の開発ができる学校なのです。そのときまで、このグループの親たちは、療育計画を作成する自分たちのスキルに磨きをかけ続け、新たに発見した知識やスキルを、その成功を聞きつけてかけつけてくる他の親たちに指導し続けるでしょう。

　本書を通して私たちは、行動分析学の有効性のあり余るほどの証拠と、親たちを療育専門家として指導できるということを示してきました。しかしこうした知見は、あらゆる専門家集団に行きわたっているわけではありません。この第6章で、子どもには科学的に有効性が実証されている療育を受ける権利があるということを主張して、本書を締めくくりたいと思います。また、親たちが出合うかもしれない問題のうちで、行動の科学に関する指導を続ける必要があることがらについても、いくつか指摘します。

有効な療育を受ける子どもの権利

　科学的に有効性が実証されている療育を受ける権利が子どもにはある（Van Houten, Axelrod, Bailey, Favell, Foxx, Iwata and Lovaas, 1987参照）と行動分析家たちが言うときに、いったい何を言おうとしているのかを、本書で説明してきました。これは、介入の前と期間中と介入の後にデータを収集することによってのみ行われると、私たちは説明してきました。ここで言えるのは、あなたの子どもが学校や就学前の関連機関、心理学サービスあるいはそれ以外の場所で、効果的な療育を受けているかどうかが分からないならば、そこでデータを見せてくれるように言うべきだということです。そう

すれば、あなたの子どもが効果的な療育を受けているかどうかを、あなた自身が判断できるようになります。そうは言っても、データが見たいとあなたが要求したときに、当惑した顔に出くわしても驚いてはいけません。データ収集は、残念ながらそれほど一般的に行われていないので、あなたの子どもの療育プログラムの担当者たちは、データが提供できないことがよく分かるかもしれません。データにもとづく意思決定がなぜきちんと実施されていないかというと、行動の自然科学に関する適切な教育を受けられるところが、あまりないからです。こうした正式な教育の不足が、行動分析学とは何か、そしてそれは何をするのかということに関して、いろいろな誤解を生み出しています。

偏見と誤解

　自分の子どもの療育に科学的なアプローチをとっている人たちのほとんど全員が、伝統的な支援サービスの人たちからの支援は貧弱な水準にあることに、ある段階で気づくでしょう。PEATグループの親たちは、支援が十分に受けられないということを繰り返し経験しています。支援の不足は、主として行動分析学に関する教育が十分に行われていないためであり、それが今度は、行動分析学の皮相的な理解や誤った情報を生み出します。行動分析学に傾倒している親たちは、他の親たちや医療専門家、教育心理士、臨床心理士、精神科医、ソーシャル・ワーカー、そして応用行動分析学以外の方法で自閉症を療育するための教育を受けた専門家たちからの、偏見に出合うでしょう。そうした誤解のいくつかと、それぞれに対する訂正を表6.1にあげました。
　全体として、応用行動分析学は冷酷な科学で、別な療育法ならば自閉症に対するもっと共感に満ちたアプローチを提供する、という誤った議論がしばしば行われています。実際に、かつて適用してきた行動分析学の倫理性について、このような見方が懸念として明らかに表明されることがよくあります

表6.1 行動分析学についての誤解と正解

誤 解	正 解
行動分析学は極度に単純化されていて、実践者はただ処方箋にしたがって実施しさえすればよい。	行動分析学は、行動研究に対する総合的なアプローチを行う洗練された学問分野である。基本的原理の発見に成功したからと言って、これらの原理の見かけ上の単純さに惑わされてはならない。行動分析学はこれまで扱われなかった複雑な行動に、その行動原理をうまく応用して有効であることを示し、確実に拡大し続けている。さらに情報が欲しい方は、次のウェブサイトを見てください。 1．行動分析学会 　　http://www.wmich.edu/aba/ 2．ケンブリッジ行動研究センター 　　http://www.behavior.org/
行動分析学は問題の原因は扱わず、顕在する行動だけを扱う。	行動分析学は、人間行動の基礎にある心理学的原理を発見し、分析することで、問題の起源を明らかにする。
行動分析学はきわめて単純で、基本的な行動のみに関心があり、認知や情緒は扱わない。	行動分析学では、認知や情緒を私的行動としてとらえる。この領域の研究はますます増えている（例、Keenan, 1997）。
行動分析学は重度の行動問題にだけしか適用できない。	行動分析学が重度の行動問題に適用できるのであれば、行動問題が悪化しないうちに適用できないことはない。
行動分析家は子どもを機械と同じだと考えており、その手続きは子どもを機械のように扱う。	行動分析家は他の人たちと同じくらいに、自分の子どもを愛おしく思っている親であり、息子であり、娘であり、祖父母であり、おじやおばその人自身である。楽譜の読めない人が楽譜をつまらないと見ようとしないように、機械的に見える療育計画が、緻密に作られていることに驚くだろう。
行動分析家の倫理は、それが操作的であるゆえに問題である。	親や保護者は子どもとやりとりをして結果事象をもたらすが、これらの結果事象の効果に気づくのは望ましくない、と批判は言っているようである。
行動分析家はクライエントに何も言うことを持たない。	クライエントの最大限の協力がなければ、行動分析学にもとづく優れたプログラムを応用することはほとんど不可能である。
ロヴァース療育法は行動分析学とは違う。	O.I. ロヴァースは、1960年代から1970年代にかけて、カリフォルニア大学ロサンゼルス校で、自閉症に行動分析学の原理を用いた療育を行った行動分析家のパイオニアである。非常に有効な行動分析学の諸手続きを開発した。しばしばロヴァース療育法と呼ばれる手続きである。

(Jordan, Jones and Murray, 1998による最近の報告を参照)。この間違いを正すために、行動分析学とは行動の原理を見いだしそれを適用する学問であって、あるイデオロギーを宣伝するものではないということを、あなたは覚えておく必要があります。行動の原理とは、ある条件のもとで行動がどのように変化するかという事実を説明したものです。もしあなたが運動をすれば、あなたの心拍は速くなるでしょう。これが行動の原理です。行動の原理は、私たちがどう行動すればいいかというその方法を導く条件を私たちに伝える、単なる記述です。同じような考え方で言えば、別な種類の行動が生起するかどうかは、相互に関係する数多くの要因によって決定されます。最も単純なレベルで言えば、ある出来事の後である行動の生起頻度が増加すれば、そのとき私たちは、強化の原理が作用した例として、その行動の変化を記述します。もしあなたが行動の生起頻度を増加させようとしてうまくいかなかったとしたら、行動の原理に疑問をもつのではなく、そこで用いた手続きに問題はなかったかどうかを検討してください。結局のところ、心拍数を上げることなど不可能だという誰かの意見に、あなたは賛成しますか。おそらく、あなたは賛成しないでしょう。多分あなたは、心拍数を増加させるときに用いた手続きに疑問を持つでしょう。

このような自然科学のアプローチを、自閉症の子どもの行動を変化させる手続きの中に移し入れたことは、自閉症の行動を変化させ改善を目指すというよりも、自閉症を受容すべきだという見方を奨励する人たちにとって、イデオロギーを理由とする問題を引き起こしました (Schopler and Olley, 1982)。しかし、行動変化のための有効なアプローチに疑問を持つ人たちは、次の質問に答えるべきでしょう。「子どもの最高のものを引き出すために、子どもの人生を最大限に利用することを支援するのではなく、その子どもをもっと受容するというのはどういうことですか？」

この質問は、子育てのあらゆる側面に当てはまります。

「結局、子どもの行動を操作するために親が行動変容の技法を用いるかど

うかということではなく、それらの技法を親が無意識に用いて不幸な結果がもたらされるか、それとも子どもの発達の質を高めようとして、効果的に一貫して意識的に用いるかどうかということです」(Hawkins, 1972)

　行動論の立場ではない専門家の全員が、行動分析学を公に批判しているわけではありません。実際に、行動分析学の考え方に共感する専門家もいますが、それは、行動分析学の考え方と別の理論との折衷的なアプローチを採用している人たちです。あなたの最初の出発点は、そうした人たちの行動分析学に対する理解に疑問を持つことです。そうした友人たちはどこで行動分析学についての教育を受けたのでしょうか。行動分析学の学術雑誌に最近掲載された、どんな研究論文を読んだのでしょうか。行動の原理を発見する科学を理解することは、重力などの自然の法則を発見する科学を理解することと同じです。あなたが重力を研究する科学に共感すると言っても、折衷的アプローチが好きだと言っても、意味がありません。重力は重力なのです。重力は、行動分析家が見いだした強化やその他のあらゆる行動原理と同じように、自然現象です。行動分析家ではない専門家は、行動変容を試みてみたけれどもうまくいかなかった、と言うかもしれません。これは、やはり教育が不十分であったためにもたらされた、いくぶん悲観的な結論です（Walsh, 1997）。行動の原理は、重力のようにいつも作用し続けています。もし、介入によって望ましい結果が得られなかったならば、そこで用いた手続きを変えるべきです。すなわち、失敗の原因はその手続きにあるのであって、行動原理にはないということです。この逆もまたもちろん真であって、行動の原理によらずに行動を変化させようと考案された手続き（例えば、音楽療法、プレイ・セラピー、イルカ療法など）では効果が明確に示されていません。行動の原理を引き合いに出さずに外界と相互交渉をするのは不可能です。行動科学者がすぐにすべき課題は、行動の原理を順序正しく整理し、それらを必要とする個人や地域社会に適用することです。有効であるという証拠こそが、求められているすべてなのです。

行動分析学における正式な教育

　どんなかたちの偏見でも、応用行動分析学に対する否定的な反応は、それを知らないことに起因します。専門家の場合は、心理学課程やソーシャルワーク課程の授業の多くで浸透している、誤った情報が伝えられているという状況に起因します。この問題は非常に深刻なので、一般的な心理学の教科書などの誤った記述の実例に取り組むウェブサイトを、行動分析学会の会員たちが立ち上げました。このサイトはBALANCEと呼ばれ、次のアドレスです。http://www.onlearn.com/balance.html

　なぜこんな事態が起こっているのかと言えば、実証された有効性にもとづく意思決定というよりも、イデオロギーの対立に関係しているからです。この対立は自閉症の領域を越えて広がっています。ロンドンで開催された実験行動分析学会（1998年4月）で、スコットランドにあるペーズリー大学のチーサ博士は、この問題のありのままの現実を取り上げました。広範囲の臨床的な問題への治療に関する学術論文を概観して、チーサ博士は、応用行動分析学の立場から示されたデータは、他のどの療法よりも有効だったにもかかわらず、一貫して無視あるいは誤解されていたと報告しています。もっと地域的なレベルでみれば、北アイルランドで唯一の臨床心理学課程の学生たちは、臨床実践の範囲に入る領域での成功が実証されているにもかかわらず、応用行動分析学の概論を学ぶ機会がほとんどありません。

　学者たちの間で行われる議論のようなことに、親たちは関心を持つべきでしょうか。もちろん、とても重要なことです。財政をあずかる人たち、あるいは応用行動分析学について教育を受けた職員がいない学校を運営している人たちは、子どもたちが発達すべき機会を管理している人たちです。もしこれらの人たちが、発達を促進するために行動原理をどう利用するかについての教育を受けていなければ、そこにいる子どもたちはあまり変化しないでしょう。

　ここで最も大きな問題は、自分の子どもの指導にかかわる親たちは、行動

分析学について正式な教育を受けた人を見つける必要があるということです。アメリカ合衆国かどこかから行動分析家を無理やりにでも飛行機に乗せて連れてきて、自分の子どもの評価と家庭中心プログラムの作成をしてもらいたいと感じる英国やアイルランドの親たちは、決して珍しくありません。こういったことはすでに始まっているかもしれませんが、長い目で見れば問題をはらんでいます。最も重要なことは、子どもの発達を促進するプログラムの作成に有害な影響を及ぼすおそれがあるということです。特定のプログラムに意図した効果が現れず、調整が必要なときなど、短い観察から重大な決定ができるほど身近なところに行動分析家がいないからです。「次に何をすればいいのか」のような基本的な疑問が、次の訪問まで、本質的に据え置かれたままになってしまいます。これは、ある特定のプログラムがうまく動いているときでさえ起こります。もちろん、療育の過程で起こる問題は、親であるあなたにその余裕さえあれば、電話を通した相談によって短期的に取り組むことは可能でしょう。親たちをこのような弱い立場に追いやってしまうのは、道徳的に擁護できるものではありません。応用行動分析学について、より多くの親たちが適切な情報を得られるようになるにつれ、英国における地域のサービス提供者の問題はより複雑になっていくと思われます。地域のサービス提供者は、いずれはある時点で、応用行動分析学の知見を容認し、ふさわしい資格をもった療育専門家を多数集め、療育の体制を確立しなければならないでしょう。現在ある地域の資源が十分に活用されなければ、これには長い時間がかかるかもしれません。また、その地域に移り住んできた人たちは、その地域社会のなかで適切な基盤を作り上げる立場にはありません。利益を追求する組織の人たちにとって、この動向は自分たちに富をもたらす市場の減少につながるので巻き込まれたくない、と思うのは理解できます。

　あなたは親として何をすべきでしょうか。まず第1に、あなたが住んでいる地域に行動分析家がいるかどうか探してみましょう。行動分析家は誰もが自閉症の療育専門家というわけではありませんが、その誰もが、基礎的な行動の原理を知っておりまた使っています。地域にいる行動分析家は、行動の

結論と今後の方向

種類にかかわらず、過剰な行動の減少や不足している行動の増加を目指す活動を支援してくれるでしょう。

　第2に、あなたの子どもにとって最適な学校を探しましょう。行動分析学による教育のセッションをとおして、多くの親たちは、子どもの世話のために雇った専門家よりも多くの行動分析学のスキルを獲得します。学校に通学するという将来に備えることによって、スキルを親たちと共有することができ、学校への移行を容易にする行動原理の適用に最もふさわしい雰囲気が作り出されるでしょう。すでに通っている学校が子どもに適切でない場合には（不思議なことに、そういうことはあるのです）、親たちが受けている行動分析学による教育は大きな支援になります。例えば、親たちは学校でのデータ収集に関して、完全に目的にかなった要求ができます。どんな科学者でも、データの収集が、社会的な責任をとるための基準を提供することを知っています。子どもの利益のために学校で特別な手続きを実施していれば、その手続きの効果を評価するために、データを毎日集めるのは当たり前です。これは、行動分析学に関する教育を受けた親が行うことです。したがって、学校にいる専門家に同じように科学的な見方を期待するのは、道理にかなっています。学校におけるデータの収集は、特定の手続きが子どもの発達を促すという証拠をもたらすばかりでなく、療育での学校と家庭の協力関係を確かなものにするでしょう。

　第3に、英国やヨーロッパ諸国には行動分析学の正式な課程が全般的に不足している（変わり始めてはいますが）ということを心にとどめ、誰かが応用行動分析学に精通していると言ったら、あなたは注意する必要があります。しかも、英国にはまだ、資格をもった行動分析家を登録する制度はありません。その人たちと話をしてみて、例えば、行動分析家が使う行動の定義などの基本的なことをどの程度知っているかを、あなたが判断するほかはないのです。行動分析家は、人がすることをすべて行動と言います。人々は考えることをする、あるいは感じることをするので、認知や情緒も行動として定義されます。

ここで、行動という用語の定義の問題が起こってきます。なぜならば、教育心理士たちの報告書には、認知スキルや情緒発達のようなカテゴリーで使う場合とは別と見なされる「行動」という用語が、あまりにも頻繁に現れるからです。これらの専門家の多くは、行動分析学とは、表に現れた妨害行動や攻撃行動を扱う対処法を集めたものであり、それ以上のものではないと、ごく狭い範囲の行動分析学しか教えられてこなかったのです。これらの専門家は、教育をとおして、人間の心理学はその人の行動と関連があるが異なるものであるという見方を教えられました。行動分析学へのこのような表面的な理解は、自閉症について行動分析家ではない著者が書いた数多くの書籍の中に見つけられます。例えば、「問題行動」の管理の難しさを取り上げるときだけ、行動の原理のいくつかを解説する単独の１章が、しばしば見られます。自閉症は、社会性の発達や情緒発達、コミュニケーション、言語、思考に関連する特定の行動がいくつかまとまって観察されることによって診断される症候群である、ということを思い起こしてください。このような行動の過剰や不足を測定することによって、自閉症の発見や診断が行われるのです。そして、これらの行動が、たいていは行動の原理を参照することなく議論されているのも、奇妙なことです。

結　論

　PEATグループの親たちの多くは、別の親の会から移ってきました。そうした支援グループの活動に不満があったからです。つまり、悩みを打ち明けて慰めてくれる相手をもつことや、「障害のある子どもとの人生に立ち向かう」ための支援を受けることは必要だが、それだけでは十分ではないというのが、その代表的な理由でした。そのような親たちの行動分析学に対する最初の反応には、たいてい何らかの安堵感が含まれていました。そしてついに誰かが、その親たちに自分たちの子どもを家庭でどう扱っているかを見せようとしました。グループの役割を果たすために、そして子どもの可能性を

高めるために、親と専門家たちが協力しあって幅広いスキルを共有したときに何がなしうるかを、PEATの親たちは本書で示しました。適切な指導によって、親たちは自分の子どもの療育専門家としての役割が果たせるようになります。行動の原理に関する知識を自分の子どものニーズに合う手続きにどう変換するかを、親たちは教えられるのです。

付　録　1

コリンの言語（療育を始めて4カ月後）

　コリンの語彙は今では400語を超えており、「man climbing tree（木に登っている人）」「here came Johnnie（ジョニーがやって来た）」「man reading newspaper（新聞を読んでいる人）」「teddy jumping on box（箱の上で跳びはねているテディ）」のように、短文の中で動詞を使うことができました。交互に話をしたり、童謡や歌を最後まで歌ったり、本を持って座って動作を指さすこともできるようになりました（「go（行く）」「man（人）」「stop（止める）」など簡単なことばの意味が分かり始めていて、自分の名前が書けました）。「go and put your coat on the chair（椅子にコートをかけてきなさい）」「fetch me the lego from under the table（テーブルの下からレゴを持ってきなさい）」「give Daddy the salt（パパに塩を渡しなさい）」「get your shoes from the sitting room（居間から靴を持ってきなさい）」など簡単な指示にしたがうことができました。『3匹のやぎのがらがらどん』『赤ずきんちゃん』『ゴールディロックスと3匹のクマ』『3匹の子ぶた』など簡単な童話を交互に順番に話すことができました。

　コリンはまた、スポット、ノディー、トッツテレビ、郵便屋パット、ミスターメンとレディーバードシリーズ（Spot, Noddy, Tots TV, Postman Pat, Mr Men and the Ladybird series）の本を、1人で"読んで"楽しみました。年長児用の本を持ってきて、自分が興味のあることを指さして教えることができました。言語療法の課題では、言われた絵カードを選ぶことができ（例えば「Give me teddy jumping on the box〔箱の上で跳びはねているテディをちょうだい〕」）、「Give me teddy jumping on box（箱の上で跳びはねているテディをちょうだい）と交替して言えました。保育園の友達の名前をた

さん知っていて、名前を言えばその友達を指さすことができました。コリンは、とりわけロバートが好きで（退室するときには「hold hands〔手をつなごう〕」と言います）、「Robert go home（ロバートはお家に帰る）」と言うでしょう。また、ノーマンも気に入っているようでした（「bye bye Norman〔バイバイ、ノーマン〕」と言います）。

　コリンは家では、機械じかけや組み立てるおもちゃで遊び、レゴで橋や自動車、トラック、ヘリコプター、駅などを作りました。例えば、駅を作って、おもちゃの鉄道の線路を通しました。また、人形の家を使って、人形を起こして、1階へ連れて行って朝食を食べさせるなど、家の中の遊びをしました。

　この頃までには、コリンはごく普通の方法で物をくださいと頼むようになっていたので、ローラは、「Give me some juice, please?（ぼくにジュースをください）」とか「Can I have some crisps, please, Mammy?（ママ、ポテトチップをもらっていいですか）」など、より完全な文を使ったら強化していました。ローラが「what do you want（あなたは何がほしい）」と聞くと、コリンは「what do you want? I'd like chocolate biskit please（あなたは何がほしいか、私はチョコレートビスケットがほしい）」、と答えました。コリンは「thanks（ありがとう）」とか「thank you（どうもありがとう）」と言いました。また、それがほしくなければ、「no（いい）」とか「no thanks（いらない）」と言いました。ほしいものがすぐに手に入らないときには、かなり不機嫌そうに「Do you hear me?（聞いてる？）」と言います。

　コリンは、今ではだいぶ我慢ができるようになりました。コリンの要求に応えたり応えなかったりすることで、コリンが我慢をしたり指示にしたがうことが増えました。コリンは、『3匹のやぎのがらがらどん』のお話がまだ大好きでした。よくコリンは、テーブル（「橋」のつもり）の下に隠れ、そこから「I'm a troll fol de rol …… and I'm going to eat you for my supper（わしは、トロール・フォル・デ・ロールだ。お前たちを夕食のごちそうにして食べてしまうぞ）」と歌いながら（その本の挿絵のように、つま先でくるりと回って）飛び出す「演技」で遊びました。コリンはヤギを演じるときには、

水に入ってバシャバシャとしぶきをあげるしぐさを最後にします。コリンは今では、遊びながらいつも何かをしゃべっています。何を言っているのかその全部が分かるわけではありませんが、その多くは理解できます。例えば、「oh no（ああ、ダメだ）」「it's broken（壊れている）」「oh quickly; get fire engine（ああ早く、消防車を呼んできて）」「fix it; here came the engine（修理だ。エンジンがきた）」「beep, beep; there she went（ピーポー、ピーポー、行っちゃった）」などです。

付　録　2

コリンの語彙

　コリンの語彙を評価するために、ローラは冷蔵庫のドアに記入用紙を貼っておき、コリンが新しいことばを言うたびにそれに書き留めました。以下に、コリンが獲得した順に、それらの語彙を示します。

- dog（いぬ）　apple（りんご）　bat（バット）　sitting（座っている）　bath（おふろ）
- cat（ねこ）　banana（バナナ）　trousers（ズボン）　stairs（階段）　bathroom（バスルーム）　big bird（ビッグ・バード《キャラクター名》）
- kangaroo（カンガルー）　potato（じゃがいも）　pants（ズボン）　bed（ベッド）
- sitting room（居間）　Impossible（どうしようもない）
- giraffe（キリン）　beans（豆）　T-shirt（Tシャツ）　steps（階段）
- kitchen（台所）　Mr Sneeze（ミスター・スニーズ《絵本のキャラクター名》）
- hippo（カバ）　carrot（ニンジン）　jersey（ジャージー）　upstairs（2階）　bedroom（寝室）　teacher（先生）
- monkey（さる）　coke（コーラ）　shirt（シャツ）　downstairs（1階）　bleach（漂白剤）　William（ウィリアム《男子名》）
- spider（くも）　juice（ジュース）　fish（さかな）　door（ドア）　pen（ペン）　answer（答え）
- bee（ミツバチ）　milk（牛乳）　seaside（海岸）　were（……だった）　crayon（クレヨン）　knows（分かる）
- tiger（とら）　tea（お茶）　bicycle（自転車）　open（開ける）　drawing（お絵描き）　brave（勇敢な）
- lion（ライオン）　coffee（コーヒー）　telephone（電話）　flowers（花）　painting（塗り絵）　keys（鍵）
- horse（馬）　note（メモ）　vacuum cleaner（電気そうじ機）　trees（木）　computer（コンピューター）　silly（つまらない）
- cow（牛）　cold（寒い）　TV（テレビ）　grass（草）　dish（皿）　butterfingers

（そそっかしい人）
- sleep（眠る）　sausages（ソーセージ）　mat（マット）　goats（やぎ）　own disk（自分のディスク）　fire engine（消防車）
- rabbit（うさぎ）　chicken（ニワトリ）　bend（曲げる）　troll（トロール《橋の下などに住む奇怪な巨人や小人の種族》）　Ghostbusters（ゴーストバスター《キャラクター名》）　shoes（靴）
- guinea pig（モルモット）　meat（肉）　sketch（スケッチ）　bridge（橋）　Indiana Jones（インディアナ・ジョーンズ《映画の作品名》）　socks（靴下）
- bird（鳥）　tomato sauce（トマトソース）　music（音楽）　over……（上から）　Scalextric（スカレックストリック《ゲーム用レーシング・カー》）　stove（ストーブ）
- car（自動車）　eggs（卵）　rock（岩）　under……（……の下に）　Tuba ruba（テューバ・ルーバ《玩具名》）　cooking（料理）
- lorry（トラック）　chips（チップス）　rock together（いっしょにロックする）　up（上の方に）　Tots TV（トッツ・テレビ《テレビの子ども番組》）　Cornflakes（コーンフレーク《商品名》）
- truck（トラック）　butter（バター）　clap (hands)（〔手を〕たたく）　down（下の方に）　Tilly（ティリー《女子名》）　music（音楽）
- coal lorry（石炭運搬車）　seat（席）　hands（両手）　all done（おしまい）　Tom（トム《男子名》）　posting（郵便を出す）
- brick lorry（レンガ運搬車）　table（テーブル）　feet（フィート）　doctor（医者）　Tiny（タイニー《キャラクター名》）　Postman (Pat)（郵便屋さん〔パット〕《キャラクター名》）
- van（ワゴン車）　chair（椅子）　toes（つま先）　Mrs Tweed（ツィード先生《幼稚園の先生の名前》）　Noddy（ノディー《児童読み物シリーズの主人公》）　running（走る）
- red（赤）　bread（パン）　eyebrows（まゆ毛）　station（駅）　Bigear（大耳爺さん《ノディー・シリーズのキャラクター名》）　walking（歩く）
- blue（青）　join（参加する）　cheeks（ほお）　Wendy（ウェンディ《女子名》）　PC Plod（ピー・シー・プラッド《玩具のキャラクター名》）　fingers（指）
- green（緑）　Corn Pops（コーン・ポップス《商品名》）　more（もっと）　bye bye（バイバイ）　mouse（ねずみ）　tractor（トラクター）
- pink（ピンク色）　Weetabix（ウイータビックス《商品名》）　mark（しるし）　see you later（またね）　dolly（お人形）　digger（坑夫）
- purple（むらさき色）　Cornflakes（コーンフレーク《商品名》）　ears（耳）　watch（腕時計）　Teddy（テディー《キャラクター名》）　steam roller（蒸気ローラー）

- yellow（黄色） Rice Krispies（ライス・クリスピー《商品名》） clench (fist)（〔こぶし〕を握る） clock（掛時計） Bert（バート《キャラクター名》） motor bike（オートバイ）
- orange（オレンジ） weeks（週） eyes（目） I go（ぼくは行く） Ernie（アーニー《キャラクター名》） light（明かり）
- square（広場） bump（こぶ） kiss（キス） train（列車） Elmo（エルモ《キャラクター名》） turn on（……をつける） rectangle（長方形） stop（止める） head（頭） tank engine（タンク機関車） count（数える） turn off（……を消す）
- triangle（三角形） go（行く） Crunchy nut（クランキー・ナッツ《商品名》） monster（怪物） cookie（クッキー） put down（下ろす）
- circle（円） coat（コート） fall down（倒れる） water（水） Gordon（ゴードン《男子名》） toast（トースト）
- trailer（トレーラー） Patrick（パトリック《男子名》） crash（壊れる） birthday（誕生日） hankie（レースのついたハンカチ） James（ジェームズ《男子名》）
- castle（お城） Thomas（トーマス《男子名》） cracked（割れた） happy（幸せな） crying（泣き叫ぶ） chance（好機）
- alphabet（アルファベット） Daisy（ディジー《女子名》） dirty（汚れた） sad（悲しい） laughing（笑っている） breakfast（朝食）
- excuse me（すみません） Domino（ドミノ《ゲーム名》） class（学級） cross（横切って） may（……でしょう） dinner（夕食）
- please（どうぞ） Rover（ローヴァー《犬の名前》） flush（水で流す） angry（怒っている） boy（少年） lunch（ランチ）
- thank you（どうもありがとう） Pussy（プッシー《猫の名前》） toilet（トイレ） sewing（縫い物） girl（少女） bus（バス）
- thanks（ありがとう） picture（絵） floor（床） sharp（とがった） hold hands（手を握りあう） big（大きい）
- hen（めんどり） book（本） helicopter（ヘリコプター） scissors（はさみ） let go（行かせて） broken（壊れた）
- rooster（おんどり） page（ページ） plane（飛行機） brush floor（床をモップで磨く） give me（ちょうだい） building（ビル）
- goose（ガチョウ） farm（農場） chocolate（チョコレート） pat（軽くたたく） back（後ろ） bricks（レンガ）
- Colin（コリン） the（その） Mars（マース《商品名》） elbows（肘） corner（コーナー） grey（灰色）
- me（ぼくを） and（……と） Snickers（スニッカーズ《商品名》） knees（膝）

round（……のまわり）　No Martin（ノー・マーチン《人名》）
・mine（ぼくのもの）　to（……へ）　Twix（トィックス《商品名》）　digger（坑夫）　birthday card（お誕生カード）　No thank you（いりません）
・I（ぼくは……）　lone（1人の）　penguin（ペンギン）　clown（ピエロ）　Santa Claus（サンタ・クロース）　Mickey（ミッキー《男子名》）
・Ruth（ルース《女子名》）　each other（お互いに）　ginger snaps（ショウガ入りクッキー）　pig（ぶた）　Snowman（スノーマン《キャラクター名》）　Karola（カローラ《女子名》）
・Suzanne（スザンナ《女子名》）　most of all（ほとんど全部）　Smarties（スマーティー《商品名》）　school（学校）　snow（雪）　baby（赤ちゃん）
・Matthew（マシュー《男子名》）　black（黒）　Milkyway（ミルキーウェイ《商品名》）　church（教会）　raining（雨降り）　here he is（彼はここにいる）
・Carol（キャロル《女子名》）　brown（茶色）　Milkyway stars lolly（ミルキーウェイ・スターのトラック）　slippery（すべりやすい）　here she is（彼女はここにいる）
・granny（おばあちゃん）　soldier（兵士）　crisps（ポテトチップス）　ice-cream（アイスクリーム）　hot（熱い）　There's Mammy（ママはここ）
・Alan（アラン《男子名》）　policeman（おまわりさん）　hula hoops（フラフープ《玩具名》）　hopping（忙しい）　cold（冷たい）　there he is（彼はあそこ）
・Daddy（パパ）　fireman（消防士）　Maltesers（マルチザーズ《商品名》）　shops（店）　cup（コップ）　there she is（彼女はあそこ）
・Mammy（ママ）　ambulance（救急車）　fighting（戦う）　donkey（ロバ）　plate（皿）　garage（ガレージ）
・buttonhole（ボタン穴）　police car（パトカー）　bold（ずうずうしい）　faster（すばやい）　dish（料理）　petrol（ガソリン）
・Norman（ノーマン《男子名》）　fire engine（消防自動車）　standing（立っている）　no（ダメ）　knife（ナイフ）　water（水）
・Robert（ロバート《男子名》）　garden（庭）　bedtime（就寝時刻）　yes（はい）　Madeline（マデレン《女子名》）　piece（断片）
・Sam（サム《男子名》）　sky（空）　Pedigree chum（ペディグリー・チャム《商品名》）　deadly（ひどく）　spoon（スプーン）　monster（怪物）
・Sacha（サッチャ《女子名》）　moon（月）　Whiskas（ウィスカズ《商品名》）　excellent（すばらしい）　Yoghurt（ヨーグルト）　Tele monster（テレ・モンスター）
・Laura（ローラ《女子名》）　Kit-e-kat（キット・エ・カット《商品名》）　upside down（さかさま）　outside（外の）　goldfish（金魚）　Tommy（トミー《男子名》）
・Sarah（サラ《女子名》）　sun（太陽）　Kit kat（キット・カット《商品名》）

付録2

- sneeze（くしゃみ） salt（塩） help（手伝い）
- Natasha（ナターシャ《女子名》） sunshine（日光） Rocky（ロッキー《男子名》） cough（せき） sugar（砂糖） what's that（あれは何）
- Dean（ディーン《男子名》） stars（星） biscuit（ビスケット） piano（ピアノ） wet（濡れた） help me（助けて）
- Christopher（クリストファー《男子名》） walking（歩く） cookie（クッキー） fiddle（ヴァイオリン） reading（読む） cushion（クッション）
- Johnstone（ジョンストン《姓》） running（走る） cake（ケーキ） Wowser（ワウザー《キャラクター名》） newspaper（新聞） harbour（港）
- sandwich（サンドイッチ） slippery（すべりやすい） Captain Short（キャプテン・ショート《キャラクター名》） grass（草） shut up（黙って） house（家）
- sandwiches（サンドイッチ） crumbly (snow)（溶けやすい〔雪〕） parsley（パセリ） goodnight（おやすみ） fire（火事） eat/eating（食べる・食べている）
- brush hair（髪をとかす） give me my（ぼくの……をちょうだい） Sage（セージ《英国・会社名》） darling（かわいい人） hug（抱く） same（同じ）
- sewing（縫い物） may I have（……していい） doot-doot（ドゥート・ドゥート《コミック・ブックの書名》） round the（……を回って） jammies（パジャマ《幼児用》） not the same（同じではない）
- machine（機械） some juice（少しのジュース） recorder（レコーダー） corner（コーナー） cuddle（抱きしめる） teacher（先生）
- jumped（跳んだ） dinner（夕食） chimney（煙突） coughing（せきをする） football（サッカー） come on（おいで）
- jumping（跳ぶ） lunch（ランチ） Where were you?（どこにいたの？） sneezing（くしゃみをする） snooker（スヌーカー《ゲーム名》） be careful（気をつけて）
- very hungry（とてもお腹がすいた） crisps（ポテトチップ） delicious（おいしい） snoring（いびきをかく） look at me（ぼくを見て） roll over（転がる）
- supper（夕食） don't（してはダメ） excellent（すばらしい） whisper（ささやく） wash（洗う） poor teddy（かわいそうなテディ）
- be careful（気をつけて） bricks（レンガ） need（必要） now（今） brush teeth（歯を磨く） give way（負ける）
- work（仕事） sticks（棒） want（ほしい） corner（コーナー） milk（牛乳） farmer（農夫）
- round（回って） wolf (big, bad)（〔大きな・悪い〕狼） cottage（山荘） uphill（上り坂） bridge（橋） farmhouse（農家）
- roundabout（回り道の） soup（スープ） hop（片足で跳ぶ） downhill（下り坂） straw（ストロー） cuckoo clock（カッコウ時計）

- hammer（ハンマー）　Sooty（スーティー《キャラクター名》）　long（長い）　watch out（気をつける）　Tin Tin（タンタン《キャラクター名》）　crunch（バリバリと食べる）
- nail（爪）　Sweep（スイープ《キャラクター名》）　longer（より長い）　screwdriver（ねじまわし）　Snowy（スノーウィ《キャラクター名》）　green grass（緑の草原）
- boat（ボート）　Soo（スー《地名》）　shake（振る）　screw（ねじくぎ）　Jess（ジェス《男子名》）　train set（列車セット）
- oars（オール）　Scampi（スカンピ《キャラクター名》）　munch（もぐもぐ食べる）　butter（バター）

付 録 3

言語療法について

ジル・ニーソン

　私が言語療法士として初めてコリンに会ったのは、1995年12月で、それはコリンが3歳10カ月の時でした。この段階でコリンは、地域の保健センターで言語療法をすでに何回か受けていました。

　最初の家庭訪問のとき、コリンはとても活発な子どもでした。いろいろな活動（おもちゃ、本、パズル、ミニチュアの動物や人形を使って）を見せると、テーブルに置かれたそれらの物に近寄ってきて、すぐに離れてしまいました。コリンは、自分から相互交渉を始めることにも、自分に向けられた言語的・非言語的コミュニケーションに応じることにも、興味を示しませんでした。

　このような、接近しては遠のくという「接近・退避」行動は、自閉症の子どもたちに非常に頻繁に観察されます。コリンは物に命名するのにいくつかの単語を使いましたが、物を要求するために、その物の名前を言うことはありませんでした。個々の単語の意味が理解できていなかったのです。コリンはまた、名前を言われてもその物を選び出せず、自分の名前を呼ばれても反応を示さず、「座って」などの簡単な指示にも応じることができませんでした。アイコンタクトもほとんどしませんでした。ごく短時間の探索行動は見られましたが、象徴遊びや想像遊びはしませんでした。

　これまでに得られた情報やアセスメント、行動観察にもとづくと、コリンのコミュニケーション行動には、言語発達、社会的相互交渉、創造性あるいは想像遊びにおいて、明らかな障害が見られました。

　この段階での言語療法の目的は、以下のとおりです。

- アイコンタクトの改善
- 注意や集中の改善、つまり「課題遂行」を続けること
- 予期スキルの改善
- 聴覚（聴き取り／記憶）スキルの改善
- やりとり遊びの促進

コミュニケーションとは、子どもと養育者との協力を含む双方向の行動です。親と子どもの両方にとって、活動すること自体が正の強化となりフィードバックが与えられるような、簡単な活動を行うことがきわめて重要です。「ボディ・アウェアネス・コンタクトとコミュニケーション・プログラム（Knill and Knill, 1992）」は、コミュニケーションを形成させるプログラムを作成するうえで、基礎となります。このプログラムは、音楽や運動のプログラムをとおして、上にあげた行動の発達を促進してくれます。

コリンに対して、1996年1月にこのプログラムを開始しました。コリンは地域のクリニックで行われていた療育に、1週間に1回45分間参加しました。この療育セッションは、コリンが楽しめるように、また今後の言語指導の「準備」となるように、「ボディ・アウェアネス」プログラムから始めました。

療育セッションの進めかた

- 「ボディ・アウェアネス」（Knill and Knill, 1992）プログラム（今後の指導の準備とする）
- 聴覚的な注意を改善するための、さらに進んだ活動（例えば、音声と絵のマッチング、一連の音声の模倣）
- 言語の理解や表現を発達させるための、多くの役割交代ややりとり遊びを含む特別な言語形成課題（ダービシャー言語指導カード Derbyshire Language Scheme [D. L. S.]〔Masidlover and Knowles, 1979〕の課題も含む）
- やりとりや単純な想像遊びを発達させるための、ゲームや遊び活動

それぞれの課題は、できるだけ短時間に行います。活動をすること自体が

しばしば強化となりますし、課題を達成したときには、好みのおもちゃやパズルで短時間遊ばせます。

療育の最初の4カ月間は、別な領域の専門家からの指導も同時に行いましたが、最も重要な、毎日の生活の中での課題の強化や般化は、家庭において母親が行いました。コリンは急速な成長をみせました。

著しい改善

- アイコンタクト
- 聴覚スキル：注意、聴き取り、聴覚記憶
- 言語理解：1単語の意味の理解から、4つの内容を含むことばによる指示の理解（Masidlover and Knowles, 1979参照）まで
- 表出言語：絵カードの内容を説明する課題で、コリンは今では、5語までの単語を使った発話ができるようになりました。すなわち、「Teddy bears sit on the box（テディベアが箱の上に座っている）」のような、3つの概念の連結（Masidlover and Knowles, 1979）が可能です。

このとき、つまり1996年4月には、コリンの両親は、コリンが通常学級で教育を受けられるように力を尽くしていました。これは、北アイルランドの当時の動向（Adams, 1993）からは、大きく外れたものでした。両親の努力は報われました。1996年9月に、コリンは普通学校に通学しはじめました。

その学校でも、言語療法は続けられました。インクルージョン教育を熱心に進めようとする学校で、熱心な先生と学習支援アシスタントに出会えて、コリンはとても幸運でした。コリンの言語療法のプログラムは、学校で2週間ごとに見直され修正されました。課題の反復や、強化や般化を促す活動が、学級の担任と学習支援アシスタントによって行われました。コリンの両親との連絡も、定期的に行われました。コリンの成長と、その時点でのコミュニケーション・ニーズとを合わせて、一定期間ごとに再評価が行われました。

公式アセスメントの結果は、1996年4月から1998年2月までの継続した成長を示しています。

就学前言語尺度-3（Zimmerman, Steiner and Pond, 1991）

生活年齢	相当年齢	標準得点	パーセンタイル順位
4歳2カ月	2歳11カ月	72	3％

言語能力臨床評価－就学前（Wiig, Secors and Semel, 1992）

生活年齢	相当年齢	標準得点	パーセンタイル順位
4歳11カ月	3歳7カ月	80	9％
5歳7カ月	4歳7カ月	96	30％
6歳0カ月	6歳5カ月	103	58％

　上に示した表は、コリンが検査を受けたときの生活年齢と、算出されたパーセンタイル順位などを表しています。相当年齢は、それぞれの生活年齢に属する群の子どもたちから得られた中央値を標準サンプルとして、その子どもの能力を、その生活年齢における標準サンプルと比較するものです。標準得点は、子どもの得点が平均得点からどのくらい離れているかを示します。上にあげた検査の標準得点は、平均値が100で、標準偏差が15です。1標準偏差は、子どもに言語障害があることを表す基準として、しばしば用いられます（例えば、標準得点が85以下であれば、平均値よりも1標準偏差である15以上得点が低いので、統計的に有意に言語の障害があるとみなされます）。パーセンタイル順位とは、その検査において、同じもしくはそれ以下の得点を取った子どもの割合です。生活年齢が4歳2カ月のときに、コリンのパーセンタイル順位は3％でした。それは、同じ生活年齢の子どもたちの3％と同等もしくはそれ以上の言語能力があったことを示しています。生活年齢が6歳0カ月のときには、コリンのパーセンタイル順位は58％であり、同年齢の子どもたちの58％と同等もしくはそれ以上の言語能力が示されました。これは、時間を追うにしたがって、著しい改善があったことを物語っています。
　今の時点での、コリンの言語療法プログラムは、次のようなものです。

（1）特別な言語課題
　（i）抽象概念の理解を改善する。
　（ii）お話をする課題で、話し方や話す順番を改善する（例えば、出来事を結びつけたり、その内容を言い直したり、場面の描写や解説をする）。
（2）社会的相互交渉を行うスキルを形成する。自己や他者の認識、行動の自己監視（Kelly, 1996）。
（3）学校内で起きたコミュニケーションのための行動に関する困難（すなわち、コリンのニーズに合わせたカリキュラムの作成や社会的相互交渉の困難など）について、学校と協力しながら解決に当たる。

　言語療法士として、私が行動分析学に初めて出合ったのは大学生のとき（1980年代半ば）であり、その頃は、行動分析学がそれほど有効であるとは思われていませんでした。コリンの行動を支援するために、コリンの両親が行動分析学を用いていると知ったとき、私はすぐに心配になりました。
　行動分析学に対する私の最初の懸念は、行動分析学は「現実」世界や機能的コミュニケーションの学習からほど遠い臨床場面で、反復練習を通して子どもを「訓練」するものだ、という誤った思い込みにもとづくものでした。しかしながら、行動分析学とは、最も広義には、行動は強化されることによって繰り返し生起するという前提にもとづいているので、望ましい行動に正の強化を与えれば、その行動の形成や変容ができます。言語療法士としての私自身の実践を振り返ってみると、その目的は、子どもがもっているコミュニケーション能力を最大限に発揮させること、言い換えれば、子どものコミュニケーション行動を発達させたり変容させることです。行うこと自体が報酬となるような課題や、課題の遂行に外的な報酬が提示されるような一連の課題からなる療育活動を行います。特定された療育の標的行動が、その行動が機能する場面の中で、繰り返し提示され、強化され、般化が促されるのです。行動分析学による療育をすでに行っている親たちには、これは普通のア

プローチのように聞こえるでしょう。また、言語療法のプログラムやその標的行動は、子どものスキルやニーズについての詳細な行動観察と公式アセスメントにもとづいて、作成したり選定します（Van der Gaag, 1996）。それぞれのプログラムは、それぞれの子どもに合わせて作られます。子どものスキルは、定期的に繰り返してアセスメントが行われ、標的行動もその結果をもとに更新されます。

子どものコミュニケーション・スキルのアセスメントや、標的行動の達成やその般化を促す活動に向けて標的行動や助言を用意するときに、言語療法士の参加は不可欠だと私は思います。

要約すれば、行動分析学によるアプローチには、次のような数多くの利点があります。

・介入が濃密に行える。
・親に力を与える。
・子どもを肯定的にとらえるアプローチが行える（よく見られる「できない」「したくない」「しない」という態度とは対照的）。
・子どもに合わせた個別アプローチが行える。
・すべての発達領域にわたって療育の標的行動が設定できる（例えば、言語スキル、身体スキル、身辺自立スキル）。
・多領域の専門家から構成されるチームアプローチが行える。
・療育に一貫性がある。

引用文献

Adams, F.J. (ed) (1993) *Special Education in the 1990s*. Harlow: Longman.
Kelly, A. (1996) *Talkabout*. Bicester, Oxon: Winslow Press.
Knill, M. and Knill, C. (1992) *Body Awareness Contact and Communication*. Cambridge: Living Development Aids. Living and Learning (Cambridge) Ltd.
Masidlover, M. and Knowles, W. (1979) *Derbyshire Language Scheme*. Derby: Derbyshire County Council.
Van der Gaag, A. (1996) *Communicating Quality 2*. London: The Royal College of Speech and Language Therapists.
Wiig, E., Secors, W. and Semel, E. (1992) *Clinical Evaluation of Language Fundamentals*

Pre-school. London: The Psychological Corporation. Harcourt Brace Jovanich, Inc.
Zimmerman, I., Steiner, V. and Pond, R. (1991) *Pre-School Language Scale-3*. London: The Psychological Corporation.

付録 4

コリンの1日

　これは、1996年6月29日土曜日の出来事です。コリンは4歳4カ月でした。その日は、療育を始めてからおよそ7カ月目に当たります。その頃は、療育活動の一部で「にらめっこ」遊びもしていました。コリンは普通、午前8時45分に保育園に出かけ、正午頃に家に帰ってきます。しかし、この日は夏休みの初日でした。そしてまた、この日は雨がたくさん降っていて、外ではほとんど遊べませんでした。

午前7時30分	起床して、キャロルといっしょに1階に行ってテレビを見る。ローラはコリンの後をついて1階へ行った。コリンはローラに赤いおもちゃの自動車を見せて、「ツィード先生(保育園の先生)にもらった赤い自動車」と言った。
午前7時40分	コリンは朝食が食べたいと言う。「何が食べたいの」と聞かれると、コリンは「キャベツ」と言って笑った。「にらめっこ」遊びを20秒間した。トーストを選び、マーガリンを取りに冷蔵庫のところに行き、短いことばで何かを言いながら、棚からジャムを取った。朝食を食べているルースやキャロルと、朝のテレビ番組をいっしょに見ようと戻ってきた。番組で出された質問(例えば、「あの人は何をしていますか」「あれは何ですか」など)に答えた。興味をもったことを大きな声で話した。「電車が駅に止まっている」と言いに、ローラのところに来た。「フェリックスが電車を運転している。バカみたい」と言いにきた。ローラの膝に座ってぶつぶつ言い続けた。「赤ずきんちゃん、でっかいもじゃもじゃが出てきてほえたり、にっこり笑った」。ルースのところへ行って、隣に座ると、ルースはコリンに「どうしたの」と聞いた。ルースを足でやさしく押しながら座って、テレビを見た。「先生がいます。学校です。学校へ行く時間で

す」とルースに言った。立ち上がって、ローラによじのぼろうとやってきた（長時間じっと座っていることはない）。「お庭をまわれ」をして走り回った。「赤い自動車はどこ」とローラが聞くと、コリンは居間に探しに行った。ローラが赤い自動車がどこにあるかを知っていると言うと、コリンは「ママ、ぼくの赤い自動車をちょうだい」と言った。食器の洗い場に行って（ローラが扉を開けた）赤い自動車を手に入れた。マットの上で遊んだ（もうテレビは見ていない）。「それは庭にあります」としゃべっている。バスルームへ行った。ローラが追いかけた。コリンは手を拭いていた。コリンはちょうど風呂から出てきたふりをしながら、「タオルで拭いている」と言った。マットの上に置いた自動車のところに戻った。「自動車が壊れちゃった」と言い、エンジンを修理するまねをした。騒がしい音が流れるテレビの方を見た。レッカー車をマットの上に持ってきて、赤い自動車を修理していた。ローラは仕事に行った。ジェフリー（コリンの父親）とルースが記録を続けた。

午前8時15分	ズボンの両膝の当て布を濡らしてしまう。コリンは拭き取ろうとした。海賊の漫画を夢中で見ている。
午前8時19分	おもちゃの自動車の遊びにまた戻る。膝をこすった。
午前8時21分	ジェフリーの膝に座って、テレビを見た。
午前8時29分	椅子を替えて座り、あたりを見回した。
午前8時37分	「ミッキーが闘っている」と言って、キャロルやジェフリーと闘うまねをして遊ぶ。
午前8時40分	歯を磨きに行った。
午前8時42分	テーブルのところにいた父親の背中に乗って、「やった」と言った。
午前8時49分	『おじいさんのヨーク公爵』を歌って、ジェフリーの首の周りにトラックを走らせた。
午前8時55分	歌いながら、まだジェフリーの背中に乗っている。
午前9時05分	「お腹がすいたから」と、もっと朝食を要求する。
午前9時30分	まだ、ジェフリーの背中に乗って歌っている。着替えをした。
午前9時45分	マシューが（最後に）起きてきた。コリンはマシューと遊びに出かけた。
午前9時47分	ジェフリーの方に戻る。ローラが仕事から帰ってくる。
午前9時48分	床をモップで磨きに行った。「お母さん、お帰り」と言い、「砂を積んで」トラックで遊んだ。ジェフリーのところへ行って、ジェフリーを抱きしめた。（朝食は片づけてしまったので）お菓

子をもらう。「ぐわっぐわっ」と蛙の鳴き声のような声で叫びながら、跳びあがって、ルースの緑の蛙とコリンの赤い蛙を交換した。「6つ持っていて、1つとると5」「2つとると4」などと、お菓子を数える。お菓子を食べて、テレビの子ども番組を見た。ワイン味の小さなガムを吐き出した。ローラはコリンにハンカチを手渡すと、コリンは「お片づけ」と言った。テレビCMが続く。ルースのところへ行き、ココポップのCMを見る。「それは恐竜」と質問に答える。ルースの膝に座って、「風船が割れた」（テレビを見ながら）と言う。キャロルにお菓子をあげて、1つはジェフリーにあげた。ピョンピョン跳ねながら、「パパにあげる」と言った。お菓子を食べに、居間に駆け込む。

午前10時07分　テレビを見ながら、ジェフリーによりかかる。ローラの方にやってきて、「ミッキーが闘っている」と言う。笑いながら手を拳の形にしている。

午前10時10分　椅子にマシューを座らせて揺らす。マシューは赤い自動車を持っていた。コリンは「赤い自動車をちょうだい」「マシュー、赤い自動車をください。ぼくははそれで遊びたいから」「やったー、手に入れた」と言った。赤い自動車とトラックで遊んだ。ローラといっしょに外に出て、牛乳を取り、花に水をやった。「こちょ、こちょ」と叫びながら、プッシー（猫）をくすぐった。「ぼくのお花、ぼくのお花」と叫びながら走り回る。

午前10時20分　ダンスのような足どりで、プッシー（椅子から跳びおりた）をくすぐり、跳びはねた。「かかしが上に跳んだ」と大声で歌いながら、おもちゃの自動車で遊ぼうと居間に行った。台所に戻ってきて、テレビを見上げて「バットマンが動けない」と言い、「かわいそうなバットマン」と言いながら走って出て行った。

午前10時25分　洗濯室にいる（ローラは洗濯を始めようとしている）。コリンは人形の家と赤い自動車で遊びながら、「リンリン、ジャンジャン、かかしさん」と歌っている。

午前10時32分　マシューと遊ぶ。おもちゃの自動車でいっしょに遊びながら、テレビを見ている。

午前10時37分　ジェフリーの膝の上に座った。左足などを見せた。『赤ずきんちゃん』の終わりを繰り返した。

午前10時48分　（食器保管室で）牛乳が飲みたいと要求した。液体洗剤のボトルを持って、「けんかする気か？」と言う。CMを見るためにやめる。

午前10時50分　マシューに向かって、「赤い自動車をください。それで遊びたい

付録4

から」と言う。赤い自動車を持って、ジェフリーの膝の上に座って、「線路が壊れちゃった」とおしゃべりをする（保育園への行き帰りが思い起こされる）。

午前11時00分　テレビで『恐怖のガイコツ』を見る。少年たちが見つけたピカピカの黄色い自転車がトラックに轢かれてしまう場面を見て、「自転車が壊れちゃった」と言った。「黄色い自転車、赤い自転車が壊れた」と言った。『おじいさんのヨーク公爵』を歌った。おもちゃの自動車をジェフリーの肩のあたりまで走らせながら、「みんなが登ります、登ります」と言い、そして降りるときには、「みんなが降ります。降ります」と言った。ジェフリーが立ち上がる。ジェフリーの椅子に座って、赤い自動車で遊びながら、テレビを見ている。ローラは赤い自動車を取り上げ、20秒間の「にらめっこ」遊びをした。コリンに自動車を渡した。スザンヌがそれを取って、「この自動車はどこでもらったのか」とコリンに聞くと、「ツィード先生が赤い自動車をくれた」と答えた。スザンヌがその赤い自動車を床の上で走らせると、コリンはそれを取って逃げた。

午前11時10分　スザンヌが赤い自動車を取り返して、また壊そうとした。コリンは、それを取り戻して居間に行った（ローラがついて行った）。コリンはタイヤをはずして、それをダンプカーの荷台に乗せた。ローラがコリンに元どおりにするように言うと、コリンは「ダンプカー」と叫んだ。そして、タイヤを荷台からドサッと捨ててから、元の自動車に着けた。「時計」の絵本を持ってくる。11時は、「買い物に行く時間です。ママは疲れています。お出かけの時間です」と言った。時計の針を1時や2時などに動かす。「夕食の時間、お話を聞く時間」などと、コリンは1人でその本で遊んだ。本で橋を作った。ルースといっしょにトラックをトンネルにくぐらせて遊んだ。ルースとおしゃべりをした。ルースは、台所に本を片づけに行った。コリンはまだトンネルで遊んでいた。

午前11時25分　ローラが玄関で応対している間に、コリンは食器保管室に入っていく。流しに自動車を落として、「海の中だ」と言った。他のみんなはポテトチップを持っている。コリンは「ポテトチップを1袋ちょうだい、のどが渇いたから」と言うので、「何？」と聞くと、「お腹がすいたから」と答えた。20秒間の「にらめっこ」遊びをした。スザンヌがコリンの自動車でレースをするときのように、少しフライングをした。それから、ポテトチップ

を手に入れ、どちらの手の中に入っているかを当てさせる。「左手にありますか？」。ポテトチップを食べる。椅子に座って、テレビ漫画の『フリントストン一家』を見ながら食べる。キャロルもいっしょに椅子に座り、コリンは椅子の肘掛けに足を押し付けて、つま先などをいじっている。他のみんなは、片づけのために洗濯室に行く。ポテトチップを食べ終えて、急いでローラのところに行って、ローラの頬に触れる。「ほっぺが痛い」と言って、たたいた。コリンはもっとポテトチップを食べようとするが、食べてはいけないと言われる。空き袋をゴミ箱に入れた（そうしなさいと言われて）。チョコレート・ビスケットを取りにいく。戻しなさいと言われる。ローラはドアを閉めて、コリンを椅子に座らせた。

午前11時45分	そわそわしながら、『フリントストン一家』を見ている。洗濯室に行き、みんなでおもちゃと棚を片づけながら、「パパもやって」と言う。コンピューターで遊ぶ。コンピューターはそのままにして、おもちゃを片づけ、道路地図のパズルのピースを2片とる。
午後12時10分	床で、道路地図のパズルとミニカーで遊ぶ。「庭に停めて」「ガシャン」などと言う。『マクドナルドおじいさん』を歌ったり、おしゃべりをしたりしながら、ミニカーで遊ぶ。
午後12時30分	『グランプリ』を見ながら、ジェフリーの背中につかまる。
午後12時40分	洗濯室に戻って、スザンヌがコンピューターの『セガ』で色合わせをしているのを見ながら、「それは緑、それは黒」と言う。
午後12時50分	台所でおもちゃで遊んでいる。「パパ、大きな色だよ。見に来て」と言う。ジェフリーの手をとって、『セガ』を見せようと連れて行った。自動車で遊ぼうとして居間に入った。
午後1時00分	昼食。20秒間の「にらめっこ」遊び。それから、みんなとテーブルで昼食を食べた。
午後1時05分	遊ぼうとして居間に急いで行く。メロンを食べに、テーブルに戻った。「ガリガリ」「ガリガリ食べる」と言う。「パンがゼロ」。「ゼロ、ゼロ」と、空になった皿を数える。椅子の上で踊って座った。オニオンブレッドをさらに食べた。
午後1時10分	昼食を食べ終えて、2階に行った。ローラが後をついていく。トラックとパトカーと鉄道セットを寝室の床に広げて、「停まれ、停まれ」「ちっちゃいおもちゃで遊ぼう」などとしゃべり続けている。
午後1時25分	下りてくるように言われて、コリンは線路を橋渡しにしたまま

	で、寝室を出る。ルースは、寝室で宿題をしようと、廊下をまっすぐに横切っていった。
午後1時30分	1階に下りてきて、「2階に来て。電車の駅を見て。来て」と言った。靴下と靴をはいて外出すると言われ、「いやだ。電車を見にきて。お店には行かない」と言った。
午後1時40分	マシューとコリンは自室にいて、コリンは『赤ずきんちゃん』の話(「おせっかいなおばあさん」を押入れに入れてしまう)をしながら、マシューを押入れに押し込んでしまう。ローラが靴を持ってやってくると、その靴をはかせてもらいながら、「お庭をまわれ」をして遊んだ。ルースと1階に下りて、洗濯室で『セガ』(レベル4まで)で遊んだ。みんなにも家の中に入るように言い、犬も入ってきた。
午後1時45分	コリンを自動車に乗せる。後部座席で、「パパ、ライトをつけて、早く、早く」と言った。子どもたちは毛布をかけられた馬を見て、コートを着ていると言った。コリンは「靴をはいている」と言った(私たちは木曜日に、レスリーヒル・オープンファームの鍛冶屋で蹄鉄を見ていた)。
午後2時00分	街の駐車場で、コリンが持っていた『バスに乗って』という音楽テープで、女の子たちと一緒に歌った(マシューは、その歌が嫌いだったので歌わなかった)。
午後2時05分	コリンはチャイルド・シートからおりて、「お庭をまわれ」をしようと、前の座席によじのぼろうとした。『おじいさんのヨーク公爵』を聞くようにと、元の座席に座らされる(座っていないとテープを止めると、ローラはコリンに言った)。シートベルトを着けるときに赤い自動車を返してもらっていたので、マシューはその赤い自動車を取った。コリンはテープに合わせて歌った。
午後2時07分	駐車場の自動車の台数を数える。『暴走列車』に合わせ「街へ行こう」と歌う。ジェフリーが戻ってきて、私たちは隣村のアンの家に行く(アンはキャロルの友達である)。アンの妹(4歳)が「コリンに会いに」走ってきた。コリンはほほえんで、「やあ、エレン」と言った。家に帰る途中、おやつを食べながら歌った。
午後2時40分	自宅。コリンは家に入りたがらない。「入らない。お外で遊ぶ」と言うが、外で遊ぶには天気が悪過ぎた。犬のローヴァーに、「やあ、ローヴァー」と言った。裏口を開ける。強い風が吹き込んで、ドアがなかなか閉まらなかった。台所へ連れて行かれ、叱られる。ローラをピシャとたたく。やめなさいと言われると、

	またローラをたたいた。自動車を取り上げ、謝りなさいと言って抱っこする。自動車を返してもらった。ローラが書きものをしていると、「自動車を描く」と言って、自動車を描いた。
午後3時00分	他の子どもたちといっしょに、テーブルについてケーキを食べながら、テレビ（『シルベスターとトゥイーティ』）を見ている。
午後3時06分	アラン（近所の子ども）がやってきた。コリンは「やあ、アラン」と言い、マシューとアランといっしょに戸外で遊びたがったが（でも2人はそうしたがらず）、コリンのおもしろいおもちゃで遊ぶことにした。20秒間「にらめっこ」遊びを5回ずつした。
午後3時30分	言語療法用カードと前置詞の課題を行った。「アランとマシューに会いに2階へ行こう」と言い、「マシュー、アラン、坑夫ごっこで遊ぼう」と言いながら走っていった（2人はマシューの部屋にいた）。
午後3時31分	階段の段数を数えながら下りてきた。広げると立体になる「仕掛け」絵本を持ってきた（坑夫はいなかった。アランは、その本でコリンを遊ばせたくなかった）。（約束どおり）コリンが遊びたいおもちゃを決めさせた。勉強をしに行った。「ガレージとトラックとロケットがほしい」「気をつけろ、ドリルがある」（ジェフリーがドリルを使っている）。
午後3時37分	ルースとコリンは、4つのおもちゃで遊んだ。ルースがコリンを追いかける。コリンは何かをずっとしゃべっている。短く、自分がしていることを言っている。ロケットをトレーラーにどうやって取り付けるかを、コリンがやってみせる。部品を押しながら、「ここを下に押す」と言った。亀のお城を直そうとしているルースに出くわした。
午後3時45分	アランとマシューが1階に下りてくる。アランはおもちゃで遊びたがる。コリンはトイレに行くが、すぐに戻ってきた。アランとガレージで遊ぶ。ことばによる指示がとても多い。ローラが『ロックステディ』はどこにあるかと聞くと、コリンは「椅子にある」と言った。ルースのところ（亀のお城のところにいる）に行き、それを見せる。ガレージに戻って、斜面を押して上がるようにと、壊れたトラックをアランに渡す。アランは亀のお城を閉めていたが、開けるように言われてコリンは開けた。
午後3時50分	アランは戸外に出たがった。スザンヌが加わって、コリンとマットの上で何かを押し合ったり引いたりして遊んでいる。コリンはずっとしゃべりどおしで、「牢屋へほうりこめ」（『ロックステディ』の曲から）と言った。

午後4時00分	女の子たちは戸外に出る（ウサギやモルモットにえさをやりに）。コリンは、マットの上で遊んでいる。
午後4時03分	トイレに行った。言われて、手を洗い乾かした。おもちゃのところへ戻って、それから犬のところへ行った。おもちゃに戻り、遊びながら、質問に答えた。例えば、エレンの髪は何色ですか？（赤なので、答えるのが難しい）。女の子たちが戻ってきた。
午後4時15分	洗濯室に入って行った。ルースが付いて行く（ローラがおもちゃを片づけてしまった）。『セガ』で遊ぶ。
午後4時20分	まだ洗濯室にいる。ノディーの本を読んでいる。『セガ』に戻って、ゲームでもう1つの人生を経験する。
午後4時27分	ジェフリーの道具で遊ぶ。コードレスのねじまわしを「ジージー」いわせる。ローラは部屋から出て行った。ジェフリーがするように、食器保管室のドアをコリンがドンドンとたたく音を聞いたかもしれない。
午後4時30分	道具を持って外に出る。ローラが入ってくると、スザンヌはテレビをつけ、2人はコマーシャルを見た。
午後4時35分	カードで遊ぶ。コリンは洗濯室から走って行って、『セガ』で遊んでいるルースに、「ポイントを取れ」「その鳥を殺せ」「シャボン玉を見て」「生きのびろ」などと教えた。
午後4時40分	台所に走って入った。テレビでロボコップをやっている。ロッキングチェアに座った。
午後4時50分	立ち上がって、居間に行った。洗濯室にくるように、ルースがコリンを呼んだ。
午後4時54分	みんなが台所のテーブルでケーキを食べた。
午後4時57分	ミルクを飲みたいと要求した。途中で気が変わってジュースになった。30秒間「にらめっこ」遊びをした。
午後5時00分	赤い自動車で遊ぼうとして、（男の子たちの部屋に）上がっていった。
午後5時06分	また1階に下りてきて、洗濯室に入り、ドリルで穴を開けているジェフリーに「うるさい」と大声で言った。
午後5時07分	台所のマットの上で、赤い自動車で遊ぶ。
午後5時08分	1段ずつ数えながら、2階へ上がる。どこに行くのかとコリンに聞くと、「2階」と答えた。何しに行くのかと聞くと、「おもちゃで遊びたいから」「それとアラン」「そしてマシュー」と答えた（アランたちは、2階でコリンのカセットプレイヤーで遊んでいた）。コリンはギターを弾くまねをした。
午後5時15分	まだ寝室にいて、ダンプカーになぐり書きの手紙を積んでいる

	（他の子どもたちは、音楽を聴きながらコリンの周りに座っている）。
午後5時19分	アランとマシューを1階に呼んだ（アランは2段ベッドの上段から飛び降りた。アランは重いので、バンと大きな音がした）。ルースは、ノディーの本を数冊とおもちゃをコリンに持ってきた。コリンは、床でパズルを組み立てている。
午後5時25分	アランが家に帰った。コリンは「さようならアラン」と言った。マシューが遊んでいた『セガ』のゲームで遊び、ジェフリーを呼んだ。
午後5時30分	スザンヌが『追っかけHQ』で遊んでいた。そしてコリンは、スザンヌの得点を読み上げた。
午後5時36分	台所で、ジェフリーはマットに腹ばいになって本を読んでいる。コリンは、ジェフリーの背中を転がり、床を転がるメロンを追いかける。ローラがそのメロンを取り上げると、コリンは赤い自動車を、ジェフリーの周りを走らせはじめた。
午後5時40分	コリンはジェフリーの背中の上を転がる。ほとんど興奮しながら、テレビの『パパの軍隊』を見ている。
午後5時45分	「お庭をまわれ」をしながら、（床に寝ている）ジェフリーの肩につかまる。
午後5時46分	台所のテーブルの上で、消防車で遊んでいる。ローラは、夕食を作るために食器洗い場に行った。
午後6時03分	ローラは、コリンの後についてバスルームに行く。コリンは流しに水をいっぱいにためて、その中でおもちゃの自動車とトラクターを洗っていた。バスルームに入って、椅子から猫を落とした（犬が猫を追いかけた）。
午後6時05分	マシューと『セガ』で遊んだ。
午後6時07分	本を読む。
午後6時09分	『セガ』で遊んだ。
午後6時15分	「フォークは左、ナイフは右」と言い、塩とこしょうも置いて、テーブルセッティングをした。2階の寝室に行った。
午後6時27分	夕食を食べに階下に連れてこられた。
午後6時36分	（あまりお腹がすいておらず）席を立った。「跳ねる」ように部屋を出て、それから走って戻ってきて、「スザンヌ来て、手をかして、スザンヌとコンピューターがしたいから」と言った。スザンヌは席を立って、コリンのためにコンピューターの準備をした。
午後6時45分	「濃い、濃い赤」と言いながら走ってきた。洗濯室に誰がいるの

付録4

	かとローラが聞くと、「ルース。コンピューターをやっている」と言った（ルースは珍しく色合わせをしていた）。何冊かの本を持って、それを「読む」ために居間に入った。
午後6時50分	私の膝に座って、『ルンペルシュティルツキン』という新しいお話を聞いた。
午後6時55分	お話を楽しみ、大笑いする。アイコンタクトが頻繁に起こる。コンピューターを使っているルースと遊ぶために、洗濯室に走っていった。
午後7時00分	食器保管室に、コーヒーが飲みたいと言って入ってきた。30秒間の「にらめっこ」遊び（最初は数え間違いがあって13秒）をした。コーラを飲み終わってから、『ペッツ・ウィン・プライズ』を見ようとして、ジェフリーの背中につかまりに行った（ジェフリーはそれを見ていない振りをする）。寝転がって、そわそわしている。ジェフリーのジャージーの中に足を入れ、膝でジャージーを引っ張って、「寝よう」と言った。足をジャージーから出して、ジェフリーの背中の上ではねていた。それを止める。テレビではスーパーマンをやっている。椅子にいる猫を見に行き、猫をげんこつでなぐって、「怒っている」と言い、「ごめんなさい」と謝らせられる。
午後7時08分	猫にひっかかれた。コンピューターで遊ぶために出て行った。
午後7時10分	戻ってきて、「運動する」と叫びながらジェフリーの背中によじ登る。「2階の部屋に行く」と言って、2階に行った。
午後7時12分	ルースがコリンについて行って、「コックの栓」で一緒に遊んだ。
午後7時13分	赤い自動車を持って、1階に下りてきた。（ジェフリーが記録）。
午後7時15分	「バイバイ、自動車。ガレージに入ります」と言って、自動車を隠した。
午後7時16分	また自動車を出して遊んだ。
午後7時20分	ローヴァーの口を開けて、「サメだ。歯、サメだ」と言った。ローラが「ローヴァーはサメなの」とコリンに聞くと、「ちがう」。「ローヴァーは猫ですか」と聞いた。テレビのスーパーマンに夢中になっていて、ローラの方を向かなかったので、ローラはコリンの頭をこちらに向けさせて、質問を繰り返した。するとコリンは、「ちがう。ローヴァーは犬の男の子です」と答えた。
午後7時25分	テレビの何かが、コリンの記憶を呼び起こした。「コリンは指が痛い。血が出た」と、実際には起こっていない冗談を言う。「こんにちは、マシュー」と、変な声でマシューに言った。
午後7時27分	居間でマシューと「戦い」ごっこをする。

午後7時30分	居間で「戦い」ごっこをしている。マシューは『セガ』をいじりに行った。コリンもいっしょに行き、それからスザンヌのセーターを持ってきてしまう。コリンは居間に取り残された。
午後7時37分	テレビを見ながら、ジェフリーの脚に座る。そわそわしている。
午後7時43分	ジェフリーの背中の上に立つ。テレビを見ている。
午後7時50分	洗濯室で、『セガ』をやっている人たち（スザンヌと自分）を応援している。ジェフリーが作ったばかりの戸棚の中に入って、頭をぶつけた。
午後8時00分	スザンヌにまだ、「お金をもらって」「カエルを取って」「もっと早く行って」などと、コンピューターゲームのアドバイスをしている。
午後8時10分	アンの家からキャロルを連れ帰るために、靴下と靴をはいた。「右足、左足」などと言った。
午後8時15分	『ルンペルシュティルツキン』の、「私の名前は何ですか」という質問に答える。ジェフリーの手をとって、「自動車のところへ行こう」と言った。自動車の中で、童謡のテープに合わせて歌う。アンの家に着いて自動車から出て、エレンの手をとって走り回る。ハムスターを抱いた。銀色のハムスターが好きだった。自動車の中で、アンが金色のハムスターをコリンの膝の上に置くと泣いた。家に帰る途中ずっと、歌っている。
午後9時00分	家に到着。家に入りたがらなかった。自転車に乗るが、とても寒くて天気が悪い。家に入って、パジャマを着た。ジェフリーが着せようとするといやがるので、ローラが着せた。夜食を食べたがった。30秒間「にらめっこ」遊びを行う（3回フライング）。夜食を選んだ。キャロルは『ブレイクアウェイズ』を嫌がったので、もう一度戻って、『ロッキーズ』を選んだ。ドライブはどうだったかコリンに聞いた。どこに行ってきたかを話した。ルースがコリンの歯を磨いた。赤い自動車と消防車を集めた。
午後9時10分	コリンは私たちにおやすみのキスをして、2階に行った。車と消防車を持って、ベッドに入った。他のみんなは、寝室に出たり入ったりする。（再びルースが）コリンに絵本を読んだ。コリンはベッドから出てこない。就寝。
午後9時30分	私は仕事に戻る。これ以上の動きはなし。

参考文献

第1章

Grant, L. and Evans, A. (1994) *Principles of Behavior Analysis*. New York: HarperCollins.

第2章

American Psychiatric Association (1994) *Diagnostic and Statistical Manual of Mental Disorders*, 4th edition Washington DC: American Psychiatric Association.

Anderson, S.R., Avery, D.L., Di Pietro, E.K., Edwards, G.L. and Christian, W.P. (1987) Intensive home-based early intervention with autistic children. *Education and Treatment of Children 10*, 352-366.

Anderson, S., Campbell, S. and Cannon, B.O. (1994) The May Center for Early Childhood Education. In S.L. Harris and J.S. Handleman (eds) *Preschool Education Programs for Children with Autism*. Austin: Pro-Ed.

Berkowitz, B.P. and Graziano, A.M. (1972) Training parents as behavior therapists: A review. *Behavior Research and Therapy, 10*, 297-317.

Birnbrauer, J.S. and Leach, D.J. (1993) The Murdoch early intervention program after 2 years. *Behavior Change, 10*, 63-74.

Callias, M. (1994) Parent training. In M. Rutter, E. Taylor and L. Hersov (eds) *Child and Adolescent Psychiatry: Modern Approaches* (pp.918-935) Oxford: Blackwell Scientific Publications.

Cambridge Centre for Behavioural Studies (1999) *Autism*. Retrieved from WWW page http://www.behavior.org/ on 15.5.99.

DeMyer, M.K., Hingtgen, J.N. and Jackson, R.K. (1981) Infantile autism reviewed: A decade of research. *Schizophrenia Bulletin*, 7(3), 388-451.

Eikeseth, J., Jahr, E. and Eldevik, S. (1997) *Intensive and Long Term Behavioural Treatment for Four to Seven Year Old Children with Autism: A One-Year Follow-Up*. Paper presented at PEACH Early Intervention Conference, 12th September.

Fenske, E.C., Zalenski, S., Krantz, P.J. and McClannahan, L.E. (1985) Age at intervention and treatment outcome for autistic children in a comprehensive intervention program. *Analysis and Intervention in Developmental Disabilities, 5*, 49-58.

Foxx, R.M. (1996) Translating the covenant: The behavior analyst as ambassador and translator. *Journal of Applied Behavior Analysis, 19*, 147-161.

Graziano, A.M. (1969) *Programmed Psychotherapy: A Behavioral Approach to Emotionally Disturbed Children*. Paper presented at the meeting of the Eastern Psychological Association, Boston.

Harrington, E. (1996) Rebecca's story. In Maurice, Green, and Luce (eds) *Behavioral Intervention for Young Children with Autism: A Manual for Parents and Professionals*.

Austin, Texas: Pro-Ed.
Harris, S.L. and Handleman, J.S. (1994) (eds) *Preschool Education Programs for Children with Autism.* Austin: Pro-Ed.
Harris, S.L. and Weiss, M.J. (1998) *Right from the Start: Behavioral Intervention for Young Children with Autism. A Guide for Parents and Professionals.* Bethesda, MD: Woodbine House, Inc.
Holmes, Y. (1998) *The Role of Parents as Co-Therapists in Behavioural Programmes for Autistic Children.* Unpublished manuscript, University of Ulster.
Jordan, R., Jones, G. and Murray, D. (1998) *Educational Interventions for Children with Autism: A Literature Review of Recent and Current Research.* Final report to the Department for Education and Employment, June 1998.
Kerr, K.P. (2000) Managing children's behaviour in foster care. In G. Kelly and R. Gilligan (eds) *Issues in Foster Care.* London: Jessica Kingsley Publishers.
Kleinfeld-Hayes, C. (1996) Brandon's journey. In Maurice, Green, and Luce (eds) *Behavioral Intervention for Young Children with Autism: A Manual for Parents and Professionals* Austin, Texas: Pro-Ed.
Knott, F. (1995) *Approaches to Autism in the USA.* Winston Churchill Travelling Fellowship.
LaVigna, G.W. and Donnellan, A.M. (1986) *Alternatives to Punishment: Solving Behavior Problems with Non-Aversive Strategies.* New York: Irvington Publishers, Inc.
Lindsley, O.R. (1992) Precision teaching. Discoveries and effects. *Journal of Applied Behavior Analysis, 25,* 51-57.
London Early Autism Project. (1999) *Parent and Employee Orientation Manual and Policy Handbook.* London.
Lovaas, O.I. (1987) Behavioral treatment and normal intellectual and educational functioning in autistic children. *Journal of Consulting and Clinical Psychology, 55,* 3-9.
Lovaas, O.I. (1993a) *An open letter from O.I. Lovaas.* Retrieved from WWW Page http://fox.nstn.ca/~zecktam/FEATbc/INFOSOURCES.html on 11.3.99.
Lovaas, O.I. (1993b) The development of a treatment-research project for developmentally disabled and autistic children. *Journal of Applied Behavior Analysis, 26,* 617-630.
Lovaas, O.I. (1996) *Criteria for Appropriate Treatments.* Reprinted in the *Proceedings from the Intensive Behavioural Intervention Conference,* Los Angeles, 1998.
Lovaas, O.I., Koegel, R.L., Simmons, J.Q. and Long, J.S. (1973) Some generalization and follow-up measures on autistic children in behavior therapy. *Journal of Applied Behavior Analysis, 6,* 131-166.
McEachin, S.J., Smith, T. and Lovaas, O.I. (1993) Long-term outcomes for children with autism who received early intensive behavioral treatment. *American Journal of Mental Retardation, 97(4),* 359-372.
Matson, J.L., Benavidez, D.A., Compton, L.S., Paclawskyj, T. and Baglio, C. (1996) Behavioral treatment of autistic persons: A review of research from 1980 to the present. *Research in Developmental Disabilities, 17,* 433-465.
Maurice, C., Green, G. and Luce, S.C. (eds) (1996) *Behavioral Intervention for Young Children with Autism: A Manual for Parents and Professionals.* Texas: Pro-Ed.
Mullen, K.B. and Frea, W.D. (1996) A parent-professional consultation model for functional

analysis. In R.L. Koegel and L.K. Koegel (eds) *Teaching Children with Autism: Strategies for Initiating Positive Interactions and Improving Learning Opportunities.* Baltimore: Paul Brookes Publishing Company.

National Autistic Society (1997) *How Many People have Autistic Spectrum Disorders?* (Statistics Sheet 1) London: NAS.

Peine, H. (1969) *Programming the Home.* Paper presented at the meetings of the Rocky Mountains Psychological Association, Albuquerque, N.M.

Perry, R. Cohen, I. and DeCarlo, R. (1995) Case study: Deterioration, autism, and recovery in two siblings. *Journal of the American Academy of Child and Adolescent Psychiatry, 34(2),* 232-237.

Simeonnson, R.J., Olley, J.G. and Rosenthal, S.L. (1987) Early intervention for children with autism. In M.J. Guralnick and F.C. Bennett (eds) *The Effectiveness of Early Intervention for At-Risk and Handicapped Children.* New York: Plenum.

Smith, T. (1993) Autism. In Thomas R. Giles (ed) *Handbook of Effective Psychotherapy.* New York: Plenum Press.

Walsh, P. (1997) Bye-bye behaviour modification. In K. Dillenburger, M. O'Reilly, and M. Keenan (eds) *Advances in Behaviour Analysis.* Dublin: University of Dublin Press.

第3章

Carr, E.G. and Durand, V.M. (1985) Reducing behavior problems through functional communication training. *Journal of Applied Behavior Analysis, 18,* 111-126.

Day, R.M., Rea, J.A., Schussler, N.G., Larsen, S.E. and Johnson, W.L. (1988) A functionally based approach to the treatment of self-injurious behavior. *Behavior Modification, 12,* 565-589.

Durand, V.M. and Carr, E.G. (1987) Social influences on 'self-stimulatory' behavior: Analysis and treatment application. *Journal of Applied Behavior Analysis, 20,* 119-132.

Durand, V.M. and Crimmins, D.B. (1988) Identifying the variables maintaining self-injurious behavior. *Journal of Autism and Developmental Disorders, 18,* 99-117.

Gaylord-Ross, R., Haring, T.G., Breen, C. and Pitts-Conway, V. (1984) The training and generalization of social interaction skills with autistic youth. *Journal of Applied Behavior Analysis, 17,* 229-247.

Haring, T.G., Kennedy, C.H., Adams, M.J. and Pitts-Conway, V. (1987) Teaching generalization of purchasing skills across community settings to autistic youth using videotape modeling. *Journal of Applied Behavior Analysis, 20,* 89-96.

Iwata, B.A., Dorsey, M.E., Slifer, K.J., Bauman, K.E. and Richman, G.S. (1994) Toward a functional analysis of self-injury. *Journal of Applied Behavior Analysis, 27,* 197-209. Reprinted from *Analysis and Intervention in Developmental Disabilities* (1982) 2, 3-20.

Kazdin, A.E. (1980) *Behavior Modfication in Applied Settings.* Homewood, Illinois: Dorsey.

Kennedy, C.H. and Souza, G. (1995) Functional analysis and treatment of eye poking. *Journal of Applied Behavior Analysis, 28,* 27-37.

La Vigna, G.D. and Donnellan, A. (1986) *Alternatives to Punishment: Solving Behavior Problems with Non-Aversive Strategies.* New York: Irvington.

Lennox, D.B. and Miltenberger, R.G. (1989) Conducting a functional assessment of problem behavior in applied settings. *Journal of the Association for Persons with Severe*

Handicaps, 14, 304-311.
Lerman, D.C. and Iwata, B.A. (1993) Descriptive and experimental analyses of variables maintaining self-injurious behavior. *Journal of Applied Behavior Analysis, 26*, 293-319.
Lovaas, O.I. (1987) Behavioral treatment and normal educational and intellectual functioning in young autistic children. *Journal of Consulting and Clinical Psychology, 55*, 3-9.
Lovaas, O.I. and Favel, J.E. (1987) Protection for clients undergoing aversive/restrictive interventions. *Education and Treatment of Children, 10*, 311-325.
Lovaas, O.I. and Smith, T. (1988) Intensive behavioral treatment for young autistic children. In B.B. Lahey and A.E. Kazdin (eds) *Advances in Clinical Child Psychology, 11*, 285-324. New York: Plenum.
Lovaas, O.I. and Smith, T. (1989) A comprehensive behavioral theory of autistic children: Paradigm for research and treatment. *Journal of Behavior Therapy and Experimental Psychiatry, 20*, 17-29.
Luce, S.C. and Dyer, (1996) Answers to commonly asked questions. In C. Maurice, G. Green and S.C. Luce (eds) *Behavioral Intervention for Young Children with Autism: A Manual for Parents and Professionals* (pp. 345-357) Texas: Pro-Ed.
Maurice, C., Green, G. and Luce, S.C. (eds) (1996) *Behavioral Intervention for Young Children with Autism: A Manual for Parents and Professionals*. Texas: Pro-Ed.
O'Neill, R.E., Horner, R.H., Albin, R., Storey, K. and Sprague, J. (1990) *Functional Analysis: A Practical Assessment Guide*. Sycamore IL: Sycamore Press.
O'Reilly, M.F. (1997) Assessing challenging behaviour of persons with severe mental disabilities. In K. Dillenburger, M.F. O'Reilly, and M. Keenan (eds) *Advances in Behaviour Analysis*. Dublin, University College Dublin Press.
O'Reilly, M.F., O'Kane, N.P. and Taylor, I. (1994) Current trends in behavioural assessment of problem behaviour. *Thornfield Journal, 17*, 18-23.
Repp, A.C. and Singh, N.N. (1990) *Perspectives on the Use of Nonaversive and Aversive Interventions for Persons with Developmental Disabilities*. Sycamore, Illinois: Sycamore Publishing.
Repp, A.C., Singh, N.N., Olinger, E. and Olson, D.R. (1990) The use of functional analysis to test causes of self-injurious behavior: Rationale, current status, and future directions. *Journal of Mental Deficiency Research, 34*, 95-105.
Skinner, B.F. (1957) *Verbal Behavior*. New York: Appleton-Century-Croft.
Skinner, B.F. (1982) Contrived reinforcement. *The Behavior Analyst, 5*, 3-8.
Slifer, K.J., Ivanic, M.T., Parrish. J.M., Page. T.J. and Burgio, L.D. (1986) Assessment and treatment of multiple behavior problems exhibited by a profoundly retarded adolescent. *Journal of Behavior Therapy and Experimental Psychiatry, 17*, 203-213.
Taylor, I., O'Reilly, M.F. and Lancioni, G. (1996) A consultation model to train teachers to treat challenging behaviour. *International Journal of Disability, Development and Education, 43*, 203-218.
Whitman, T.L. (1990) Self-regulation and mental retardation. *American Journal of Mental Retardation, 94*, 347-362.

第4章

Collins English Dictionary (3rd Edition) (1991) London: HarperCollins Publishers.

Dillenburger, K. and Keenan, M. (1995) Dealing with child problem behaviours effectively. *Child Care in Practice. Northern Ireland Journal of Multidisciplinary Child Care Practice, 1,* 33-38.

Dillenburger, K. and Keenan, M. (1997) Human development: A question of structure and function. In K. Dillenburger, M. O'Reilly and M. Keenan (eds) *Advances in Behaviour Analysis.* Dublin: University College Dublin Press.

Keenan, M. (1997) W-ing: Teaching exercises for radical behaviourists. In K. Dillenburger, M. O'Reilly and M. Keenan (eds) (1997) *Advances in Behaviour Analysis.* Dublin: University College Dublin Press.

Keenan, M. and Dillenburger, K. (in press) *Behaviour Analysis. A Primer.* Multi-media tutorial. CD-ROM.

Masidlover, M. and Knowles, W. (1979) *Derbyshire Language Scheme.* Derby: Derbyshire County Council.

Pryor, K. (1984) *Don't Shoot the Dog. The New Art of Teaching and Training.* London: Bantam.

第5章

Binder, C. (1996) Behavioral fluency: Evolution of a new paradigm. *The Behavior Analyst, 19,* 163-197.

第6章

Chiesa, M. (1998) Are all therapies equally effective? *Invited address to The Experimental Analysis of Behaviour Group.* London, Easter conference.

Hawkins, R.P. (1972) *Psychology Today,* 11, 40.

Jordan, R., Jones, G. and Murray, D. (1998) *Educational Interventions for Children with Autism:A Literature Review of Recent and Current Research.* Final report to the DfEE, June.

Keenan, M. (1997) W-ing: Teaching exercises for radical behaviourists. In K. Dillenburger, M. O'Reilly and M. Keenan (eds) *Advances in Behaviour Analysis.* Dublin: University College Dublin Press.

Schopler, E. and Olley, J.G. (1982) Comprehensive educational services for autistic children: The TEACH model. In C.R. Reynolds and T.R. Gutkin (eds) *Handhook of School Psychology.* New York: Wiley.

Van Houten, R., Axelrod, S., Bailey, J.S., Favell, J., Foxx, R.M., Iwata, B.A. and Lovaas, O.I. (1987) *The Right to Effective Behavioral Treatment.* Kalamazoo: Report of the Association for Behavior Analysis (ABA) Taskforce on the right to effective treatment.

Walsh, P. (1997) Bye-bye behaviour modification. In K. Dillenburger, M. O'Reilly and M. Keenan (eds) *Advances in Behaviour Analysis.* Dublin: University College Dublin Press.

索　引

ABA（応用行動分析学　を参照）
ABC（先行刺激、行動、結果事象）
　分析　　9-11, 169
　応用行動分析学についての正しい情報／間違った情報　　38-42
　教科スキル　　35, 155, 157, 165, 180
　見本チャート　　56
CARS 尺度　　69
DSM-Ⅳ　　27
PEAT（自閉症児の親を療育者にする教育）　27, 37, 43, 141, 150, 153, 156, 160, 162, 165, 169, 174, 177, 183, 190
TEACCH（自閉性コミュニケーション障害児の治療と教育）　40-41
アイコンタクト　　5, 13, 19, 25, 74-84, 103, 104, 117-127, 143, 144, 147, 148, 156, 158, 175, 177, 202, 203, 217
　クリス　　175, 177
　コリン　　18-20, 74-84, 103, 104, 117-127, 144, 145, 147, 148, 201-203
　メイソン　　156, 158, 159
アスペルガー障害　　27, 66, 169
アセスメント　　47, 53, 54, 60-64, 67, 71, 101, 177-179
　強化子の　　16
　コリンの　　67-69, 101, 201-206
　ビルの　　60-63
遊びスキル　　74, 136, 137, 155, 157, 176
頭を打ち付ける（行動）　　51
誤った情報／誤解　　38-42, 183-184, 187

アルスター大学コルレーン校心理学部　70
維持　　48, 50-53, 57, 61, 120, 147
一次性強化子　　13, 19
1 対 1 の介入　　29, 30, 34
ウェブサイト　　41, 184, 187
運動スキル　　162, 164, 179
英国能力尺度　　94
エオイン、消去とシェイピング　20-23
エコラリア　　67, 68, 72, 74, 100, 101, 105, 110, 111, 113-115
応用行動分析学（ABA）　　1, 2, 5, 27, 36, 48, 154, 157
　目　的　　88, 111, 140, 142, 143, 154, 156, 174, 201
応用行動分析学についての教育　187
おまるトレーニング　　159
親　1, 6, 12, 18-20, 35-37, 70, 143, 145, 187, 188
　PEAT も参照
　親の選択　　43
　指　導　　17-19, 34, 40, 70, 71, 94, 96, 107, 136, 153, 156, 162, 165, 168, 171, 174, 178,
カード・ゲーム　　95-98
介入　6, 8, 9, 11, 17, 23, 29, 30, 32, 33, 49, 52, 53, 62, 63, 72-75, 78, 85, 87, 92, 94, 103, 105, 108, 116, 118, 121, 125, 128, 133, 136, 137, 140, 142, 158, 159, 182

索 引

回避行動　64
学　習　4-7, 11, 12, 18, 20, 25, 34, 49, 154-156
　　環境　4, 6, 7, 11, 18, 57, 143, 147, 161
　　準備スキル　154-155, 156-159
学　校　16, 30, 34, 35, 133, 136, 141, 150, 174, 179, 187-189, 203, 205
学校システム　133
　　～とデータ　70, 141
金切り声を上げる（行動）　5-8, 23, 48-50, 60-63, 161
　　記録（をする）　8, 9, 61, 161
カリキュラムの作成　205
カリフォルニア大学ロサンゼルス校　29
間欠強化　17
かんしゃく　12, 22, 23, 29, 50, 51, 57, 60, 160-162
　　エオイン　22
　　ジャック　5, 6, 8, 9, 23, 160-162
　　ビル　60-63
感情　30, 132, 133, 146
聴き取りスキル　98
きっかけ　54, 55
機能アセスメント　47, 53, 54, 61
機能分析　47, 53, 57, 61, 62
キャサリン・モーリス　x
教　育　36, 44, 68, 70, 73, 149, 150, 177, 179, 189, 203
　　PEAT；学校も参照
　　教育システムの中の応用行動分析学　40
　　高等（の）　31
強化／強化子　11-17, 19, 20, 22, 42, 50-53, 71, 77, 78, 83, 84, 108, 124, 145, 166, 171
　　食べ物　13, 14, 50, 53, 89, 90, 95, 145

距離を置く（行動）　104
ケイティの「指さし」プログラムの例　165-167
ゲーム　19, 95, 98, 134, 146, 170, 174, 176, 215, 216, 218
結果事象　10, 11, 15, 52, 56, 57, 61, 184
　　ABC分析も参照
ケネス　169, 171
　　コミュニケーションスキル・プログラムの例　169
　　算数問題プログラム　171
嫌悪罰　64, 93
研　究　28, 32, 33, 48, 184
言　語　67-69, 74, 96, 98, 105, 110, 111, 116, 133, 177, 192, 201, 203, 204, 214
　　発　達　33, 67-69, 116, 140, 149, 177, 178, 202, 205, 206
行　動　5, 7-11, 15, 22, 24, 33, 47-50, 52, 54, 56, 70, 71, 73, 74, 85, 87, 94, 100, 103, 105, 108, 110, 116, 118, 125, 128, 136, 137, 142, 146
　　アイコンタクト　5, 13, 19, 74-79, 83, 84, 103, 104, 107, 118-127, 142-144, 147, 158
　　エコラリア　67, 68, 100, 113-115
　　かんしゃく　12, 23, 29, 50, 51, 57, 160-162
　　距離を置く　104
　　言語（の）　67-69, 87, 94, 202, 204
　　孤立　69, 104, 165
　　私的　133, 146, 184
　　自己刺激　3, 29, 48, 51, 170
　　自傷　48, 50, 52, 53, 57-59
　　ステレオタイプ　28, 74
　　変化　4, 17, 39, 57, 75, 147
行動に関する面接　54, 55
行動の測定　7, 8

行動分析家　4, 6, 7, 10, 37, 39, 42, 70, 142, 143, 182, 184, 186-189
　役割　142, 143
行動分析学会ウェブサイト　184
行動療育　28-33, 37, 38, 48, 51, 53
コミュニケーション　67, 74, 87, 105, 116, 134, 165, 167, 169, 170, 201-203, 205
　ケネス　169
　コリン　67, 69, 74, 87, 105, 116, 134, 201-203, 205
孤立　67, 69, 104, 148, 165
コリンのものがたり　65
　遊びスキル　74, 136, 137, 176
　教科学習の課題　74
　強化子　71, 77, 79, 83, 84, 95, 108, 112, 114, 121, 124, 141, 145, 147
　手続きとデータ　141, 145
　療育を始めるまで（の期間）　65
　（療育）場面　71
サービス提供者　32, 34, 155, 188
三項随伴性　10, 11
　ABC分析を参照
算数問題　172, 173
シェイピング　20
ジェームズ、強化子　14-17
思考　30, 132, 133, 146
自己刺激　3, 48, 51, 170
　自己刺激（をする）を参照
自己刺激（をする）　29
自傷　48, 50, 52, 53, 57-59
私的行動　133, 141, 146, 147, 184
自動的な強化　50, 59
児童に関する通達　36
指導法　18, 33
　カリキュラムの作成　205
児童法　36
自閉症　3, 27, 28, 31, 35, 39, 41, 50, 141, 183
　発生率　28
自閉性障害スペクトル　28
社会性スキル　170
ジャック　5, 6, 8-11, 18, 23, 24, 160-162, 168
　大・小プログラムの例　168
集中行動療育　28, 29, 32
柔軟性　44
消去　22-24, 49, 93, 124, 161
職業スキル　155, 174
事例　16, 60, 162, 175
　エオイン　21
　エンダ　162
　クリス　175
　ケイティ　165, 180
　ケネス　169, 171
　コリン　65
　ジャック　160, 168
　ビル　60
　ブランドン　43
　マシュー　174, 218
　メーソン　156, 159
身体的特徴　66
身辺自立スキル　74, 206
ステレオタイプ行動　74
正の強化　12, 50, 71, 166, 205
生物学的障害　28
接近・退避行動　201
前教科課題　165
ダービシャー言語指導カード　202
大小概念　168, 169
宝さがしゲーム　134
食べ物強化子　84, 89, 90, 95, 112, 145, 146
断続試行　18-20, 163
ダグラス発達障害センター（ラトガー

索　引　　227

ズ大学、ニュージャージー州）
　　32
注意欠陥／多動性障害　　66
直接観察　　55, 60
データ　　8, 9, 34, 39, 40, 56, 58, 60, 62,
　　70, 75, 92, 103, 114, 120, 144, 166, 168
データにもとづく意思決定　　9, 103,
　　125, 183
　　意思決定　　6, 9, 42, 43, 87, 187
手を噛む（行動）　　58
手をひらひらさせる（行動）　　13
トークン・エコノミー　　112, 171, 172
逃避学習　　12
友達　　41, 68, 69, 103, 117, 178
二次性強化子　　13, 14
にらめっこゲーム　　121-125
はっきり話そうゲーム　　170-171
罰子／罰　　11, 93
話しことば
　　コミュニケーション、言語、言語行
　　　動を参照
般化　　24, 79, 111, 147, 159, 203, 206
反応潜時　　74, 75, 77, 79, 80, 83, 84,
　　90-92, 103, 119, 120, 133, 144
表出言語　　67, 68, 74, 94, 96, 98, 203

標的行動　　70, 73, 74, 85, 87, 94, 100,
　　103, 105, 108, 110, 116, 118, 121, 125,
　　128, 133, 136, 137, 143-144
フェイディング　　18
負の強化　　12, 50, 58, 59, 61
プリンストン子ども発達研究所　　33
ベルファスト・テレグラフ　　xiii
報酬　　63, 115, 205
ボディ・アウェアネス・プログラム
　　202
ボビー・ニューマン博士　　xii
褒めことば　　13, 14, 20, 95, 117, 145
マイケル・キーナン博士　　xiii-xv
マシュー、遊びスキルの指導　　174
メーソンの学習レディネス・プログラ
　　ム　　156-159
メリル・パーマー発達検査　　116
物の永続性　　74, 108, 110
問題行動　　47-64, 93, 94, 190
指さしスキル　　165-168
療育　　32, 33, 65, 182, 192, 202
　　集中行動療育も参照
リラクセーションスキル　　128-133
ロールプレイ　　74, 136, 137

あとがき
自閉症に対する応用行動分析学の適用と効果の評価に関連して

監訳者　清水　直治

　本書は、『Parents' Education as Autism Therapists: Applied Behaviour Analysis in Context. Mickey Keenan, Ken P. Kerr and Karola Dillenburger. Jessica Kingsley Publishers, 2000』を全訳したものです。自閉症の子どもを持つ親たちによって組織された慈善団体である PEAT に属する何人かの親たちが、習得した行動分析学の原理と指導技術を自分の子どもたちに適用した実践の数々が、詳細に記述されています。ことに第4章の「コリンのものがたり」では、コリンの療育を開始した最初の1年間に行われた、それぞれの時期におけるコリンのアセスメントにもとづく17の課題の指導とその成果が、客観的に細部にわたって記載されています。

　本書を通読して思うことは、自閉症の療育においてはとくに、科学的に実証された方法を用いた療育の重要性と、親を自分の子どもの直接の療育者として養成することの重要性です。本書に登場する何人かの母親や父親のように、科学的に実証されたエビデンス・ベースト・アプローチの1つである応用行動分析学にもとづく療育技法を習得し、それらを自分の子どもに応用することによって、子どもの行動発達が確実に支援できるようになります。そして子どもの行動をよりよい方向に変えられることを経験した親たちは、それが正の強化子になって、さらに子どもをよい方向に変えることに力を尽くすようになっていきます。

　本書が類似の書籍と最も異なるのは、しかしながら、そのことに留まらず、自閉症の子どもたちの療育に応用行動分析学を適用する具体的な手続きを詳しく記載したことと、その適用の結果をデータとして客観的に示したことで

しょう。そうすることによって、アセスメントにもとづく標的行動の同定から、行動介入の計画や評価にいたる指導経過が、まさに段階的に詳細にたどれるようになっています。自閉症の子どもの療育を実際に行おうとする際に、このような情報の有用性と利便性は相当に高いと思われます。

監訳者が本書の原版に出合ったのは、2001年の5月頃で、ロンドン大学の近くにある書店の心理学書が並ぶコーナーの書棚に、それは置かれていました。文部省（当時）の在外研究員として、カンザス大学人間発達・家族生活学部（HDFL）を拠点として、アメリカ合衆国における応用行動分析学や早期行動介入に関する研究をひとまず終えて、英国でさらに2カ月間の在外研究を始めようとしていた頃でした。

アメリカ合衆国のニューヨーク州ヨークにある「ケラー・スクール」では、コロンビア大学のグレアー博士などが行動分析士を大学院の課程の中で養成し、教師として学校に送り込むことによって、CABAS（学校教育への包括的な行動分析学の応用）を実践していました。このCABASが、アイルランドでも3つの学校で実践されていることは聞き知っていました。また、ニュージャージー州のプリンストンにある「プリンストン子ども発達研究所（PCDI）」やボストンにある「ニューイングランド子どもセンター」では、幼児から老年にいたる自閉症の人たちに、早期からの個別療育から学校教育、そしてグループホームにおける地域生活支援など、行動分析学を基礎とする包括的な支援活動が盛んに展開されており、シドニー・ビジュー先生や監訳者のスーパーバイザーだったカンザス大学のドナルド・ベア先生[注1]も、これらの施設を訪問するように奨めてくださり、在外研究の期間中に実際にその3カ所を訪れました。そこで学校や機関を単位とする包括的な行動分析

[注1] ドナルド・ベア先生は、2002年4月28日にご逝去されました。ご冥福をお祈りいたします。

学の応用の現場を目の当たりにして、エビデンス・ベースト・アプローチとしての応用行動分析学の適用に合点がいくとともに、その教室風景に感動すら覚えたものでした。

しかし、英国での応用行動分析学の認識のされかたについては、その状況がよく分からず、本書の原版を購入するだけで、在外研究の期間中はそれを開くこともありませんでした。帰国後しばらくして、在外研究の期間中に購入した自閉症の療育に関連する他の書籍と比べて読み進めるうちに、これこそまさに先にあげたように、実践を行う際に多く利益がある情報が満載されていることに気づき、二瓶社の吉田三郎氏に翻訳の相談を申しあげた次第です。

当初は1年ほどのうちに翻訳を完成させるつもりでしたが、爾来思いもかけぬ年を重ねてしまいました。監訳者が大学の所属を変えたために、それにまつわる環境の変化など、言いわけをすればいくつかの事情はあるにせよ、完成が遅れてしまったことを心からお詫びいたします。それとともに、これまで辛抱強く待ってくださったことに、心から感謝いたします。

翻訳に当たっては、山岸直基、亀井哲宏、井澤信三、西永堅の4名がそれぞれ担当した章について、訳出した原稿をもとに相互に検討しあうとともに、最終的には監訳者が原版のすべての英文と日本語の訳文を対照して、原文の意味の正確な把握と訳語の統一を行いました。訳出した日本語の表現については、できるだけ読みやすく、そして分かりやすく書き表すことを心がけました。

本書の翻訳をほぼ終える頃になって、監訳者がしきりに気になってきたのは、「コリンは、現在はどうしているのだろうか」、そして「PEATの活動はどう発展しているだろうか」ということでした。PEATは確か、自閉症の子どもたちのための学校を作ろうとしていたはずだけれども……。

あとがき

　本書の原版の編著者の1人であるミッキー・キーナン先生に、日本版のための序文を書いてくださるようにお願いするなかで、それらのことを聞いてみました。その答えはすでお読みいただいたように、あるいはコリン自身のキーナン先生への手紙にもあるように、コリンはメインストリーム学校（普通学校を指します）で、誤解を怖れずに言えば、自閉症であることを楽しみながら、今を輝いて生きているようでした。PEATはといえば、政府機関からの積極的な支援をほとんど受けないままに、さらに精力的に活動を続けてきたようです。念願の応用行動分析学による療育を行う学校は、まだ設立されてはいないものの、PEATで療育を受けた子どもたちは、子どもによってはその進歩はごくわずかかもしれませんが、その全員に発達進歩が明らかに確かに見られ、親によって行われる応用行動分析学による療育の有効性が益々実証されているということでした。

　4歳までにコリンは、さまざまな専門家から幾度となくアセスメントを受け、情緒行動障害・重度コミュニケーション障害・注意集中が短く容易に破壊行動を行う・大人や子どもと調和のとれた関係が持てない、などと診断されていました。幸運にも、キーナン先生に会うことで、コリンはそうした否定的な見方から逃れられたのです。キーナン先生に、あの4歳の頃に会えなければ、このように自己を実現しながら生きるコリンはありえなかったでしょう。本書に登場する他の子どもたちにおいても、まさに同じことが言えるでしょう。幼児期のごく早い時期からの、応用行動分析学を基礎とする集中的な行動介入が、自閉症の子どもの行動発達を確実に支援することが、本書において実証されています。

　障害のある乳幼児への早期対応とその親・家族支援の効果は、監訳者たちがここ20年来実践してきた『ポーテージ乳幼児教育プログラム』の適用においても実証されています。このプログラムは、自閉症だけではなく、ダウン症などを含めた発達に障害のある子どもたちに有効であることが示されてい

ます^(注2)。なお、このプログラムは現在では、『新版ポーテージ早期教育プログラム』として改訂版が出版されています^(注3)。

　自閉症の幼児を対象とした早期からの集中行動介入の研究は、本書の中でも紹介されているように、1970年代初期からカリフォルニア大学ロサンゼルス校のイヴァール・O・ロヴァース博士らによって始められ、しだいにその成果が認められるようになりました^(注4)。本書においてコリンたちに採用されている療育の理念や応用行動分析学の適用も、基本的にはロヴァース博士らの考え方にもとづいています。応用行動分析学の方法を用いた集中指導による早期介入が効果を上げるためには、これまでの知見をまとめると、次のような条件が必要であると言えるでしょう。①指導時間の集中性：週20時間から40時間、少なくとも2年間以上指導を継続する、②早期からの指導の開始：遅くとも就学前から、理想的には生後12カ月から36カ月までに開始する、③高度に正式な教育を受けたスタッフ：行動分析士の資格を持った指導者が、直接あるいは親や家族の参加のなかで、スーパーバイズをしながら指導を行う、④指導環境の整備：子どもの自然な環境に行動目標を埋め込み、機会利用型の指導の手続きを採用する、などがあげられています。

　これに対して、リン・ケーゲルとロバート・ケーゲルらは、自閉症の幼児の基軸行動に焦点をあてた早期指導を提唱しています^(注5)。そうした基軸となる行動とは、①多様な手がかりに対する反応性を高めること、②環境に対して、行動を始発し反応する動機づけを高めること、③行動の自己管理を促すことです。このような基軸行動を増加させる指導をとおして、これらが

---

^(注2) 日本ポーテージ協会編（2003）ポーテージで育った青年たち―発達に遅れのある子の乳幼児期からの成長の歩み―．ぶどう社．

^(注3) 日本ポーテージ協会編（2005）新版早期教育プログラム．日本ポーテージ協会．

^(注4) Lovaas, O. I. (1991) *Teaching Developmentally Disabled Children*: The Me Book. Austin TX: Pro-ed.

^(注5) リン・ケーゲル，ロバート・ケーゲル編著、氏森英亞・清水直治監訳（2003）自閉症児の発達と教育．二瓶社．

数多くの個々の行動に影響を及ぼし、1つひとつの行動を標的行動として指導をしなくても、数多くの適切行動を学習すると主張します。

　自閉症の幼児とその親・家族を対象としたこのような早期からの行動発達支援と家族対応について、今日、エビデンス・ベースト・アプローチという科学的視点のもとで、その療育技法がますます保証されるようになってきていると言えるでしょう。

　それにつけても、応用行動分析学は、英国においてそれほど普及しているわけではなく、行動分析学の研究者や実践者たちが協働をすることもほとんどなく、また研究が行われている分野も限られているようです。そのために、応用行動分析学に関する知識や技術が広く知られておらず、第2章で指摘したような誤った情報を見聞きすることが少なくないようです。

　キーナン先生は、本書の日本語版の序文とともに、ご自身が書かれた、北アイルランドの自閉症に関する短い記事を送ってくれました。「北アイルランドの自閉症：悲劇と屈辱」(*Psychologist, 17*(2), 72-75, February, 2004)[注6] と題する記事の中で、コリンに応用行動分析学の原理を適用した成果を示しながら、しかし、そうした療育技術による成果がなかなか理解されにくいことを述べています。

　それは、行動分析学においては、行動が生起する原因を環境の中に特定し、環境の中にある刺激を制御することによって行動を変容させようとするのに対して、伝統的な心理学は、心や自己、あるいは情緒とか知識などの内的過程によって行動を説明しようとするからでしょうし、そうした伝統的な心理学の説明に多くの専門家さえも、慣れてしまっているからです。行動分析学では、「精神主義」の立場とは違って、行動の原因を一切の内的過程に求めません。しかしながら、だからといって、何らかの内的過程を否定している

[注6] Keenan Mickey (February, 2004) The tragedy and the shame. *Psychologist, 17*(2), 72-75.

わけでも、内的な構成概念を仮定することに反対しているわけでもありません。

　自閉症幼児の療育にとって、その有効性が実証されている応用行動分析学が広く北アイルランドに普及されないのは、まさに悲劇であり、応用行動分析学が誤って伝えられることによって、療育の方法を学ぼうとしている学生が応用行動分析学を学ぶ機会を妨害されてしまうことは屈辱である、とキーナン先生は言っています。北アイルランドでは、専門家に応用行動分析学を教える大学の課程がなく、親たちが応用行動分析学にもとづく療育を受けられません。英国において、事情はどこも同じようなものだそうです。

　その事情は、日本においても同様でしょう。そして実は、行動分析学の研究者や実践者の人数が最も多いアメリカ合衆国においても、キーナン先生の招聘によって自閉症への行動分析学の応用について1週間のワークショップを行い、原版での序文を書いているボビー・ニューマン先生でさえ、多くの行動分析家は孤立感を抱いていると言っています。このような状況を打破するためにも、本書のような好著が、今後も時宜を得て出版される必要があるでしょう。

　これまでに日本語に翻訳された、自閉症への行動分析学の応用に関連する書籍のうちで、親や初心者にも読みやすいものを、何冊かここで紹介しましょう。

（1）『僕のアスペルガー障害　もっと知ってよぼくらのことを』ケネス・ホール著、野坂悦子訳、東京書籍、2001.
　　　PEATに参加したアスペルガー障害の子ども自身が書いた著作です。手書き原稿やコンピューターによる入力、口述のテープ録音などを合わせて作られました。アスペルガー障害は普通の人たちとどこが違うのか、応用行動分析学による療育がどのように実施されたかなどが、子どもの視点から書かれています。

（2）『自閉症へのABA入門－親と教師のためのガイド』シーラ・リッチマン著、井上雅彦、テーラー幸恵、奥田健次訳、東京書籍、2003.

　応用行動分析学について、親や教師を対象に分かりやすく書かれた入門書です。自閉症の子どもとそのきょうだいとのかかわり方や地域参加についても触れています。

（3）『わが子よ、声を聞かせて－自閉症と闘った母と子』キャサリーン・モーリス著、山村宜子訳、日本放送出版協会、1994.

　2人の自閉症児を持った母親が、自分の子どもたちに対して、早期から行動分析学の原理を応用した集中行動介入を行って育てた療育記録です。早期療育の手続きや経過が詳しく書かれています。残念ながら現在は絶版となっています。

（4）『読んで学べるADHDのペアレントトレーニング　むずかしい子のやさしい子育て』シンシア・ウイッタム著、上林靖子、中田洋二郎、藤井和子、井澗知美、北道子訳、明石書店、2002.

　応用行動分析学の初歩が分かりやすく書かれており、これらの手続きにしたがえば、ADHD（注意欠陥／多動性障害）だけではなく、自閉症の子どもや知的障害のある子どもにおいても、おおいに役立てることができるでしょう。

（5）『はじめての応用行動分析（日本語版第2版）』ポール・A・アルバート、アン・C・トルートマン著、佐久間徹、大野裕史、谷晋二訳、二瓶社、2004.

　原題は「教師のための応用行動分析学」であり、応用行動分析学の基礎が詳しく解説されています。専門用語がやや多く用いられていますが、それらの専門用語の概念を正確に理解することによって、応用行動分析学の基礎が確かに習得できるでしょう。

（6）『子どもの視点で考える問題行動解決支援ハンドブック』ロバート・オニール、ロバート・ホーナー、リチャード・アルビン、ジェフリー・スプラギュー、キース・トレイ、ステファン・ニュートン著、茨木俊夫監修、

三田地昭典、三田地真実訳、学苑社、2003.
　とくに自傷行動などの「問題行動」を応用行動分析学の立場から解決するために、原著者たちが開発した方法を詳細に紹介したガイドブックです。「問題行動」を罰操作によって減らそうとするのではなく、機能アセスメントにもとづく機能分析を行うことをとおして、その「問題行動」と機能的に等価な代替行動を形成させようとします。

　さて、やや長過ぎた「あとがき」も、この辺でペンを置くことにします。
　PEATの使命は、応用行動分析学にもとづく療育の技術を親に習得させ、親に自閉症である自分の子どもを療育する力を付けることでした。本書の出版は、そうしてエンパワメントされた親たちから、自閉症の子どもの子育てに苦闘する親たちへの熱い、そして温かいメッセージであると言えるでしょう。キーナン先生も言うように、そのメッセージが今まさに日本にも到着しました。
　あなたの目の前にいる自閉症の子どもの幸せと、そしてあなた自身の幸せのためにも、応用行動分析学の知識と技術を駆使した療育活動の計画と実践を願うものであります。

監訳者・訳者紹介

●監訳者略歴

清水直治（しみずなおじ）
1951年2月生まれ
東京大学大学院教育学研究科教育心理学専攻博士課程修了
東京学芸大学附属特殊教育研究施設助手、同助教授、同教授を経て、現在、東洋大学文学部教授
日本行動分析学会常任理事
〔主要著作〕「教育治療法ハンドブック」（共著、福村出版、1993）、「発達障害指導事典 第二版」（共編著、学習研究社、2000）、「行動分析学からの発達アプローチ」（共監訳、二瓶社、2001）、「ポーテージで育った青年たち－発達に遅れのある子の乳幼児からの成長の歩み－」（共著、ぶどう社、2002）、「自閉症児の発達と教育」（共監訳、二瓶社、2003）、「自閉症児の教育と指導」（共著、田研出版、2003）

●訳者略歴（アルファベット順）

井澤信三（いさわしんぞう）
1969年5月生まれ
東京学芸大学大学院連合学校教育学研究科博士課程修了
博士（教育学）
東京学芸大学教育学部附属養護学校教諭、兵庫教育大学学校教育学部特別支援教育学講座助手を経て、現在、同講師
〔主要著作〕
「年長自閉症児における『カラオケ』活動を用いた対人相互交渉スキル促進の試み―行動連鎖の操作を通して―」（共著、特殊教育学研究、36(3)、1998）、「発達障害生徒2事例におけるゲームスキルの獲得と直接指導していない社会的行動の生起との関連検討」（単著、発達障害研究、22(1)、2000）、「自閉症児における問題解決のための教示要求行動の成立」（単著、特殊教育学研究 39(4)、2002）、「新版障害者の発達と教育・支援―特別支援教育／生涯発達支援への対応とシステム構築」（共著、山海堂、2004）

亀井哲宏（かめいあきひろ）
1970年6月生まれ
東京学芸大学大学院教育学研究科障害児教育専攻修士課程修了
学校法人旭出学園旭出養護学校寄宿寮職員、武蔵野市立大野田小学校心身障害児学級介助員、武蔵野市障害児（者）団体「むらさき育成会」職員を経て、現在、学校法人三浦学園日本音楽学校幼児教育科専任講師、東京都公立中学校スクールカウンセラー、NPO法人日本ポーテージ協会認定指導員

西永　堅（にしながけん）
1975年10月生まれ
東京学芸大学大学院教育学研究科障害児教育専攻修士課程修了
NPO法人子どもの発達療育研究所長瀬療育相談室非常勤セラピストを経て、現在、東北大学大学院教育学研究科博士課程後期在学中
星槎大学附属研究センター研究員

山岸直基（やまぎしなおき）
1970年11月生まれ
駒澤大学大学院文学研究科心理学専攻博士後期課程満期退学
駒澤大学非常勤講師を経て、現在、同助手
〔主要著作〕
「人間行動の変動性に及ぼす強化随伴性の効果」（単著、行動分析学研究、12、1998）、「ヒトの系列反応の変動性に及ぼす強化随伴性の効果」（単著、行動分析学研究、15、2000）

自閉症児の親を療育者にする教育
応用行動分析学による英国の実践と成果

	2005年11月15日　第1版第1刷
	2009年2月10日　　　第2刷
編　者	ミッキー・キーナン
	ケン・P・カー
	カローラ・ディレンバーガー
監　訳	清水直治
発行者	吉田三郎
発　行	㈲二瓶社

　　　　　〒558-0023　大阪市住吉区山之内2-7-1
　　　　　TEL 06-6693-4177　FAX 06-6693-4176

印刷製本　亜細亜印刷株式会社
　装幀　森本良成

ISBN 4-86108-027-4 C3037